法学概論

─ 身近な暮らしと法 ─

國友順市
畑　雅弘

編著

齋田　統
増尾　均
木村俊郎
田畑嘉洋
吉行幾真
坂本学史
木村茂喜

著

は　し　が　き

　法学の講義はむずかしい。それは，講義の方法論とも関連するからである。すなわち，法に対する考え方，法というもののあり方や法と権力との関係等を中心とする方法もあれば，法全般に対するガイド的講義の方法もあるだろう。あるいは，日常，新聞紙上に見られる各種の事件や判例を素材として法的思考方法を養成する方法もあるだろう。

　本書は，それらをミックスした方法を基本として執筆されたものである。全体としては，伝統的な法学の講義にしたがって，法全般のガイドとなるように，また，各法の分野においては，できるだけ身近な事例を用いて解説に努めるよう企画した。

　本書は，これから法律を勉強しようとする法学部の学生だけでなく，経済学部・経営学部あるいは文学部において「法」を学ぶに際して，また，短期大学において「法」を学び，あるいは，教養として「法」を学ぶ社会人に対して，いわゆる「リーガル・マインド（法的ものの考え方）」が涵養されるように努めた。

　本書は，2000（平成 12）年から 2006（平成 18）年まで発行された『レッスン法学』を前身とし，その後の急激な社会の変化とそれに応じたさまざまな法改正をフォローするために，2008（平成 20）年に書名も新たに発行され 2014（平成 26）年まで引き継がれた『新・レッスン法学』，そして，その跡を継ぎ，2015（平成 27 年）年から 2018（平成 30 年）年 3 月まで発行された『ワンステップ法学』の後継書である。

　本書は，18 年に渡って好評を得た前者の内容をできるだけ受け継ぐように努めている。この数年の間に執筆者の変動もあったが，各自の専攻を生かした分担執筆の形式をとっている。

　全体の調整は編者において行ったが，それぞれの担当部分については，執筆

者の持ち味が多少とも生かされるよう必ずしも完全に調整してはいない。全体を通じて思わざる前後の重複や不統一があるとすれば，それは編者の責めというべきである。今後の講義等の経験を生かしてよりよい内容となるよう改訂していく所存である。

　最後に，多忙な中，本書の企画に賛同し，すぐれた原稿を書き上げていただいた先生方，ならびに，本書が成るにあたって大変お世話になった嵯峨野書院の中江俊治氏に対し，あわせて，ここに衷心より感謝の意を表したい。

2024 年 7 月

編著者　國　友　順　市
　　　　畑　　雅　弘

目　　次

はしがき ——————————————————————————— i

凡　　例 ———————————————————————————— vii

第1章　法ってなんだろう？ ——————————————— 1

第1節　法とはなにか——社会規範と自然法則の違い ——————— 1

第2節　社会あるところ法あり——法と社会のかかわり ——————— 4

第3節　法 と 道 徳——法と道徳ってどう違うの？ ——————— 6

第4節　法　　　源——法はどのようにして存在するの？ ————— 9

第5節　法 の 適 用——法はどのようにして適用されるの？ ——— 18

第6節　法 の 解 釈——法はどのようにして解釈されるの？ ——— 21

第7節　裁判の仕組み——裁判の被告って悪い人なの？ ————— 25

第2章　人間らしく生きる権利の保障 ———————————— 29

第1節　基本的人権の保障——「憲法訴訟」って何？ —————— 29

第2節　自 己 決 定 権——茶髪を理由に退学処分は厳しすぎない？ —— 33

第3節　平　 等　 権——女性特別枠入試は憲法違反？ ————— 36

第4節　表 現 の 自 由——「わいせつ」表現は表現の自由の範囲外？ — 42

第5節　宗教の自由と政教分離
　　　　　——観音像が違憲とは，どういうこと？ ——————— 48

第6節　生　 存　 権
　　　　　——生活保護受給者の貯蓄，認められるわけない？ ——— 51

第7節　参　 政　 権——定住外国人でさえ選挙権はない？ ————— 53

iii

第3章　現代行政における国民の地位 ——————————— 59

第1節　行政法の世界
——田んぼを宅地にするのはそう簡単ではない？ ——————— 59

第2節　許認可制度
——ラーメン屋台を開業するにはどのような手続きが必要か？ —— 62

第3節　行政手続法
——営業許可を取り消される前に言い分を述べる機会はある？ —— 68

第4節　行政事件訴訟——マンション建設を裁判で阻止できる？ ——— 72

第5節　国家賠償制度
——道路上の放置車両への衝突事故は自己責任？ ——————— 80

第4章　すべては契約から ——————————————— 84

第1節　契　約　の　自　由——契約って本当に自由なの？ —————— 84

第2節　損　害　賠　償——損害賠償の範囲はどこまでか？ ————— 88

第3節　住まいと法律 ①——買うが得か借りるが得か ————— 92

第4節　住まいと法律 ②——所有権の移転 ————————— 98

第5節　区　分　所　有——震災で壊れたマンション ——————— 104

第5章　いろいろな決済方法 ——————————————— 113

第1節　キャッシュカード・クレジットカード
——便利さの落とし穴 —————————————————— 113

第2節　保証債務と連帯保証——印鑑の怖さ ————————— 123

第3節　身　元　保　証——将来の保証 ——————————— 131

第4節　自　己　破　産——借金は帳消しになるの？ —————— 133

第6章　日常生活のアクシデント ───────── 143

第1節　交 通 事 故
　　──交通事故を起こすといろいろな責任が問われるよ ───── 143
第2節　医 療 事 故──医療ミスは何が法的争点となるのか ─── 155
第3節　製 造 物 責 任
　　──製品の欠陥により損害を受けた場合，被害者はリコールが
　　できる ────────────────────── 163
第4節　悪 徳 商 法
　　──大学生に「資格を取れば就職に有利」と言って高額で教材や
　　セミナーを購入させる商売はひどいね ─────── 170

第7章　家 族 と 法 ───────────── 181

第1節　夫 婦 関 係──婚姻から離婚まで ────────── 181
第2節　氏 の 決 定──夫婦の同氏と別氏 ───────── 188
第3節　子 の 嫡 出 性──誰が子の親になるのか ─────── 193
第4節　親　　　　権──親子の権利義務 ────────── 199
第5節　相　　　　続──財産の承継 ───────────── 204

第8章　会 社 と 法 ─────────────── 212

第1節　会 社 の 所 有──会社は誰のためにあるの？ ────── 212
第2節　取締役の義務──取締役はどんな義務を負っているの？ ── 219
第3節　敵 対 的 買 収──会社を買収するとは？ ─────── 221
第4節　株主代表訴訟──株主が取締役を訴えるとは？ ───── 228
第5節　社 外 取 締 役──会社法改正のポイント ───────── 233

第9章　犯罪と刑罰 ———————————— 237

第1節　刑法は正義の味方？——不作為犯から刑法の役割を考える — 237

第2節　悪い行為はいつからはじまるの？——未遂犯から考える —— 242

第3節　責任をとるとは？——わざととうっかりの違いを考える —— 247

第4節　被害者が殺されてもいいと言ったら？
　　　　——自己決定の尊重 ———————————————— 252

第5節　だましたらぜんぶ詐欺？——財産犯を考える ——————— 257

第10章　労働・社会保障と法 ———————————— 261

第1節　「働く」ということ——働くときの基本ルール① ————— 261

第2節　労　働　条　件——働くときの基本ルール② ————— 266

第3節　子　育　て　支　援——仕事と子育てとの両立のために ——— 272

第4節　労働契約の終了——労働者と使用者との「別れ方」——— 274

第5節　社　会　保　障——働けないときの生活保障 ——————— 277

参　考　文　献 ——————————————————————— 284
索　　　引 ——————————————————————— 286

凡　例

【法令名略語】

育児介護	育児休業，介護休養等育児又は家族介護を行う労働者の福祉に関する法律
医師	医師法
介保	介護保険法
会社	会社法
貸金	貸金業法
割賦	割賦販売法
感染症予防	感染症の予防及び感染症の患者に対する医療に関する法律
預金者保護	偽造カード等及び盗難カード等を用いて行われる不正な機械式預貯金払戻し等からの預貯金者の保護等に関する法律
旧民	旧民法（明治23年公布民法）
行訴	行政訴訟法
代執	行政代執行
行手	行政手続法
警察官職務執行	警察官職務執行法
刑	刑法
健保	健康保険法
憲	憲法
航空機抵当	航空機抵当法
公選	公職選挙法
厚年	厚生年金保険法
高齢医療	高齢者の医療の確保に関する法律
国保	国民健康保険法
国年	国民年金法
行組	国家行政組織法
子育て支援	子ども・子育て支援法
雇均	雇用の分野における男女の均等な機会及び待遇の確保等に関する法律
裁	裁判所法
児童虐待防止	児童虐待の防止等に関する法律
自賠	自動車損害賠償保障法

自抵	自動車抵当法
借地借家	借地借家法
旧借地	借地法
旧借家	借家法
住民基本台帳	住民基本台帳法
出資	出資の受入れ，預り金及び金利等の取締りに関する法律
出入国管理	出入国管理及び難民認定法
消費契約	消費者契約法
商	商法
消防	消防法
生保	生活保護法
製造物	製造物責任法
被災地借地借家法	大規模な災害の被災地における借地借家に関する特別措置法
建物区分	建物の区分所有等に関する法律
旧建物保護	建物保護ニ関スル法律
短時労	短時間労働者の雇用管理の改善等に関する法律
地自	地方自治法
道路運送車両	道路運送車両法
道交	道路交通法
特定商取引	特定商取引に関する法律
土地収用	土地収用法
内	内閣法
国民投票	日本国憲法の改正手続に関する法律
破産	破産法
不登	不動産登記法
身元保証	身元保証ニ関スル法律
民執	民事執行法
民訴費	民事訴訟費用等に関する法律
民	民法
明民	明治民法
立木	立木ニ関スル法律
労基	労働基準法
労組	労働組合法

労契 労働契約法

【判例名略語】

最判 最高裁判所判決
最決 最高裁判所決定
最大判 最高裁判所大法廷判決
最大決 最高裁判所大法廷決定
大判 大審院判決
大連判 大審院連合部判決
高判 高等裁判所判決
高決 高等裁判所決定
地判 地方裁判所判決
家審 家庭裁判所審判
簡判 簡易裁判所判決

【雑誌名略語】

下民集 下級裁判所民事裁判例集
金判 金融・商事判例
刑集 最高裁判所刑事判例集
高刑集 高等裁判所刑事判例集
高刑判特 高等裁判所刑事判決特報
裁時 裁判所時報
集民 最高裁判所裁判集民事
判時 判例時報
判タ 判例タイムズ
民集 最高裁判所民事判例集
民録 大審院民事判決録
労民 労働関係民事裁判例集

執筆者一覧

(＊印編著者，執筆順)

＊國　友　順　市　（大阪経済大学名誉教授）　　　第1章

＊畑　　　雅　弘　（大阪芸術大学短期大学部教授）　第2章，第3章

　齋　田　　　統　（跡見学園女子大学教授）　　　第4章

　増　尾　　　均　（松本大学教授）　　　　　　　第5章

　木　村　俊　郎　（大阪経済大学元教授）　　　　第6章

　田　畑　嘉　洋　（熊本県立大学准教授）　　　　第7章

　吉　行　幾　真　（神奈川大学教授）　　　　　　第8章

　坂　本　学　史　（公益財団法人日独文化研究所研究員）　第9章

　木　村　茂　喜　（西南女学院大学教授）　　　　第10章

第 1 節　法とはなにか
社会規範と自然法則の違い

I　法 の 定 義

　私たちは網の目のように細かく張りめぐらされた法の下に生活している。法は，私たちの社会生活を規律しながら，私たちの生活のなかに生きている。法なしには，私たちの生活はありえないといっても過言ではない。たとえば，道路の歩行から，電気・ガス・水道の利用，電車・バスでの通学，買い物，食事まで，生活の大部分は法的に説明のつくことである。このように，法というものは，そのなかに私たちが生きて暮らしていながら，日常の生活のなかでは，はっきりと意識しないですむものである。それは，私たちの生活の仕方やものの考え方のなかに，知らず知らずのうちに法が定めている方向が強く作用しているためであり，自然に法に適応するように生活しているのである。そしてそれを意識するのは，なにか私たちが特別なことをしたり，生活に異変が起こったりした場合であることが多い。たとえば，就職，結婚，相続というだれもが経験することや，通信販売で商品を購入し支払いを済ませたが，商品が送られてこない，あるいは，予想していた商品とは異なる品質の物が送られてきた，また，とくにインターネットに関連してトラブルに巻き込まれるというケースなど……。このような問題に出合ったときに，私たちは法を意識するのである。

　ところで，ここで，まず問題となるのは，「法とはなにか」である。この問題に対しては，古来，さまざまな角度から解明が試みられてきたが，今日にいたってもなお一致するところがない。その理由は，第 1 に，法は時代により場所

により異なるからである。たとえば，古代社会における法と近代国家の法のいずれを考察の対象とするかで，すでに結論は異なってくる。近代国家の法を対象とすれば，当然，法の定義は国家という巨大な政治組織を離れては考えられないのである。第2に，同じ国の法を対象とする場合でも，憲法のような法と訴訟法のような法とのいずれに重点をおくかで結論は異なる。また，第3に，研究者の研究対象・方法によっても異ならざるをえない。自己の研究上の方法論との関連で対象を構成し規定するということがなされれば，対象のある種の側面は切り捨てられ，方法論的に意味のある側面だけが定式化される。

　このように，法とはなにかという設問の意味が多義的に解明されて，問題の受け止め方が混乱しているために，この問題に対する統一的な定義をなすことは，きわめてむずかしい問題となっている。法とはなにかというのは，法学を学ぶ者にとって，最初にしてまた最終の問題でもある。それは，カントの「法学者は，今もなお法の定義を模索している」という言葉が示すとおりである。ここでは，法全体に共通する最小限度の特徴をあげ，以下に分けて説明する。

II　法と社会規範

　人間は社会的な動物であるといわれている。他の動物と区別される特徴は，人間は社会を形成して生きていることにある。人間は，ただ一人で他の人間とまったく無関係に生きることはできない。必ず他の人間と共同の生活を営み，社会のなかで暮らすほかはない。そして，社会生活を営む以上，人間の行動を規律する「決まり」，すなわち規則が必要になってくる。このような規則には，人間が社会生活を営んでいるうちに自然にできたものもあれば，意識的につくり出したものもある。このような決まりや規則を「社会規範」とよんでいる。社会規範の発生については，よくダニエル・デフォーのロビンソン・クルーソーの漂流記（1719年）をもって説明される。ロビンソンが，絶海の孤島に漂着して1人で暮らしているうちは，およそ規則などとは関係がなかった。しかし，フライデーを救い，2人の共同生活が始まるとたちまち決まりが必要となる。食料探しと料理の分担などきわめて簡単な決まりではあるが，共同生活を行う

ための規則が生まれてくるのである。

　共同生活者が多くなればなるほど，そして文化が進み生活が込み入ってくればくるほど，社会規範は，多岐にわたり複雑になってくる。人々が社会規範を守るといっても，すべての人が，これを遵守して違反がありえないということは必ずしもない。「人の物を盗んではいけない」，「借りた物は返しなさい」などという社会規範は，守られなければならないが，しばしばこれらの規範は破られる。この点で，規範は，「自然法則」とはその性質を異にしていることがわかる。自然法則とは，水は100度に熱すれば沸騰し，氷点下になると凍結する，太陽は東から昇って西に沈むというように自然界におけるすべての事実を内容とするものであり，人間の意思とはかかわりなしに，一定の原因があれば当然に一定の結果が発生するものである。自然法則は，すべて事実に属することを内容とするものであって，必ず実現するものである。もし，かりにその法則の内容に反する事実が生じた場合には，その法則は，もはや法則としては通用しないのである。したがって，自然法則は，現実に「あること（存在）」と「あらねばならないこと（必然）」との関係を説明するものである。

　これに対して，規範とは，人の態度や行動について「かくあるべきだ（当為）」という基準を要求するものである。すなわち，規範とは，人に対してある行為をなすべし（命令），また，ある行為をなすべからず（禁止）というように，人の態度や行動について則るべき基準を要請するものであり，人によって設定された法則である。したがって，規範は，初めから必ずそうなるという必然を予想してはいない。「人の物を盗んではいけない」というのは，人の物を盗む者がいることを予想しており，「借りた物は返しなさい」というのは，返さない者がいることを予想しているのである。しかし，このようなことは，平和な社会生活を営むという目的のためには有害であるから，これを規制しようとするのである。したがって，ある意味においては，規範は，本来破られることを前提としているともいえるが，その内容に反する事実が多く存在することをできるだけ否定しようとするところに，その存在意義が認められるのである。要するに，規範は人間の理想を定め，それを目標としながらその実現をはかろう

とするところに成り立つものであって，広く人間の理想の実現に役立つところの価値とよばれるものを追求するものであるから，価値判断の基準となるものである。規範は，現実の人間の生活における反価値的なもの，すなわち反規範的なものの存在を前提としながら，そのようなものの否定を目指して人間に対する要求としての当為を定めているのである。

第2節　社会あるところ法あり
法と社会のかかわり

I　法と社会

　人は大小さまざまな社会を構成し，そのなかで共同生活を営んでいる。家族，学校，会社，地方公共団体，国家などいろいろな形態の社会が存在している。したがって，これらの社会の統一と秩序を保つ社会規範にも多種多様のものがある。もっとも普遍的で主要なものとしては，法律，道徳，宗教，習俗，礼儀などをあげることができる。これらの規範が相まって社会統合に役立っているのである。そのうち，どの規範が社会統合において優位を占めるかは，時代的にも場所的にもはなはだしく違いがあり，また，民族の文化や社会の構造の違いによっても大きく異なる。

　「社会あるところ法あり」という有名な法諺があるが，これは，人間が共同生活をする場合には，なんらのきまりや規則がなければならないということを意味している。したがって，ここに法というのは，必ずしも近代国家における国家権力を背景とする法律だけを指すのではなく，広く当為を内容とする一切の社会規範を指すものといわなければならない。原始的な社会においても，ここにいう法は，道徳，宗教，習俗などの入り混ったものとして存在していたのである。ここでは，その社会生活は血族的集団生活であり，また，生産も単純で，社会意識も素朴であったので，道徳，宗教，習俗などの社会規範によって秩序づけられていた。これらの社会規範には，原始宗教的要素や習俗的要素を強く含み，また，秩序違反者に対しては制裁が加えられることもあって，こ

4

れらの規範はよく遵守されていた。したがって，今日にいうような法規範が存在していたのではなく，法と道徳・宗教・習俗などの他の社会規範が，未分化のままに存在していたのである。

Ⅱ　法　と　国　家

このように，近代以前の国家においては，法と他の社会規範は，明確に分化することなく，しばしば渾然一体となっていた。ことに，原始的な社会では，原始的宗教が強い力をもっており，法はむしろ宗教のなかに吸収されていた。

ところが，個人対個人，階級や社会相互の対立など，また，より直接的には生産手段の私有を契機として，文化が進み社会生活が複雑になるにつれて，これまでの規範だけでは，人々の生命，身体，財産を維持し社会秩序を確保することが不可能となってきた。この結果，社会内部に政治権力が発生し，そこに共同社会の一つとして国家が形成された。社会の支配勢力が集中して国家を形成するようになってからは，しだいに法律と他の社会規範との分化が進み，これ以降，現代的意味における法律が道徳・宗教や習俗から区別されるにいたったのである。また，国家の固有の法が確立された後も，世俗の国家の法のみでなく，教会の法があった。たとえば，中世ローマ法王権の最盛期においては，宗教が最高の権威を主張し，教会法の名の下で日常生活を規律していたこともあり，ヨーロッパの歴史のなかで教会法がいかに重要な役割を果たしたかは，広く知られている。

国家の法が，道徳，宗教などの規範から分離・独立し，固有の秩序を確立するのは，19世紀初頭のヨーロッパにおける近代国家の成立を待たねばならない。すなわち，法は，組織化された中央権力装置としての国家の発生・確立とともに発展し，国家が物理的実力を独占することによって，初めて一応完成した形態に達したものといえる。

ところで，国家の定義については，古くからさまざまな議論がなされている。本来，国家とはきわめて複雑な構造をもつ組織体であり，また，時代とともに変遷を重ねてきたものであるから，その本質については，多くの説明が可能で

あるが，通常，国家とは，一定の地域（領土もしくは領域）を基礎とし，固有の支配権（主権もしくは統治権）の下に，一定範囲の人間（国民）によって組織される統治団体であると定義づけられる。したがって，領土と国民と主権とは，国家の３要素であるといわれている。そしてその主権が現実に発動するときには，その時々の支配的な政治勢力による権力作用となってあらわれ，その意味では国家は強大な権力機構であることをつけ加えておく。

　いずれにしても，法は，国家を基礎にして生成し，また，国家によってその実現を保障されることになり，他方，ひとたびつくり出された法は，逆に国家の活動を規制するという作用をもつのである。すなわち，国家の構造と作用は，そのすべてが法によって基礎づけられており，いいかえれば，国家とは，法的に統一された秩序であるということができる。この統一した法秩序の体系の基礎的な部分が憲法であり，憲法は，国家の秩序の根本を定めるものであるから，いかなる国家もそれを有している。そして国家の政策は，法の実現という形で行われるのであり，そこに今日の国家が法治国家とよばれ，その行政が法治行政といわれる理由がある。

☽ 第3節　法と道徳

法と道徳ってどう違うの？

　法と道徳の問題は，法の本質と関連して古来より議論された法学上の重要な問題である。この問題を最初に論じたのはドイツのトマジウスであるが，近代，とくにカント以来明瞭な形で議論がなされてきた。法と道徳とは，ともに社会規範である。両者によって規制される社会関係は交錯し，また，その規範内容において，両者は重なり合う部分を有している。「人を殺してはいけない」，「人の物を盗んではいけない」という規範は，道徳規範であると同時に法規範でもある。このような規範内容の重なり合いは，人間の共同生活を支える根底的な倫理とより深いかかわりをもつ刑法に多くみられるところである。このように，法と道徳は密接な関係をもつが，両者はもちろん区別されるべきものである。

第1章　法ってなんだろう？

Ⅰ　法における強制

　法の本質は，支配し，統治する働きにあるのであるから，その裏づけとして法にはそれ特有の強制がある。この強制の有無ということは，法と道徳を区別するのにきわめて重要な標識である。法の基本的特質は，法は，国法として，国家が制定し，強制力を有する規範であるということである。すなわち，法には刑罰，強制執行などの物理的強制力があるが，道徳には強制力がない。道徳も，それが規範である以上，それに違反した場合にはそれ固有のサンクションをもってはいる。たとえば，日本の伝統的村落では，村の古い道徳・掟に反すると，かつては村八分という制裁を受けることがあった。ここでは，村八分という厳しい社会的制裁のゆえに，そのような不利益の予測が強制となって，規範は守られることになる。これを心理的・社会的強制力というならば，道徳規範にも強制力がともなうことになるが，それらを守るかどうかはまったく個人の自由意思にゆだねられており，それが心理的強制にとどまるかぎりは，そのような事態を意にかけない者に対しては強制力はない。しかし，法における強制は，そのような心理的強制ではなくて物理的強制であり，また，社会的強制ではなくて，国家的強制であるところに，その特色がみられるのである。

　法における強制とは，その典型は違法行為に対して科せられる制裁である。たとえば，犯罪行為に対しては刑罰が科せられ，また，不法行為に対しては損害賠償が求められる。その点で，法はもっとも拘束力の強い規範であるといえる。それだけに，法における物理的強制力の行使は，必要最小限度にとどめ，また，慎重な手続の保障が必要なのである。そこで，国家の他の権力から独立し公平な判断をする裁判所による裁判を受けられるよう，またその手続ごとに裁判によって不利益を受ける側の弁解を十分に聞けるよう，別個の法律（民事訴訟法，刑事訴訟法）を設けているのである。

Ⅱ　法の外面性・道徳の内面性

　これは，法と道徳の区分を法の外面性と道徳の内面性という基本的性格，す

7

なわち，法は外部にあらわれた人間の行為を規律するのに対し，道徳は人間の内面的心情を規律するという点に求めるものである。たとえば，法は殺人という外部にあらわれた行為のみを問題とするのに対し，道徳はあの人間を殺したいという内面的心情のみでも悪なりとして非難し，あるいは，つかまると損だからとか，隙がなかったからという理由で盗みを犯さなかった者は，道徳上は罪を犯したことになるが，これでも法的義務は果たしているとするのである。これは，法および道徳が，人間のあり方のどのような側面，どのような領域を規律の対象としているかによる区分である。しかし，法は，人間の意思が外部に行為となってあらわれたときそれを規律するのみでなく，人間の内面の意思を重視することもありうる。たとえば，「故意」という内面的事実の存否によって犯罪の法的評価は根本的に異なるし（刑38条1項），犯罪に着手した後，自分の意思でそれをやめた場合には，外的障害によって未遂に終わった場合よりも刑が軽くなる（刑43条，第9章「犯罪と刑罰」を参照）。この見解は，本来，国家権力は，国民の良心に立ち入るべきではないとするものであり，それは，良心の自由を原則とする近代自由主義国家の基本思想に適合するとしても，一般に法と道徳の関係を論ずるものとしては，不十分である。

　道徳をこのように内面的なものとしてとらえるのは，キリスト教倫理に特有のものであり，恥や世間体といった外面的なものによって保たれている道徳秩序も存在するし，反面，法も内面的なものをその評価基準のうちに含んでいる。したがって，このような観点から，法と道徳を区別することに対しては，本来，分離することのできない人間の行為と意思，すなわち，外面と内面とを切り離すものであって，これでは生きた人間のあり方を把握することができないというような根本的批判がある。しかし，こうした法の外面性・道徳の内面性という見方のなかにも，法と道徳の違いが一定の局面については鮮明になされているといえる。

第1章　法ってなんだろう？

第4節　法　　　源

法はどのようにして存在するの？

　今日，私たちは法の規制のもとで生活している。したがって，私たちは，なにが法であるかを知らなければならない。たとえば，だれでも，借金は返さなければならず，もし返さないと差押えを受けるとか，窃盗に対しては刑罰があるなどといったことを知っている。これは，一応，断片的にではあるが，法律についてのなんらかの知識はもっているといってもよい。それでは，このような法についての認識は，なににもとづいて得られるのであろうか。そこに，法律に関する知識の源泉としてのいわゆる法源の問題がある。

　法源とは，法の源（source of law）であり，裁判官が裁判をするにあたってよるべき基準となるものであり，通常，法がどのような形をとって存在するかの違いにより，成文法と不文法に大別される。

I　成　文　法

　成文法とは，文章によって表現され，文書の形を備えた法であって，公の立法機関によって，一定の手続と形式にしたがって制定されることから，制定法ともよばれる。成文法は，文章によって書きあらわされていて，その内容が明確であるため，法的安定性の確保という見地から，慣習法などの不文法と比べてすぐれている。そのため，現代諸国家においては，一般に成文法を中心に法体系がつくられており，これを「成文法主義」という。そもそも，法は不文法から成文法へと進展したものである。法の原初形態は習俗であったし，慣習が長く法源として支配していた。成文法という法形式を獲得することによって，法文化は飛躍的向上をみるのである。成文法においては，法の解釈が可能となり，その本来の領域以上に適用範囲を広げることができる。また，異種の法文化を採用してみずからの法文化を向上させることもできる。いわゆる「法の継受」がそれであり，ことに明治期におけるわが国の大陸法系の全面的継受はその代表例である。

しかし，成文法には，このようなすぐれた点がある反面，内容が文章によって表現されているため，規定が抽象的になり，また，非弾力的で固定化しやすく，社会の変化に即応しえなくなるという欠点があることも見逃せない。

わが国においては成文法として，次のものがある。

1 憲　　法

憲法とは，国の統治組織および統治作用についての根本を定めた国の基本法である。法典としての憲法をもたない国もあるが（不文憲法国家，たとえば，イギリス），多くの国は憲法典をもっている（成文憲法国家）。一国の法令は憲法の定める手続により制定され，憲法によって効力を保障されていることから，憲法は国の最高法規とよばれ，命令などのあらゆる法に優先する効力を有し，いかなる法も憲法に違反するものは無効とされる（憲98条）。憲法は，次に述べる法律とは，法形式を異にし，憲法を改正するには普通の法律の場合と比べて一段と慎重な手続を要する（憲96条）。このように改正手続が法律よりも厳格な手続を要することとされている憲法を，「硬性憲法」という。これに対し，法律と同じ手続で改正できることとされている憲法を，「軟性憲法」という。イギリスを除き，世界各国のほとんどの憲法は，硬性憲法である。

2 法　　律

法律という言葉は，広い意味では，国会制定の法律はもとより，命令，規則，条例，条約などの一切の成文法とさらに不文法を含めての意味で用い，すなわち，「法」と同意義に用いられるが，狭い意味では，国家によって制定される成文法を指す。いま，ここにいう法律とは，狭義における法律のことであり，以下，「法律」という場合はこの意味の法律を意味する。

法律は，憲法の定める手続にしたがい，国会の決議を経て制定される（憲59条）。法律の形式的効力は，憲法に違反しえない。違反する場合はそのかぎりで効力を有しえないが，国権の最高機関たる国会において制定される法であるから，国内法としては，憲法についで強い効力を有し，政令その他の命令に優位

第1章　法ってなんだろう？

する。

3　命　　令

　命令とは，行政機関によって制定される法である。法律と命令を合わせて「法令」とよぶことが多い。命令は，実質的には法律と同様の機能を有するが，その形式的効力は法律の下位にあり，命令によって法律を改廃することはできない。命令は，これを制定する機関によって，次のように区分することができる。

　(1)　政令　　政令は，内閣が制定する命令である。立法権は国会が保有するのがたてまえであるから，法律と同等の効力を有する法を行政機関が制定することは許されないが，法律を施行するにあたって必要な事項を定める場合（執行命令），および法律の委任にもとづいてその委任された事項を定める場合（委任命令）に限って，行政機関が命令を定めることが認められている。明治憲法におけるような独立命令や緊急命令は，現行憲法の下では認められない。しかも，政令には，法律による特別の委任がある場合のほかは，罰則を設けることはできず（憲73条6号），また，法律の委任がなければ，義務を課し，もしくは権利を制限する規定を設けることはできない（内11条）。政令は，法律と同様に，主任の国務大臣が署名し，内閣総理大臣が連署して（憲74条），天皇がこれを公布する（憲74条・7条1項）。

　(2)　総理府令・省令　　内閣総理大臣が，主任の行政事務について発する命令を「総理府令」といい，各省の大臣が主任の行政事務について発する命令を「省令」という。ともに法律もしくは政令を施行するため，または，法律もしくは政令の特別の委任にもとづいて発せられる。両者とも，法律の委任がなければ，罰則を設けまたは義務を課し，もしくは権利を制限する規定を設けることはできない（行組12条）。文部科学省令，法務省令というようによばれる。

　(3)　外局規則その他　　総理府または各省の外局たる委員会および庁の長官は，総理府令または省令以外の規則その他の命令を発することができる。この規則その他の命令も，法律の委任がなければ，罰則を設けまたは義務を課し，もしくは権利を制限する規定を設けることはできない（行組13条）。公正取引委

11

員会規則，国家公安委員会規則，中央労働委員会規則などがこれである。

また，外局の長以外で，特定の専門的な事項について事務遂行に必要な規則を制定することができるように，法律によって命令制定権を与えられている機関がある。会計検査院と人事院がこれである。

4 議院規則・裁判所規則

憲法上，国会の両議院は，各々その会議その他の手続および内部の規律に関する規則を定めることができる（憲58条2項）。これには，衆議院規則，参議院規則などがあるが，この議院規則は，それぞれの議院の議決だけで決められ，両議院の議決を要しない点で，法律とは異なる。

また，最高裁判所は，訴訟に関する手続，弁護士，裁判所の内部規律および司法事務処理に関する事項について，規則を定める権限を有している（憲77条1項）。これには，刑事訴訟規則，民事訴訟規則，少年審判規則など多くの最高裁判所規則が定められている。

5 条 例 ・ 規 則

条例は，都道府県，市町村などの普通地方公共団体が，その事務に関し議会の議決によって制定する法であり（憲94条，地自14条・96条1号），規則は，都道府県知事，市町村長などの地方公共団体の長が，その権限に属する事務に関し制定する法である（地自15条）。

6 条 約

条約とは，2国以上の間の文書による合意で，条約，協定，協約，議定書など種々の名称がある。条約の形式的効力については，法律との関係においては，ほぼ一致して条約の優位が認められているが，憲法との関係については議論が多い。憲法優位が通説である。

第1章　法ってなんだろう？

Ⅱ　不　文　法

　不文法とは，成文法以外の法，すなわち，文章にあらわされ，一定の手続に
したがって制定されることなくして，現実に社会生活を規律する働きをもって
いる法である。

　原始社会においては，法はまだ独立した規範として認識されておらず，人々
の生活は，呪術的宗教にもとづく慣習によって秩序づけられていた。しかし，
社会の進展は，慣習のような無自覚的な規範のみによって生活の秩序を維持す
ることを困難にし，人々の間にやがて明確な規範意識が生じた。かくて，道徳
が慣習から分化し，やがて，法がこれらの規範からも分化するのであるが，法
が客観的に認識され文字をもってあらわされるまでには，まず，不文の慣習法
として発展した過程があったであろうと考えられる。したがって，不文法は成
文法に先行するのである。

　不文法は，法の存在や内容が明確さを欠く短所もあるが，具体的な事柄につ
いて妥当な判断を導くのに適し，社会の変化に応じやすい弾力性を有している。
すなわち，いかに成文法が完備された国であっても，成文法によって複雑多岐
にわたるあらゆる社会現象をもれなく規定しつくすということは不可能であり，
また，社会現象は，つねに流動しているのであって，成文法の予想もしなかっ
た新しい現象がたえず発生し，そこには，おのずと成文法以外の法規範が生ま
れてくる。これが不文法である。そのため，成文法主義を採用する国々では，
成文法の不十分なところは，不文法をもって補完するのが通常である。

　不文法としては，慣習法，判例法，条理などがあげられるが，条理が法源と
なりうるか否かについては議論が多い。

1　慣　習　法

　慣習法とは，社会慣行を内容として成立する法である。社会生活は，事実上
慣習によって規律されていることが多い。慣習とは，社会生活において長年に
わたって繰り返し行われている社会慣行・社会様式である。このような慣習を，

「事実たる慣習」という。しかし，これが，ただちに法（慣習法）となるわけではない。慣習のなかには，長い間繰り返し行われているうちに，社会生活の秩序を維持するため，これにしたがうことがぜひとも必要であり，公権力によって強制されるべきであると社会一般に意識されるようになってくるものがある。この公権力による強制力をともなうものと意識されるようになった慣習が，「法たる慣習」，すなわち，慣習法である。

　慣習法は，公序良俗に反しないものでなければならず，それが法律と同一の効力を認められるのは，法令によってとくに慣習によるべきことを認めている場合（たとえば，民228条・236条・263条・294条など）のほかは，法令に規定のない場合に限られる。すなわち，慣習法には，成文法を補充する効力だけを認め，成文法に優先（改廃）する効力は認められない（法の適用に関する通則法3条）。しかし，これには，例外もある。商事に関し，商法1条は，商慣習法と民法との関係において，商慣習法が民法に優先して適用されると規定しているのがこれである。ただし，商法との関係においては，なお，補充的効力しか認めていない。

2　判　例　法

　判例法とは，裁判所が下した裁判例の蓄積によって成立する法である。

　英米法系の国のように，判例法中心主義の国では，裁判所の判決は先例として裁判官を拘束し，判例は法としての効力を認められており（先例拘束性の原則），判例法は重要な法源となっている。

　これに対し，わが国のように成文法主義の国においては，判例に一般的な拘束力は認められず，裁判官は，憲法および法律にのみ拘束される（憲76条3項）。したがって，判例が，ただちに判例法となるわけではなく，わが国においては，判例が独立の法源性を有するか否か議論のあるところである。

　下級裁判所が，従来の最高裁判所の判例と異なった法解釈をしたとしても違法とはならないが，実際には，こうした判例は上級審によってくつがえされる可能性が強い。したがって，法解釈の基準となるのは，いうまでもなく最高裁

14

判所の判決である。そして，最高裁判所においては，一度下した判決は，社会の変化によってそれが適合しなくなったというような特別の事情がないかぎり，それを変更しないものであり，また，簡単に変更されることになれば，法的安定性の見地から好ましくない。そのため，最高裁判所が従来の判例を変更するときは，大法廷で裁判すべきことを規定し（裁10条3号），判例を改めるにあたっては慎重な態度をとっている。このように，判決が，裁判所自体において尊重され，しかも裁判所を拘束することになれば，人々は，同様の事件については同趣旨の判決が下されるものと予期して行動することとなり，裁判所も，特別な事情がないかぎりこれにしたがうことが予想される。かくして，判例は事実上強い拘束力をもつことになり，そこに，判例の形をとった法である判例法が成立することとなる。

　したがって，わが国においても，裁判慣習法として判例法の存在を承認し，法源の一つと認めることは可能である。動産の譲渡担保，内縁関係などは，判例法上の一制度となっている著しい例である。しかし，同一の判例が長年繰り返されることによって，一つの慣習法を形成する場合も，判例それ自体が法律ではないとして，判例に法源性を認めることは裁判所に立法権を与えることになり，三権分立の理論的立場から，これを肯定すべきではないとの主張も根強いものがある。

3　条　　　理

　条理とは，ものの道理，すじみちという意味である。成文法は，いかに完備されても，複雑多岐，千差万別の社会現象をすべて規定しつくすことは不可能であり，成文法のない分野には必ず慣習法があるというわけにはいかず，また，裁判の前例もないという場合も存在する。民事事件において，このような場合でも，裁判所は，具体的事件に適用すべき法規が存在しないことを理由に裁判を拒むことはできない。このような場合，裁判所は，条理にしたがって裁判をするほかないのである。

Ⅲ　法 の 分 類

1　公法・私法・社会法

　法を公法と私法にわけることは，ローマ法以来行われてきたもので，この区別は，今日においても法律制度の基本構造をなし，法律学の体系も，またこれにしたがっている。しかし，この区別の理論的基準は必ずしも明確でなく，学説も多岐にわたっている。

　ところで，人間の生活関係には，国家の一員としての政治的・公的生活関係と個人または個人相互間の私的生活関係という２つの生活面があり，法もまたこの両面に対応して，２つの分野にわかれている。前者の法の分野では国家が権力をもって法の履行を強制するのに対し，後者の法の分野では一応個人の自治に任せられ（私的自治の原則），紛争が生じた場合にのみ国家が介入する。この両者の性質ないし法原理の相違によって，裁判などの面でも昔から取扱いが異なっており，これが公法と私法の区別をいかにするかという問題となったのである。一般的にいって，憲法・行政法・刑法・訴訟法などは前者すなわち公法に属し，民法・商法は後者すなわち私法に属する。

　公法・私法の区別のほかに，近時，社会法という両者の中間的法域が認められるようになってきた。元来，私法の領域は，自由と平等を基礎とする私的自治の原則に立脚し，資本主義の発展に大きな役割を果たしてきたが，経済の高度化にともなって，経済的強者と弱者が生み出された。そのため，経済的弱者保護の立場から，私法の原則的な存在とその固有の法域を認めつつ，他方，これに公法的な統制を加えることによって，個人の実質的な自由と平等を実現しようとする動きが生じてきた。こうして生み出されたのが，労働法と経済法および社会保障法であり，これを「私法の公法化」の現象といい，このような法の分野を社会法とよぶ。

2　実体法と手続法

　法の規定内容による区別で，権利義務の実体に関する法を実体法，権利義務

を実現する手続に関する法を手続法という。刑法・民法・商法などは前者であり，刑事訴訟法・民事訴訟法・破産法などは後者である。

3　一般法と特別法

　一般法とは，人・場所・事項につき一般的な拘束力を有する法をいい，特別法とは，人・場所・事項につき限定的に効力を有する法をいう。この区別は，相対的なものである。たとえば，商法は民法に対しては特別法であるが，この商法も保険業法・信託業法に対しては一般法である。これらの区別の実益は，「特別法は一般法に優先する」という原則にしたがい，法規競合の場合の適用法を明らかにすることである。

Ⅳ　国内法と国際法

　国内法とは一国において制定され，その国内にのみ効力を有する法であり，国際法とは，条約のように国際社会における国家間の関係を規律する法である。国際法には，慣習国際法と条約国際法，平時国際法と戦時国際法，また，すべての国家を規律する普通国際法と特定国家のみを規律する特殊国際法の別がある。

　条約は，国際法の法源であるが，国内法上いかなる効力を有するかについては，条約と国内法を同一の法体系とみる一元論と別個の法体系とみる二元論とにわかれている。憲法は，条約および国際法規の遵守義務を明示していることから（憲98条2項），一元論的立場から，条約の国内法的効力を認める説が有力である。さらに，国内法化された条約は，法的効力の面で憲法といかなる関係に立つのか議論がある。

　条約の形式的効力は，これをまとめると次のようになる。すなわち，条約と法律との優劣関係については，条約が優位し，次いで，条約と憲法との関係については，憲法が優位すると解するのが通説である。

第5節 法の適用

法はどのようにして適用されるの？

I 法の適用とは

　法の適用とは，社会生活のなかで発生する具体的事実に，法をあてはめ，妥当性を有する合理的な判断を引き出すことである。法は，普遍的・抽象的内容をもった規範であるから，具体的事件を法にしたがって解決するには，事実に法をあてはめなければならない。この法の適用により，法の内容が実現することになる。

　法の適用の古典的な考えは，判決三段論法といわれるものである。たとえば，Aの運転する自動車がBをひいたとする。Bは，ケガの治療費などについてAに損害賠償を請求できるかということが問題となるが，そのためには，大前提として，民法709条「故意又は過失によって他人の権利又は法律上保護される利益を侵害した者は，これによって生じた損害を賠償する責任を負う」という適用法規が定まり，ついで，小前提として，「Aはわき見運転（過失）によってBにケガをさせた」という事実が確定すれば，帰結として「AはBに何万円を支払え」という判決が導き出される。このように，法の適用に際しては，小前提として事実関係を確定することが必要であり，大前提として事実関係に適用すべき法規を明らかにすることが必要となる。

　法の適用という場合，適用される法は，制定法，判例法，慣習法などの各種がある。また，デモ行進に対する規制は，警察という行政機関による公安条例の適用であるが，法の適用ということが，最も典型的かつ明確な形であらわれるのは，制定法の適用であり，それは，主として，国家の司法機関たる裁判所によって行われている。

II 事実の認定

　法の適用においては，最初に，法を適用すべき事実が存在するか否かを正確

に確認することが大切である（事実の認定）。次に，認定された事実に適用すべき法を見つけ，その法を解釈する（法の解釈）ことである。すなわち，法の適用にあたっては，まず適用の対象となる事実関係を確定しておかなければならない。したがって，事実の存否および事実の内容の正確な認定が必要となる。この事実の認定がそれほど容易でないことは，刑事裁判の例を思えばよい。たとえば，ＡがＢを殺したという事実に対しては，Ａが殺意をもってＢを殺したのであれば刑法199条（殺人），Ａが過ってＢを殺したのであれば刑法210条（過失致死），ＡがＢに頼まれて殺してしまったのであれば刑法202条（自殺関与及び同意殺人）と，それぞれの事実の内容によって適用される刑法の規定，刑罰の種類や程度も異なる。このように，事実関係がいかに認定されるかは，法の適用上，きわめて重要な問題であり，事実の認定には，十分に慎重を期すことが必要である。

1 立 証

　事実の認定は，証拠によってなされる。法律適用の典型的な場面である裁判においては，とくにこのことが明確になっている。これについて，民事訴訟法・刑事訴訟法は，当事者本人の自白ないし陳述，証人による証言，専門家の鑑定，文書による証拠，現場で実地に調べる検証といったさまざまな証拠のとり方について詳細な規定を設けている。

　事実の認定について，当事者間に争いのない事実はそのまま真実として扱い，争いのある事実についても証拠の優劣によって判断すればよいとするのが形式的真実主義であり，民事訴訟になじみやすい。当事者の主張にまかせず，あくまで客観的真実を解明（真実の発見）すべきだとするのが実体的真実主義で，刑事訴訟においてとられている。しかし，これは，職権主義，糺問主義につながりやすく，当事者主義を採用した現行刑事訴訟法では人権保障のため，適正な手続の保障（憲31条）が全面にあらわれてきた。「疑わしきは罰せず」の原則は，実体的真実主義を限界づけるものである。

　このように，裁判における事実の認定は，証拠にもとづいてなされるが，こ

の場合，証拠がどの程度の証明力をもつかという判断は，裁判官にゆだねられる。証拠能力があり，適法な証拠調べを経た証拠であるかぎり，そのうちのどれを証拠として採用するかは裁判官の自由である（自由心証主義）。事実の認定は，民事・刑事のいずれの裁判においても重要であるが，ことの深刻さにおいては，刑事裁判のそれが民事のそれをはるかにしのぐ。そこで，刑事裁判においては，自由心証主義について，自白に関し重要な例外がある。すなわち，自白の強要の弊害と誤判の危険を避けるために，自己に不利益な証拠が本人の自白だけであるという場合に，その自白を証拠として有罪とすることはできないとされる（憲38条3項）。

　証拠は，原則として，一定の事実を主張する者があげなければならない（立証責任・挙証責任）。民事事件では当事者（原告・被告），刑事事件では検察官が，それぞれその責任を負う。

　ところで，事実の認定は，過去の事実関係を立証するものであるため，立証が容易でない場合もあり，また，それが不可能に近い場合もある。そこで，法は，立証のわずらわしさを避けるために公益その他の理由から，事実の有無を推定し，あるいは擬制するのである。

2　事実の推定

　法は，事実関係の立証の困難さを考え，法文中に，ある一定の事実の存否を推定することがある。これを事実の推定という。法文に，「推定ス」あるいは「推定する」とある場合がこれである。たとえば，民法772条1項に「妻が婚姻中に懐胎した子は，夫の子と推定する」とあるが，この場合には，夫の子でないとする反証があれば，この推定はくつがえることとなる。すなわち，事実の推定は，法による一応の決定であるにすぎないから，この決定された事実と違う事実を主張する者は，反証をあげてその決定をくつがえすことができるが，反証がない以上，法が一定の事実の成立を認めるのである。このほか，民法186条1項（占有の態様等に関する推定），同188条（権利の適法の推定），同420条3項（賠償額の予定）などの例がある。

第1章　法ってなんだろう？

3　事実の擬制

　事実の擬制とは，法文に「看做ス」あるいは「みなす」とある場合である。
「みなす」とは，事実の真否いかんにかかわらず，その事実関係を真実として
取り扱う認定の方法であり，ある事実に対し，法的効果を絶対的に付与するも
のである。したがって，事実の擬制は，それが権力的に行われるため，事実の
推定と異なり，反証をあげてもその決定をくつがえすことはできない。たとえ
ば，民法 31 条（失踪宣告の効果），同 721 条（胎児の特例——損害賠償請求権），
同 886 条 1 項（胎児の相続能力），刑法 245 条（電気窃盗罪）などが，この例であ
る。

第 6 節　法 の 解 釈

法はどのようにして解釈されるの？

I　法解釈の必要性

　法を個々の具体的事実にあてはめるために，法の意味内容を確定することを
法の解釈という。慣習法および判例法においても，法の解釈ということが問題
となるが，法の解釈といえば，通常，成文法の解釈をいう。

　成文法について解釈が問題とされるのは，成文法の不完全性と抽象性にもと
づく。すなわち，社会生活はきわめて複雑であるため，その全般を規律するこ
とは，とうてい不可能であり，また，具体的事実は千差万別であるため，法の
制定にあたっては，抽象的かつ一般的にならざるをえない。したがって，法文
を解釈することによって，抽象的・一般的な法文の意味内容を具体的に明らか
にし，法の適用に誤りなきを期する必要がある。たとえば，殺人罪（刑 199 条）
は「人を殺したる者」に適用されるが，この「人」という用語の意味について
は，この観点からは明らかではない。その「人」のなかに自分自身が含まれる
のか，あるいは胎児も含まれるのかが明らかにされないと，自殺未遂者に殺人
罪の規定を適用してよいかどうか，堕胎を行った者に殺人罪の規定が適用され
るのかどうかわからないことになる。人は，いつ「人」になり，いつ「人」で

なくなるのか。臓器移植法制定との関係でおおいに議論がなされていた脳死の問題は，人の終期，すなわち，死の判定についてのまさに解釈問題であった。そして，「公共の福祉」（憲22条1項），「信義誠実」（民1条2項）というように，法の言葉が抽象的・一般的であればあるほど，法の意味の確定は困難をともなうことになる。これらはすべて解釈によって明らかとなるものであり，そのため，法の解釈は重要な問題となってくるのである。

II　法解釈の態度

　法の解釈をめぐって，どのような態度や方法をとるべきかということについて，従来，基本的に考え方を異にする2つの立場がある。概念法学と自由法学である。

　19世紀ドイツ法学を支配していた概念法学によれば，次のようになる。法は社会生活の秩序を安定させるためのものであるから，そのためには，まず，国家の制定法規の意味を明らかにし，それを正確な論理の法則にしたがって具体的な場合に適用すべきである。法は完結性をもち，欠陥がない。裁判官は，純粋に法規の形式的論理的操作によって判決すればよい。その結論が，具体的事件に妥当であるかどうかは顧慮すべきことではなく，それが，妥当でなくてもやむをえない。これを改めるには，立法を待つほかないと主張する。このように，概念法学は，具体的妥当性を犠牲にして，法的安定性に奉仕する。それは，制定法規への過度の信頼と裁判官への不信のあらわれといえよう。

　これに対し，19世紀末から20世紀初頭にかけてのフランス，ドイツを中心に発展してきたのが，自由法学（自由法論）である。これは，法の欠陥を認め，具体的な社会事実のなかから，自由に法を発見すべきであるとし，裁判官の法創造的な機能を強調する。ここでは，法的安定性よりも具体的妥当性が重んじられ，ある程度法規の文字を離れても，立法の目的や社会の具体的・現実的な状況との合致を目指すような目的論的な解釈と適用が必要であると主張する。このような主張は，社会の生きた現実の経験科学的研究としての法社会学を生み出した。

Ⅲ　法解釈の方法

　法の解釈とは，法の意味内容を明らかにすることであるが，一般に，有権解釈と学理解釈とに大別できる。有権解釈とは，国家権力などの公権力によって行われる解釈である。これは，さらに，立法機関が法令のなかで定義その他の形で解釈を明示する立法解釈，判決を通して司法機関が行う司法解釈，訓令または通達の形で行政機関が行う行政解釈などに分類できる。

　学理解釈とは，学理にもとづいて法文の意味内容を明らかにする解釈である。これは，主として，学者により学説の形で行われるのでこのようによばれるが，個人の学問上の研究を基礎として自由に解釈するのであるから，有権解釈のように法的拘束力は付与されず，無権解釈ともいわれている。学理解釈には，文理解釈と論理解釈の2つの方法がある。

　法解釈の主な方法には次のものがある。

1　文　理　解　釈

　法文を構成する文字や文章の意味を重視し，その言語的表現を根拠にその法の意味内容を明らかにする解釈方法である。成文法は，文字や文章であらわされているので字義を忠実に読みとるべきであるが，あまりに字句にとらわれると杓子定規の解釈となり法の目的が損なわれることもある。また，文字に含まれる意味も多義的であるので，その文章の表現だけでは読み取れない場合もある。たとえば，「AとBとC」という表現が，「A」と「BとC」を意味するのか，「AとC」と「BとC」を意味するのか，もはや文理解釈では決しえず，法の趣旨などから決定せざるをえない。

2　論　理　解　釈

　法文の文字や語句にこだわらず，法の制定目的や法秩序全体との論理的関係，社会通念の変化などを考慮しつつ解釈することである。この論理解釈には，拡張解釈，縮小解釈，類推解釈，反対解釈，勿論解釈などがある。

(1) 拡張解釈・縮小解釈　「子」という言葉は，狭義には実子のみを指すが，広義には養子も含めて用いられる。このように，ある言葉に広義と狭義がある場合，広義に解する場合を拡張解釈，狭義に解する場合を縮小解釈という。

(2) 類推解釈・反対解釈　「車馬通行止め」という立て札の前を牛が通ろうとしている。この場合，牛も馬と似ているからと通行を禁止する場合を類推解釈，牛についてはなんの定めもないからと牛を通す場合を反対解釈という。近代刑法には，「類推解釈の禁止」という原則がある。ただし，拡張解釈と類推解釈との限界は必ずしも明確ではなく，ここにあげた類推解釈の例は，拡張解釈の例として説明されることも多いようである。

なお，判例では，旧刑法下において窃盗罪の「財物」に電気を含ませた例や，「汽車又ハ電車」の転覆の規定をガソリンカーに適用した例がある。

(3) 勿論解釈　「車馬通行止め」とは，馬でさえ通れないのだから，もちろん，象は通れないとする解釈である。

~*Topic*~~~~~~~~~~~~~~~~~~~~~~~~~~~~~~~~~~~~~~

裁判による法創造

　　今日では裁判の機能として，判決の効果もしくは裁判手続の効果として，紛争解決機能のほかに，権利創設的機能，法定立機能，政策形成機能などを数えることは，一般的なこととなっている。裁判による法創造機能も，これらの紛争解決機能以外の機能の一つとして論じられているものである。裁判の目的として追求される機能なのか，裁判の結果として発生・随伴しているだけの機能であるかは別に置くとして，少なくとも事実上はこのような機能が存在することを認容することは，今や通常のことである。たとえば，夫が妻以外の女性と同棲し，その女性と結婚するために妻に対し離婚を請求したとしよう。この離婚請求が認められるためには，民法770条1項5号の定める「婚姻を継続し難い重大な事由」が必要であるが，この表現は抽象的なので，どのような事実がこれに該当するかを具体的に明らかにする必要がある（第7章第1節Ⅳ「離婚」参照）。これが法の解釈という作業である。しかし，民法770条が制定されたときには，夫が愛人をつくり夫婦関係を壊したうえで離婚を求めるというような事態は予定していなかったとも考えられる。そうなると夫の離婚請求については判断の基準となる制定法は存在しない（法の欠缺）ことになるが，これを理由に裁判官は紛争解決を放棄することはできない。民事事件について適用すべき制定法が存在しない場合，裁判官は当該紛争について正義にかなった合理的解決をもたらすような具体的な裁判基準をみずから創造し，それにもとづいて判決を下すことになる。このように裁判の基準となる法は，裁判を通じて法の

第1章 法ってなんだろう？

解釈や法の欠缺補充によって創造され，後の紛争においても先例として解決の基準となる。

　裁判による法創造機能の論議は，従来主として民事裁判を念頭において行われてきたが，刑事手続においても研究され始めている。

第7節　裁判の仕組み

裁判の被告って悪い人なの？

I　裁　　判

　裁判には，国民相互の権利義務に関する紛争を処理する民事裁判（民事事件）と犯罪の有無，量刑を審理する刑事裁判（刑事事件）とがあり，この両者は明確に区別されている。民事事件は，民事訴訟法にもとづき，権利を主張する者が原告となり，相手を被告として訴訟するのに対し，刑事事件は，刑事訴訟法にもとづき，国を代表する検察官がいわば原告の立場にたって，被告人の処罰を裁判所に求めるものであるから，裁判の当事者が異なっている。交通事故の例でいえば，被害者に損害賠償を支払う民事事件と加害者を処罰する刑事事件とは個別の事件として取り扱われ，民事事件としては，損害賠償を命じられながら，刑事事件としては，有罪判決が下されることとなる。

II　民事訴訟の手続

　訴えの提起は，裁判所へ訴状を提出することによってなされ，訴訟は，この申立ての範囲において審理され，申立てのない事項については，裁判されない。また，訴訟の対象についても，裁判所は当事者の処分に拘束される。すなわち，当事者の和解，原告の訴えの取下げ，請求の放棄，または，被告の請求の認諾によって，判決を経ないで訴訟を終了することができる。このように訴訟の開始，終了，審理対象の決定は，当事者の自由な意思に任されており，これを当事者処分権主義という。

　判決手続では，必ず口頭弁論が行われなければならない。当事者は口頭弁論

25

で主張する事項を書面で提出し，その理由づけのための攻撃防御方法を提出する。審判の対象となる権利または法律関係の存否は，事実の存否によって判断される。したがって，当事者は，事実関係について，それを明らかにするための証拠資料を提出しなければならないが，裁判所が審判の対象として斟酌できる事実や証拠は，当事者の自由な意思によって提出されたものに限られ，また，当事者が争わない事実または自白した事実については，その真偽についての判断はなされず，そのまま判決資料とされる。このように，当事者が，その権利を確定するための証拠の収集や提出について，権限をもち，かつ義務を負うという原則を弁論主義という。

　口頭弁論が開かれ，当事者双方の攻撃防御がつくされ，かつ審理が十分につくされれば，裁判所は判決を行う。第一審の判決について不服がある当事者は，控訴の申立てができ，控訴審の判決についてなお不服があれば，上告できる。上告審の判決にはもはや原則として不服申立てはできず，これによって訴訟は終了する。控訴と上告をあわせて上訴といい，これは一定の期間内に行うことを要し，この期間内に上訴がなされず，または，当事者双方が上訴権を放棄したときには判決は確定する。この確定判決によって決定された法律上の効力は，その後，再び争いえない。この拘束力を既判力という。

Ⅲ　刑事訴訟の手続

　刑事訴訟手続は，具体的事例につき刑法を実現する方法であり，これを規律する法が刑事訴訟法である。訴訟開始前の手続として，捜査がある。すなわち，捜査機関（検察官，司法警察職員）が，犯人や証拠に関する捜査活動をする。捜査は，各種の強制処分（逮捕・押収など）をともなうので，それだけに基本的人権を不当に侵害するようなことがあってはならない。国家権力は，常に増大化の傾向をもつといわれるが，これに対する歯止め（権力抑制）をいかに考えるべきか，というのが刑事訴訟法の最大の課題である。

　刑事裁判の手続は，次のようである。すなわち，公訴提起がなされると裁判所での審理が始まる。冒頭手続として，人定質問，検察官による起訴状朗読，

証拠提出，有罪立証がなされ，これに対して，被告人が反証を提出する。証拠調の後，検察官と被告人の弁論があり，検察側の論告・求刑があって，結審・判決となる。

このように，刑事訴訟は，検察官の公訴提起によって始まる。警察は，第一次捜査機関として，犯罪ありと思料するときは証拠および犯人を捜査する。検察官は捜査もするが，主たる任務は，訴追にあり，捜査の結果を総合的に判断して起訴・不起訴を決定し，起訴の場合は，具体的犯罪事実の主張である訴因を記載した起訴状だけを裁判所に提出する（起訴状一本主義）。

公判を進めるにあたっては，刑事訴訟法は，当事者主義を原則とし，適正手続と人権保障とを全うしつつ，その枠内でのみ実体的真実の発見を目ざすものである。すなわち，裁判所は，公開の法廷で直接取り調べた証拠だけによって裁判をなし，口頭弁論により審理が進められる。公判は，当事者（被告人と検察官）の攻撃防御によって進行させ，職権にもとづく裁判所の介入は，補充的なものとされる。

事実の認定は，合理的に証拠によらなければならない（証拠裁判主義）。証拠の価値については，裁判官の自由な判断に委ねられるが，「疑いをいれない確信」がない限り，無罪にしなければならない。

刑事裁判は，事案の真相を解明し，刑罰権を適正かつ迅速に適用し，社会正義を実現することにその使命があるが，犯罪者を罰することに急なあまり，誤って罪のない者を罰したり，たとえ真犯人であっても拷問などを加えて真相を明らかにしたりして，個人の基本的人権を不当に侵害するようなことは，決してあってはならない。

ところで，平成21（2009）年5月21日から，裁判に国民の健全な社会常識を反映させ，司法の国民的基盤を確立するために，衆議院議員の選挙人名簿の中から無作為に選ばれた候補者から，裁判所の選任手続きを経て選出された国民が裁判員として，刑事裁判に参加し，裁判官とともに無罪・有罪を決め，有罪の場合は量刑を行う裁判員制度が始まった。地方裁判所で審理する，死刑または無期懲役・禁錮にあたる重大な犯罪（殺人・傷害致死・危険運転致死など）に

適用され，事件ごとに6名の裁判員が選任され，3名の裁判官とともに公判を担当する。

　裁判員制度に関しては，現在，「いろいろな問題が起きていても，それが直らない制度設計になっている」として，以下の点が問題とされている。①法律では3年後の見直しを予定しているが，実際の運用の中で問題が起こっても，それを表明し，議論することができない。②実際の判決や量刑を議論する評議の過程で，裁判官が裁判員にどのような説明を行うかによって，法律の知識が限られる市民は容易に説得や操作が可能になると思われるが，そこでのやりとりは表には一切出てこない。③評議が割れた場合は多数決で評決や量刑が決まるのだが，それが割れたかどうかも，公表はされない。④裁判員になった市民はそこでの経験を一切口外してはならないことになっているため，実際に裁判に参加した裁判員と市民社会全体が，経験則や参加意識を共有することはまず難しい。

　ところで，冒頭の設問「裁判の被告って悪い人なの？」。この問題の答えは，刑事裁判と民事裁判では異なる。刑事裁判は，刑罰法規に関する事件を裁く裁判であり，罪を犯したと疑われている人（被告人）が裁判にかけられることである。このように，該当する罪名および罰条を明らかにすることであり，判決が確定すれば「悪い人」ともいえるだろう。

　ところが，民事裁判は，犯罪や刑罰とは関係ない紛争，たとえば，貸したお金を返せ，などの争いを判断するものである。お金を返せと訴えられた人（被告）が，すでにお金を返している可能性もあるし，借りたのではなく「もらった」お金かもしれないし，そもそも，借りていないかもしれない。裁判になるもめ事は当事者の主張がすれ違うからであって，原告と被告のどちらの言い分が正しいかは，それぞれが証拠を出し合って，中立な裁判官が調べてみなければわからないものである。したがって，訴えられた側に最初から落ち度があるなどとは決めつけられず，ましてや，民事裁判で訴えられた側が「悪い人」などという偏見は決して持ってはならない。

第2章

人間らしく生きる権利の保障

第1節　基本的人権の保障

「憲法訴訟」って何？

Case 2-1

　H法律事務所に，以下の人が法律相談にやって来た。H弁護士は，どのような説明・助言をするであろうか。

① 卒業式で君が代斉唱をしなかったことを理由に減給された公立高校の教諭

② 法定相続分は嫡出子と非嫡出子とでは異なるのかと尋ねにきた非嫡出子

③ ヌード写真集を出版したところ，わいせつ物頒布罪で起訴された写真家

④ 警察での取調べの際，警察官の暴行を受けて骨折した被疑者

⑤ 再審において冤罪であることが確定した受刑者

⑥ 学校内でのヒジャブの着用を禁止されたイスラム教徒の保護者

⑦ 生活扶助費を大幅に減額された生活保護受給者

⑧ 茶髪を禁止する校則に違反したことを理由に，退学処分になった生徒

⑨ 衆議院議員選挙の際，投票案内のハガキが来ない在日外国人

⑩ 「風俗案内所」の営業を規制する条例違反で摘発された風俗案内所の経営者

I　基本的人権のカタログ

　憲法は，人間が人間らしく生きるために，さまざまな基本的人権を保障している。日本国憲法が保障する基本的人権の全体像を示したのが，下記の「基本的人権のカタログ」である。

上記事例の各相談人の置かれている状況に憲法違反はないか，すなわち憲法が保障している基本的人権が侵害されているといえないか，もし侵害されているといえるならば，H弁護士は，訴訟（憲法訴訟）を検討することになる。

　①は，憲法19条の思想および良心の自由，②は，14条の平等権，③は，21条の表現の自由，④は，17条の国家賠償請求権，⑤は，40条の刑事補償請求権，⑥は，20条の信教の自由，⑦は，25条の生存権，⑧は，13条の幸福追求権，⑨は，15条の参政権，⑩は，22条の営業の自由に，それぞれに基づいて，権利主

図表2-1　日本国憲法における基本的人権のカタログ

Ⅰ	包括的基本権	生命・自由および幸福追求権（13条）
Ⅱ	平等原則	平等権（14条）
Ⅲ	自由権	＜精神的自由＞ ・思想及び良心の自由（19条） ・信教の自由（20条） ・表現の自由（21条） ・学問の自由（23条） ＜身体の自由＞ ・奴隷的拘束および苦役の禁止（18条） ・適正手続の保障（30条） ・被疑者者及び刑事被告人の権利（33条～39条） ＜経済的自由＞ ・職業選択の自由（22条） ・財産権（29条） ＜その他の自由＞ ・居住及び移転の自由（22条） ・出入国の自由（22条） ・国籍離脱の自由（22条）
Ⅳ	社会権	・生存権（25条） ・教育を受ける権利（26条） ・勤労権（27条） ・労働三権（28条）
Ⅴ	参政権	・選挙権（15条） ・憲法改正の際の国民投票権（96条）
Ⅵ	人権救済権	・裁判を受ける権利（32条） ・国家賠償請求権（17条） ・刑事補償請求権（40条）

第 2 章　人間らしく生きる権利の保障

張ができると考えられる。

Ⅱ　基本的人権の歴史

　基本的人権（fundamental human rights）は，人間が人間であるという理由だけで，人間だれもが当然に享有している権利である。この基本的人権という観念は，国家の成立を前提として，近代ヨーロッパに成立したものである。ただ，その持つところの意味や，基本的人権として保障される具体的な権利の内容は，時代とともに変化してきている。また，基本的人権は人類普遍のものとされるが，実際には，各国家社会により，基本的人権の保障のあり方はさまざまである。

1　第一世代の基本的人権（18，19 世紀の人権）

　基本的人権の観念は，17 世紀後半の近代ヨーロッパの自然権思想（たとえば，J. Locke など）にもとづいて生まれた。近代自然権思想に基づく基本的人権を明確に表明した最初の憲法典である，1776 年のバージニア権利章典（Virginia Bill of Rights）は，「すべて人は生まれながらにして等しく，自由かつ独立しており，一定の生来的権利を有する。これらの権利は，人民が社会を組織するにあたり，いかなる契約によっても，人民の子孫から，これをあらかじめ奪うことのできないものである。かかる権利とは，すなわち財産を取得・所有し，幸福と安寧とを追求・獲得する手段を伴って，生命と自由を享受する権利である。」と規定するが，ここに，近代憲法における基本的人権の本質および内容が示されている。すなわち，基本的人権は，「生来的な権利」であること，すべての人に保障される「普遍的な権利」であること，国家といえども奪うことのできない「不可侵の権利」であること，そして，基本的人権として保障されるのは，「生命，自由および財産の所有」であることである。

　ところで，そのような性質を有するとされた基本的人権ではあるが，①近代の人権の保障を求めた人たちは，当時の市民階級（ブルジョワ）であり，その市民が最も望んだことは，国家からの自由（Freedom from the State），とくに経

31

済活動の自由であったこと，②基本的人権は「普遍的・生来的」権利とされたが，実際は，それは有産階級だけの権利であって，それ以外の国民，たとえば無産階級や女性の権利は，当時，念頭になかったことには留意する必要がある。

2　第二世代の基本的人権（20世紀の人権）

18，19世紀の近代憲法が基礎とした自由放任主義（レッセフェール）は，いわゆる持つ者（有産者）と持たざる者（労働者）との間に大きな経済・生活格差を生じさせ，社会的弱者である労働者の存在は社会の不安定要素となった。そこで，国家は社会的・経済的不平等を解消するために，積極的に役割を果たすべきとする「社会国家」の思想が登場する。

最初に，「社会国家」理念を表明したのは，1919年のヴァイマール憲法である。同憲法は，「経済生活の秩序は，すべての者の人間たるに値する生活を保障する目的をもつ正義の原則に適合しなければならない。この限界内で，個人の経済的自由は確保されなければならない」（151条1項）と規定している。この社会国家理念に基づく憲法（現代憲法）は，近代憲法では神聖不可侵とされた財産権の保障や経済活動の自由について，その社会性を強調して，それを制限的に保障すること，そして，人間の人間らしい生活を確保するための積極的行為を国家に義務付けることになる，いわゆる社会権を新たに保障することに，その特徴がある。

3　第三世代の人権（21世紀の人権）

21世紀に入ると，さらに新しい人権が主張されている。この新しい人権は，近代憲法における自由権を第一世代と，現代憲法において新しく登場した社会権を第二世代とすれば，第三世代の人権と呼ぶことができる。

わが国においては，憲法13条の幸福追求権（「生命」「自由」および「幸福追求」の三つを一体として捉えて理解される権利概念）を根拠として，新しい人権が主張されている。たとえば，名誉権（人の社会的評価である名誉という人格的価値を保護する権利），プライバシー権（自己情報をコントロールする権利），自己決

第2章　人間らしく生きる権利の保障

定権などである。

第2節　自己決定権

茶髪を理由に退学処分は厳しすぎない？

Case 2-2

　私立Y高校は，自動二輪免許の取得や髪型についての校則を定めている。

　同校の生徒であるAさんは，オートバイの免許を学校に届けることなく取得したこと，また茶髪にしたことを理由に，退学処分となった。

　Aさんは退学処分について納得がいかない。

Ⅰ　自己決定権の意義

　自己決定とは，文字通り，自分のことは自分で決めるということである。社会生活において，他人の権利利益を害する行為が認められないのは当然のことであるが，一方，他人にかかわりのないこと（「私事」）をする行為はどうであろうか。私事は他人の利益を害するものではないから，私事に関することは本人の決定に委ねていいのではないか。

　現在，自己決定が，社会生活環境の変化（たとえば，医学・医療技術の発展），マイノリティー（社会的少数派）の人権保障，フェミニズムの台頭などを背景に主張されている。それは，自分が自分らしく生きるための権利主張である。

Ⅱ　基本的人権としての自己決定権

　自己決定権という名称の権利は，憲法上明文の規定はないが，憲法13条の個人の尊厳原理および幸福追求権から導きだすことができるとされる。

　自己決定権の内容については，憲法学上種々の見解がある。たとえば，自己決定の対象となる事項の範囲について，①憲法が具体的に保障している自由を除いた，すべての一般的自由とする説，②他者を害しない私事とする説，③他者を害しない私事のすべてではなく，人格的生存にとって不可欠な事柄に限定

33

する説などが対立している。また，自己決定権の享有主体について，意思能力を全く欠く者やこどもをどう考えるかについても議論がある。

ところで，自己決定権も，やはり他の基本的人権と同様，制限される場合がある。自己決定権の制限を正当化する事由として，パターナリズム（自己加害防止）およびモラリズム（公共道徳）が挙げられる。

パターナリズムとは，親と子との関係のように，分っている者が未熟な者の行為について指示・命令することをいう。たとえば，タバコは健康に悪いから止めなさいとか，オートバイは危険だから乗るなというのは，その例である。このパターナリズムは，未熟な者を保護するための後見的な介入であり，支持されるが，「おせっかい」となる側面も有している。

モラリズムとは社会公共道徳のことで，これに反する自己決定は認められない。たとえば，性的行為は私事に属する行為ではあるが，性道徳の観点から，売買春行為の禁止は正当化される。

Ⅲ　自己決定権の具体的問題

1　生命，身体の処分に関する自己決定権

(1)　安楽死・尊厳死　　余命いくばくもない，激痛に苦しむ患者が死を選ぶ（安楽死），あるいは生命維持装置の管に繋がれた，回復の見込みのない患者が人間らしく死にたいと望むこと（尊厳死）が，認められるべきであるとの主張がある。

1976（昭和51）年に日本安楽死協会（のちに日本尊厳死協会に改称）が設立されるなど，安楽死・尊厳死問題が議論されているが，これらの死を認める社会的コンセンサスは未だ得られていない。

なお，東海大学病院安楽死事件の横浜地裁（横浜地判平7・3・28判時1530・28）は，一定の要件のもとで，安楽死行為は違法性がないとしている（第9章参照）。

(2)　治療の拒否　　自分の健康問題は私事に属するので，患者が治療を受けるかどうかは自己決定の問題である。よって，治療拒否が生命，健康に係る場合でも，本人の意思が尊重されるべきということになる。たとえば，宗教上の

第 2 章　人間らしく生きる権利の保障

理由で，輸血を伴う手術を拒否することが問題になる（エホバの証人輸血拒否事件：大分地判昭 60・12・2 判時 1180・113）。

2　ライフスタイルに関する自己決定権

　結婚，離婚は本来私事に属することであるが，結婚により形成される家族が重要な社会制度であるがゆえに，結婚は，法律によりいろいろと規制されている。しかし，近時，法律による規制に対して，家族形成を個人と個人との契約と捉える立場（契約的家族観）から，現在の婚姻制度，たとえば法律婚主義およびそれに伴う婚姻に関する規制（婚姻適齢，重婚禁止，近親婚禁止，女性の再婚禁止期間），家族の姓，嫡出子制度，離婚の要件，親子関係などには見直すべき点があるとされる（第 7 章参照）。

3　リプロダクション（生殖）に関する自己決定権

　子を産むかどうかは，本人の自己決定に属することであるとして，女性の産む権利あるいは産まない権利が主張される。

　そこで，たとえば中絶行為を堕胎罪として処罰することは，女性の自己決定権の侵害であると主張される。しかし，これに対しては，胎児が自分の髪の毛が自分の体の一部であるということと同じ意味で，本人の付属物であると言えるのかどうか，すなわち胎児は独立した権利主体ではないのかという立場から，また，出生前診断により障害を有することが判明した胎児についての中絶については，倫理的観点から批判がある。

　また，不妊の夫婦が子を持ちたいとの願望を叶えるための生殖技術の開発・利用は，自己決定の観点からすれば認められるべきであろうが，やはり倫理的観点からの歯止めの必要性が主張される。

4　性的行為に関する自己決定権

　人間の性の営みに関することが私事に属することから，性的行為の自由が自己決定の問題として議論される。相手方の同意のない性的行為（強制性交等や

強制わいせつ）が処罰されるべきことは当然であるが，双方の合意がある場合でも，こどもどうし，大人とこども，近親者間などの性的行為，売買春行為などはモラリズムの観点からの規制が働く。

5 容姿，服装に関する自己決定権

容姿（たとえば髪型，ひげ等），また服装は私事である。しかし，社会生活のなかで，これらの自由がない場合が多く見られ（校則による規制，会社での制服など），これを自己決定の観点から，議論がなされる。たとえば，自己決定の対象である私事を人格的生存にとって不可欠な事柄に限定する立場からは，髪型やひげは自己決定権の対象にはならないであろう。

パーマ禁止校則に違反して退学処分となった高校の女子生徒が，髪型を規制する校則は髪型の自由を侵害していると主張した裁判において，最高裁は，パーマ禁止校則は高校生に相応しい髪型を維持し，また非行を防止し，よって勉学に専励する時間を確保するためであり，これらのことは社会通念上不合理とは言えないとしている（パーマ禁止校則事件：最判平 8・7・18 裁時 1176・233）。

第3節 平 等 権

女性特別枠入試は憲法違反？

Case 2-3

M大学文学部哲学学科の定員は 50 名であるが，例年，女性の志願者が少ないので，M大学は，今年度から，10 名の女性特別枠（女性のみ受験資格あり）を設けた入試を実施し，一般受験（40 名）の合格最低点は 65 点，女性特別枠受験の合格最低点は 60 点であった。

一般受験をした男性Aは，63 点で不合格であったが，女性特別枠の合格最低点が 60 点であったことを知り，納得がいかない。

この入試制度に問題はないか。

第2章　人間らしく生きる権利の保障

I　平等思想および平等の意味

　人間の平等に関する思想は，古代ギリシャ思想や中世のキリスト教の「神の前の平等」に見られるが，国家との関係における人間の平等は，近代の自然法思想の下で成立した。アメリカ独立宣言（1776 年）は，「われわれは，自明の理として，すべての人は平等に造られ」と，またフランス人権宣言（1789 年）は，「人は自由かつ権利において平等なものとして出生し，かつ生存する」と規定するが，」これらは，近代憲法における平等権思想の表明である。そして，この平等権思想は，その後，世界各国の現代憲法においても，平等権の保障という形で受け継がれている。

　ところで，「平等」には，いろいろな平等がある。

1　機会の平等，条件の平等および結果の平等

　近代憲法は市民革命の所産であるが，この市民革命の担い手であった市民（当時の有産階級）が求めたのは，自由と平等であった。従来の身分制社会を打破するために，市民は，各種の人間の自由を求め，それが平等に保障されること，とりわけ経済活動の機会が等しく与えられることが必要と考えた。これを機会の平等といい，当時は機会の平等が社会における平等をもたらすと考えられ，かつ，機会の平等があるなかでの経済的格差は，各人の能力，努力など差異によるものであり，自己責任の問題とされた。

　しかし，実際，機会の平等の恩恵を受けるのは，財産や能力を有する者だけであって，それらを有しない者にとっては，機会の平等は意味のないことであった。実際，20 世紀に入ると，持つものと持たざる者の大きな経済的格差が生じ，社会問題化した。そのような状況のなかで生まれるのが結果の平等という概念である。それは，人間の経済的平等のためには，ただ機会の平等を保障するだけでなく，結果として生じる不平等を是正するための措置もとられなければならないとする平等である。

　ただし，結果の平等といっても，それは，結果において同じということが求

37

められることではない。なぜなら，そのような平等は，人間の自由と相容れないからである。つまり，ここでいう結果の平等とは，強者と弱者との競争における条件を調整し，競争環境における対等化を図るという意味での平等，いわゆる条件の平等のことである。

2 絶対的平等と相対的平等

絶対的平等は，人を区別することなく均一に扱う平等である。ふつう，平等と言えば，この平等を考えるが，この平等だけでは不十分である。なぜなら，人が持つ能力や業績などはそれぞれ差異があり，その差異を何ら考慮せずに均一に扱うことが不合理な場合も多いからである。たとえば，男性と女性は，その人格的価値においては同等であるが，その肉体的・生理的条件は異なっており，その差異を無視して男女を均一に扱うことは，いずれかに不利な結果をもたらすことがあるであろう。そこで，事実上の差異（性別，収入など）を考慮し，人によって異なる取扱いをすることにより平等化を図ることが必要であり，これを相対的平等という。

相対的平等を図るための区別は，憲法学では合理的区別と呼ばれ，憲法が指向する平等に反するものではない。すなわち，事柄の性質に即応して合理的と認められる差別的取扱いをすることは認められる。

3 アファーマティブ・アクション

機会の平等が保障されても，長年の差別的扱いがもたらした不平等が即座に解消されるわけではない。そこで，不合理な差別的扱いを受けてきた者を特別に優先的に扱い，平等状態を現実化する必要がある。差別状態の解消のために行う積極的是正措置のことをアファーマティブ・アクション（affirmative action）といい，たとえば，職場における女性の採用拡大や管理職登用のための優遇措置や国会議員の数を性別で配分するクォータ制は，その例である。ただし，この措置は，能力主義に反すること，逆差別を生むおそれがあること，および差別意識をかえって固定化させるおそれがあることが指摘される。また，この措

第2章　人間らしく生きる権利の保障

置は暫定的なものであるべきであるが，目的が達成されたかどうかの判断が難しいことには留意しなければならない。

> **Topic**
>
> ### アファーマティブ・アクション入試
>
> 　香川県の四国学院大学（1949 年にアメリカ人宣教師らが設立，現在学生数約 1,300 人）は，1995 年度入試から，「アファーマティブ・アクション入試」を実施している。
> 　同大学は，入学選考の一つとして，特別推薦入学選考を設け，同選考 1 類は，根深い社会的差別・不寛容のなかで大学教育を受ける機会を制限されてきた，被差別部落出身者，被差別少数者（民族的少数者等），身体障害者に対し，より幅広く，かつ誇りをもって大学教育を受ける道を開くための選考である。同大学のアドミッションポリシーは，この選考をアファーマティブ・アクション（格差是正措置）としての性格をもつ入学選考制度と説明している。

Ⅱ　法の下の平等の意味・内容

　旧憲法には，平等に関する一般的規定はなかったが，現行憲法 14 条 1 項は，「すべて国民は法の下に平等であつて，人種，信条，性別，社会的身分又は門地により，政治的，経済的および社会的関係において差別されない。」と，平等に関する一般的規定をおき，14 条 2 項は，旧憲法下に存在した華族制度などの貴族制度を否定し，14 条 3 項は，栄典に伴う特権付与を禁止している。15 条および 44 条は，国民主権の実現を大きく左右する選挙制度における平等を要請し，24 条は，女性の地位が不当に低くおかれた旧憲法下における家制度を否定し，家族制度における両性の本質的平等を規定する。さらに 26 条は，人格形成にとって重要な教育の機会均等を規定する。

　ところで，「法の下の平等」の意味について，法が平等に適用されることを要請していると解する説（法適用平等説）と，法の適用だけではなく，法の内容における平等も要請していると解する説（法内容平等説）とがある。不平等な法が平等に適用されても意味がないこと，ここでいう法には国会の制定する法律のみならず，憲法も含む広い意味での法と解すべきであることから，後者が

39

有力である。法の内容の平等が要求されるということは，国会（立法者）が法律を制定するときには平等原則に従わなければならないということになるので，法内容平等説は，立法者拘束説とも呼ばれる。

Ⅲ　差別禁止事由

　人を区別して扱うとき，その理由にはさまざまのものがあるが，憲法は，差別の理由としてはならないもの（差別禁止事由）として，人種，信条，性別，社会的身分および門地を挙げている。

　これら5つの差別禁止事由が，限定的に列挙されたものか，それとも代表的な事由が例示的に列挙されたものかについては，平等原則が立法者を拘束するかどうかの議論と関連して，解釈上争いがあるが，例示的列挙と解するのが通説である。そして，列挙された差別禁止事由とその他の差別禁止事由とを区別し，前者を理由とする差別は，原則として不合理な差別と推定されるとする考え方もある（平等原則違反審査における二重基準論）。

1　人　　種

　人種とは，人の皮膚や頭髪などの身体的特徴により区別する人類学的種別のことである。アメリカにおける黒人差別，南アフリカ共和国におけるアパルトヘイトなど，世界における人種差別の例は多い。わが国おける人種差別問題の一つにアイヌ民族問題がある。アイヌ民族は，17〜18世紀に東北北部地方，北海道，サハリン，千島列島などに先住した民族であるが，明治政府の，アイヌ民族に対する扱いは，北海道旧土人保護法（明治23年制定，平成9年廃止）という名称からもわかるように，差別的なものであった。現在，アイヌの文化の振興並びにアイヌの伝統等に関する知識の普及・啓発に関する法律（平成9年制定）の下，アイヌ民族の平等権保障のための施策がなされている。

2　信　　条

　信条は，元来宗教上の信条を指すが，広く人生観，価値観，政治的信念など

も含むと解されている。さらに，ここでいう信条は，根本的なものの考え方を意味し，単なる政治的意見（たとえば自衛隊の海外派兵反対）や政治的所属関係（たとえば政治団体の会員）は信条には含まれないとする学説もあるが，両者の区別は相対的なものであるから区別できず，通説は，後者も含むと解している。

信条による区別が問題となる場面として，公務員の任用（占領下におけるレッド・パージ），私企業における雇用・労働関係（三菱樹脂事件：最大判昭48・12・12民集27・11・1536）がある。

3　性　　　別

性別は，言うまでもなく，男女の区別である。性別による差別は，わが国においては，政治，労働，教育，家族生活において，女性の諸権利の否定というかたちで存在した。

男女の差異を考えるとき，生物学的な性差（セックス）と社会的・文化的な性差（ジェンダー）とを区別しなければならない。前者の差異を考慮した，女性保護のための区別は認められるが，後者の差異を前提とした区別については，その合理性について検証する必要がある。

男女の肉体的・生理的差異に対応した合理的区別としては，産前産後休業（労基65条），生理休暇（労基68条）などがある。

労働基準法は，男女同一賃金の原則を定めるなど，労働の場における男女平等の実現を企業に義務付けている。かつて，企業が採用していた結婚・出産退職制度や女子若年定年制は，合理的理由を欠く性別による差別の例である。

なお，男18歳，女16歳とする婚姻適齢（民731条）の合理性が問題とされてきたが，男女とも18歳とする民法改正が2018年に成立した（施行は2022年）。

4　社会的身分および門地

社会的身分とは，人が社会において占めている地位を，門地とは，血統，家系などに基づく家柄を指す。

非嫡出子の法定相続分を嫡出子の2分の1としていた民法900条4号ただし

書の規定について，最高裁は，かつて，同規定の立法理由は，法律上の配偶者との間に生まれた嫡出子の立場を保護するとともに，他方被相続人の子である非嫡出子の立場にも考慮して非嫡出子に嫡出子の相続分の2分の1の法定相続分を認めることにより，非嫡出子を保護しようとしたものであり，法律婚の尊重と非嫡出子の保護の調整を図ったものと解されるとして，合憲としていたが，平成25年に判例を変更して違憲とした（非嫡出子相続分違憲訴訟：最大決平25・9・4民集67・6・1320）。そこで，民法は改正され，現在は，嫡出子と非嫡出子の相続分に差はない（第7章参照）。

　社会的身分を理由とする差別として，被差別部落問題がある。日本の歴史的過程において形成された身分階層構造のなかで最底辺に位置づけられ，社会において不当な差別を受けてきた被差別部落の人たちの権利を回復するための措置が執られなければならない（2016年には部落差別解消推進法が制定された。）。

第4節　表現の自由

「わいせつ」表現は表現の自由の範囲外？

Case 2-4

　Xは，ニューヨークで開催された，写真家Sの写真展を鑑賞し，Sの写真集を購入し，日本に持ち帰ろうとしたが，税関職員は，同写真集に男性の性器を被写体とする白黒写真が含まれており，輸入禁制品であるとして，同写真集の納付を求めた。

　この税関職員の対応は適切か。

I　表現の自由の意義

　表現の自由とは，思想，主義，意見，知識など人間の内面にあるものを外部に表明することの自由であり，その内容および表現方法は問わない。従来，表現の自由は，内面を人に伝える行為の自由（「送り手の自由」）が念頭におかれていたが，現代では，人の表現したことを受け取ることの自由（「受け手の自由」）

が，また思想，意見の形成に必要な情報を獲得する権利が，広く表現の自由の問題として捉えられるようになっている。

表現の自由は，以下の理由により，とりわけ重要な人権とされる。

① 表現行為は人間の本性であり，個人の人格形成にとって不可欠ものである。「およそ各人が自由にさまざまな意見，知識，情報に接し，これを摂取する機会をもつことは，その者が個人として自己の意思及び人格を形成・発展させ，社会生活の中にこれを反映させていくうえにおいて欠くことのできないもの」（未決勾留者の新聞閲読制限訴訟：最大判昭58・6・22民集37・5・793）である。

② 表現の自由は，民主主義が成立するための前提条件である。表現の自由のないところに民主主義はありえない。「憲法21条の保障する表現の自由は，民主主義国家の政治的基盤をなし，国民の基本的人権のうちでもとりわけ重要なもの」（猿払事件：最大判昭49・1・16刑集28・9・393）である。

③ 表現の自由は，真理の追究にとって必要である。時の政治権力者が真理としたものはすべて真理ではなかったという歴史上の経験からすると，真理を追究するためには，自由な言論を認め，言論と言論とがぶつかり合う状況（「思想の自由市場（free market of idea）」）が大切である。

このような重要性を有する表現の自由であるがゆえに，憲法学では，表現の自由は，基本的人権の中でも，とりわけ強い保障がなされるべき人権と理解されている（精神的自由権の「人権体系における優越的地位」）。そこで，表現の自由の制約は，とりわけ慎重でなければならず，表現の自由を制約する法律の合憲性審査は，経済的自由の制約の場合にくらべ，より厳格な基準によってなされなければならないと考えられている（表現の自由を規制する立法については違憲性の推定が働き，一方経済的自由を規制する立法については，合憲性の推定が働くというような考え方があり，「二重基準の理論」と呼ばれる。）。

そして，表現の自由を規制する法律が合憲かどうかを審査するときの判断基準として，以下のものが判例上形成されてきている。

(1) 事前抑制の原則的禁止　　事前抑制とは表現行為に先立ち表現行為を抑

制することであるが，これは表現の否定であり，表現の自由の保障と相容れない。

(2) 不明確の故での無効　いかなる場合に表現行為が規制されるのかが明確でない法律は無効である。

(3) 明白かつ差し迫った危険　法益と衝突する表現行為は規制できるが，それは，その法益に対して，明白な危険が迫っているときにかぎり認められる。

(4) より制限的でない他の規制手段の選択　規制目的を達成するために複数の手段があるとき，表現の自由に対して最も制限的でない手段を選択しなければならない。

Ⅱ　表現の自由の内容

1　集会・結社の自由

集会とは，特定又は不特定の多数の者が，一定の目的をもって一定の場所に集まることであり，結社とは，一定の目的のために特定多数の者がつくる団体である。両者の自由は，集団としての表現行為を保障するものである。

「現代民主主義社会において，集会は，国民が様々な意見や情報等に接することにより自己の意思や人格を形成，発展させ，また，相互に意見や情報などを伝達，交流する場として重要であり，さらに対外的に意見を表明するための有効な手段であるから，憲法21条1項の保障する集会の自由は，民主主義社会における重要な人権の一つとして特に尊重されなければならないものである」（成田新法訴訟：最大判平4・7・1民集46・5・437）。

ちなみに，集会の自由には，集団示威運動も含まれる。集会は，道路，公園，公共施設などを使用して行われるので，集会の自由は，公共施設の利用権を包含している。いわゆる「パブリック・フォーラム論」は，道路，公園などでの表現活動については，強い保障がなされるべきとする考えである。

ただし，集会は，公共の秩序を乱したり，国民の権利を害することがあるので，その規制が必要であり，たとえば，地方公共団体の制定する公安条例は，集会などについて届出制または許可制を採用している。

結社の自由は，上述したように，一定の目的もって組織・団体をつくること

第2章　人間らしく生きる権利の保障

の自由であるが，たとえば，犯罪を目的とする団体や暴力によって憲法秩序を根底から否定するような団体は，憲法上の保護を受けない。破壊活動防止法や暴力団員による不当な行為の防止等に関する法律は違憲ではない。

2　言論，出版その他一切の表現の自由

言論，出版など，表現方法には種々のものがあるが，そのいずれであるかを問わず，また表現の内容がどのようなものであるかを問わず，表現は自由である。

ただし，表現行為が他人の権利を害するとき，また社会公共の利益を害するときは，表現の自由の主張をすることはできない。

(1)　名誉・プライバシー権との衝突　　人の名誉・プライバシー権を侵害する表現は，原則として憲法上の保護を受けない。よって，名誉毀損やプライバシーを侵害した場合に，刑事責任あるいは民事責任を問うことに問題ない。ただし，表現内容が公共の利害に関する事実であり，もっぱら公益を図ることを目的としてなされた表現（公的言論）については，たとえ，それが個人の名誉あるいはプライバシーを侵害するものであっても法的責任は問われない（夕刊和歌山時事事件：最大判昭44・6・25刑集23・7・975）。

(2)　わいせつ表現　　刑法175条は，わいせつな文書，図画，電磁的記録に係る記録媒体その他の物を頒布し，または公然と陳列した者，電気通信の送信によりわいせつな電磁的記録その他の記録を頒布した者，有償で頒布する目的でわいせつな文書等を所持または電磁的記録を保管した者について，処罰することを規定する。表現の自由は，内容を問わないのが原則であるが，わいせつ表現は，「性的秩序を守り，最小限度の性道徳を維持する」（チャタレー夫人の恋人事件：最大判昭32・3・13刑集11・3・997）ためには，規制されるべきであると考えられる。

ただし，「わいせつ」の概念の不明確さは，表現行為に対する過度の規制をもたらすおそれがある。とりわけ，わいせつを理由に，芸術的表現が否定されることになってはならない（メイプルソープ写真集事件：最判平20・2・19民集62・2・445）。

45

ヘイトスピーチと表現の自由

Topic

2014年8月29日，国連人種差別撤廃委員会は，日本政府に対して，日本国内におけるヘイトスピーチの法的規制を行うよう勧告した。ヘイトスピーチとは，差別的・憎悪的発言と訳され，特定の人種を名指し，差別的発言をすることである。

近時，日本においては，「在日特権を許さない市民の会」（在特会）と称する市民団体が行っている，在日韓国人，在日朝鮮人に対する言動がヘイトスピーチであるとして問題となっている。在特会の主張は，そのホームページによれば，在日特権すなわち1911年の入管特例法を根拠とする在日韓国人および在日朝鮮人に認められた特別永住資格の廃止にあるが，その他の問題も含め，日韓関係の誤った歴史認識を是正する必要があるとの立場である。ただ，その街頭デモでの主張の際の表現が，人種差別的・侮辱的なものであるが故に問題とされている。

ヘイトスピーチの法的規制については，表現の自由の観点から慎重であるべきとの（名誉毀損，侮辱，暴力行為があれば，それは処罰することは当然である）立場と表現の自由といえども，憲法的価値を否定するような表現は制限されるべきであるとの立場とが対立している。

ちなみに，「あらゆる形態の人種差別の撤廃に関する国際条約」（1966年）の4条は，「(a)人種的優越又は憎悪に基づく思想のあらゆる流布，人種差別の扇動，いかなる人種若しくは皮膚の色若しくは種族的出身を異にする人の集団に対するものであるかを問わずすべての暴力行為又はその行為の扇動及び人種主義に基づく活動に対する資金援助を含むいかなる援助の提供も，法律で処罰すべき犯罪であることを宣言すること。(b)人種差別を助長し及び扇動する団体及び組織的宣伝活動その他のすべての宣伝活動を違法であるとして禁止するものとし，このような団体又は活動への参加が法律で処罰すべき犯罪であることを認めること」を規定している（この条項について，日本は留保している）。

3　検閲の禁止

検閲はしてはならない。ここで，検閲とは，国家機関（行政機関および司法機関）が，表現行為に先立ち表現内容を審査し，それが不適当する場合に，その表現を禁止することである。検閲は，表現の事前抑制にあたり，表現の自由とは相容れないものである。

検閲にあたるのではないかとして問題になる制度として，教科書検定（家永教科書検定訴訟：最判平5・3・16民集47・5・3483），税関検閲（札幌税関訴訟：最大判昭59・12・12刑集38・12・1308）があるが，最高裁はいずれも検閲にはあたら

ないとしている。また，裁判所による出版の事前差止めについても，「表現の内容の網羅的一般的な審査に基づく事前規制が行政機関によりそれ自体を目的として行われる場合と異なり，個別的な私人間の紛争について，司法裁判所により，当事者の申請に基づき差止請求権等の私法上の被保全権利の存否，保全の必要性の有無を真理判断して発せられるものであって」検閲に当たらないとする（北方ジャーナル社事件：最大判昭 61・6・11 民集 40・4・872）。

4 通信の秘密

通信の秘密は，侵してはならない。ここで，通信とは，はがきなどの親書，電話，インターネットなどによる情報交換行為である。秘密とされるのは，通信の内容のみならず，通信の存在自体も対象となる。通信の秘密の保障は，私生活上の秘密やプライバシーを護るというために，また国民相互の情報交換を国家が監視することを防ぐためにも必要である。

なお，「犯罪捜査においては，通信の秘密が侵害されるおそれの程度を考慮しつつ，犯罪の重大性，嫌疑の明白性，証拠方法としての重要性と必要性，他の手段にでる困難性等の状況に照らして，真にやむを得ないと認められる場合には，その実施に当たって，さらに憲法 35 条および 31 条の法意に従った手続を経て行われるかぎり」（東京高判平 4・10・15 高刑集 45・3・85），電話傍受は憲法上許される。

5 知る権利

現代の情報化社会においては，国民は情報の多くを，新聞，放送などの報道機関の情報提供によって得ている。そこで，報道機関の報道は「民主主義社会において，国民の知る権利に奉仕するものである。したがって，思想の表明の自由とならんで，事実の報道の自由は，表現の自由を規定した憲法 21 条の保障のもとにあるということは言うまでもない」（博多駅テレビフィルム提出命令事件：最大判昭 33・2・17 刑集 23・11・1490）。

ところで，知る権利は，情報収集が公権力による規制を受けないということ

のみならず，情報を保有する主体に対して，その保有する情報の開示を求めることができるという内容を有している。後者は，情報へのアクセス権と呼び，その具体化が，国，地方公共団体などが保有する情報の開示請求を認める情報公開制度である。

> **Topic**
>
> ### 特定秘密保護法の制定
>
> 　2013（平成25）年12月6日，特定秘密保護法が成立した。本法は，防衛，外交，スパイ行為，テロ活動防止の事項で，漏洩すると国家の安全保障に著しい支障を来す情報を，大臣等行政機関の長が「特定秘密」に指定することができ，特定秘密を公務員らが漏洩した場合，最高10年の懲役を科すことなどを内容とする。
>
> 　国と国民の安全を守るためとされる本法ではあるが，制定については，民主主義の根幹である国民の知る権利が損なわれるとの反対が各界で聞かれる。「本法の適用に当たっては，これを拡張して解釈して国民の基本的人権を不当に侵害するようなことがあってはならず，国民の知る権利の資する報道又は取材の自由に十分に配慮しなければならない。」また「出版又は報道の業務に従事する者の取材行為については，専ら公益を図ることを目的を有し，かつ法令違反又は著しく不当な方法によるものみとめられない限りは，これを正当な業務による行為とするものとするとされているが，特定秘密の指定基準や範囲，指定解除後の取扱いの曖昧さ，厳罰化による萎縮効果など，多くの問題点がるからである。
>
> 　諸外国でも，国家秘密保護法は存在する。ただ，指定濫用の監視のための，独立した第三者機関を設置したり，指定期間は最低限に止める（日本は原則60年以内としているが，アメリカは最長25年，ドイツは30年としている）など知る権利への大きな配慮がなされている。

第5節　宗教の自由と政教分離

観音像が違憲とは，どういうこと？

Case 2-5

　過疎に悩む村が，村おこしのためにと，地元の物産品を販売する施設，および，その施設の敷地内に観音像を建立した。

　ところが，この観音像について，村民が住民訴訟を提起した。村民は，この訴訟で何を主張したのであろう。

第 2 章　人間らしく生きる権利の保障

I　信教の自由の意義

日本国憲法 20 条 1 項は，「信教の自由はこれを保障する。」と規定する。ここで信教とは，宗教を信仰することを意味する。

信教の自由は，ときに，国家権力により，制限されたり，否定されたりすることがある。ヨーロッパにおける宗教弾圧の歴史は有名であるし，またわが国においても，旧憲法の下，天皇を神とする国家神道に反する宗教（たとえば，大本教）は弾圧を受けた。

信教は信仰する者にとっては生きるための支柱であり，その自由の否定は深刻である。

II　信教の自由の内容

憲法にいう宗教とは，「超自然的，超個人的本質（すなわち絶対者，造物主，至高の存在等，なかんずく神，仏，霊など）の存在を確信し，畏敬崇拝心得と行為」（津地鎮祭訴訟控訴審の定義）である。

信教の自由の保障は，具体的には，以下の自由があることを意味する。

①　信仰するかしないか，また信仰するときはいかなる宗教を信仰するかは自由である（信仰する・しないの自由）。よって，国家が国民に対して，信仰することを，あるいは特定の宗教を信仰することを強制したり，勧奨したりすることはできない。

②　信仰に関する内面を外部に表明するかどうかは本人の意思による（信仰告白の自由）。

③　信教には，その信仰する宗教を具現化する行為を伴うのがふつうである。たとえば，礼拝，祈祷，宗教上の儀式・祭典等がそれにあたるが，これらの行為をするかしないかは自由である（宗教的行為の自由）。

④　宗教を同じくする者は団体をつくるのが常であるが，国家はそれを阻止することは許されない（宗教的結社の自由）。なお，宗教法人の解散命令は，宗教団体の解散という法的効果をもつものではない（オウム・サリン事

49

件：最決平 8・1・30 民集 50・1・199）。

⑤　自らが信仰する宗教を宣伝し，信仰を勧奨することは自由である（布教
　　活動の自由）。

Ⅲ　信教の自由の限界

　上記の内面的な宗教の自由は，その性質上，絶対的な保障であるが，それに
対して，外面的な信教の自由は，以下の場合は制約される。

　(1)　宗教的行為が他人の権利を侵害するとき　　たとえば，線香護摩加持祈
祷行為は，たとえそれが精神障害の平癒祈願の目的でなされた宗教的行為であ
るとしても，それにより祈祷を受けた者の生命を奪った場合は刑事責任を免れ
ることはできない（線香護摩加持祈祷傷害致死事件：最判昭 38・5・15 刑集 17・
4・302）。

　(2)　宗教的行為が社会公共の利益を害するとき　　たとえば，宗教上の理由
により，亡くなった者の遺体をそのまま海に沈めること（水葬）は，社会衛生
面においても問題があるので，その規制は認められる。

Ⅳ　政教分離の原則

　政教分離とは，政治と宗教を分離することである。これは，国家ないし地方
公共団体が宗教との関係において中立的立場をとることによって，国民の信教
の自由を保障しようとするものである。

政教分離となるためには，以下のことが必要である。

①　国教を制定することの否定……特定の宗教を日本国の宗教と法的に定め
　　ることはできない。

②　国家による宗教団体への特権付与の禁止……いかなる宗教団体も国（地
　　方公共団体も含む）から特権を受けてはならない（憲 20 条 1 項）。

③　宗教団体による政治的権力の行使の禁止……いかなる宗教団体も政治上
　　の権力を行使してはならない（憲 20 条 1 項）。

④　国及びその機関の宗教的活動の禁止……国（地方公共団体も含む）および

その機関は，宗教教育その他いかなる宗教的活動もしてはならない（憲20条3項）。

⑤　宗教団体への公金支出の禁止……公金その他の公の財産は，宗教上の組織または団体の使用，便益または維持のために支出し，またはその利用に供してはならない（憲89条）。

以上のなかで，国および地方公共団体の宗教的活動はしばしば問題となる。この点，最高裁は，政治・行政と特定の宗教とのかかわり合いが限度を超えるとき，すなわち国および地方公共団体の宗教的活動の目的および効果が，特定の宗教を援助，助長，促進する，あるいは特定の宗教に圧迫，干渉を加える場合は，違憲となる（「目的・効果基準論」）としている（津地鎮祭訴訟：最大判昭42・7・13民集31・4・533）。上記 Case 2-5 における観音像の建立による村と観音信仰との関わりは限度を超えていると解される。

第6節　生　存　権
生活保護受給者の貯蓄，認められるわけない？

Case 2-6

　生活保護を受けているＡさんは，子の将来の進学費用のためにと，生活を切り詰め，支給された生活保護費の一部を貯金していたところ，そのこと（貯金額50万円の存在）を知ったＭ市は，Ａさんの生活扶助費を減額する決定をした。

　Ｍ市のこの対応に問題はないか。

I　生存権の意義

　憲法25条は，「すべて国民は，健康で文化的な最低限度の生活を営む権利を有する」と規定し，国民が人間に値する生活を営むことができる権利，——これを生存権という——を保障している。

　生存権が保障されているということには，二つの意味がある。一つは，国民には「健康で文化的な最低限度の生活」をする自由があり，国家はそれを奪っ

てはならないということ（自由権的側面），そして，もう一つは，国民は，「健康で文化的な最低限度の生活」が営めるようにするための措置を，国家に対して要求することができるということ（社会権的側面）である。

Ⅱ　社会権としての生存権

生存権は，人間らしい生活を営むことができるように国家に対して行動を求める権利である。そこで，国家には，国民の生活維持のために積極的な手だてを実施する義務があることになる。

ただ，「健康で文化的な最低限度の生活」は抽象的概念であり，権利内容が具体的・確定的でないこと，またこの権利の実現は国家の財政事情に左右されることから，生存権規定は，国民に具体的な権利を保障したものではなく，国民が人間らしい生活を営めるように国家が努力する綱領（プログラム）を定めたものであるとする立場（プログラム規定説）がある（朝日訴訟：最大判昭23・9・29刑集2・10・1235）。

しかし，学説には，プログラム規定説を批判，憲法25条は，国家に対して人間らしい生活に実現のための立法その他の措置を要求する権利を国民に保障したものと解すべきとの主張がある。

Ⅲ　「健康で文化的な最低限度の生活」の意味

「健康で文化的な最低限度の生活」は，確かに抽象的な概念である。しかし，だからといって，その解釈について，立法府に自由な裁量が認められるということではなかろう。それは，特定の時期における社会の生産力水準，」国民の所得水準および生活水準，さらにその他の社会的・文化的な発達の程度などの要素を考慮して確定されることが可能である。

憲法25条の理念を具体化するための生活保護法は，「最低限度の生活」を保障するために行う保護として，生活扶助，教育扶助，住宅扶助，医療扶助，介護扶助，出産扶助，生業扶助および葬祭扶助を実施するものとし（生活保護11条），どのような困窮度の生活に対してこれらの扶助を行うかの基準は，厚生

第 2 章　人間らしく生きる権利の保障

労働大臣が定めるものとされている（生活保護 8 条）。

Ⅳ　生存権と生活保護制度

　生活保護制度は生存権の具体化制度であり，その目的は，生活困窮者の最低限度の生活を保障すること，およびその自立を助長することである。

　生活保護は，生活に困窮する者が，その利用することのできる資産，能力その他あらゆるものを，その最低限度の生活の維持のために活用することを要件として行われる（生活保護 4 条 1 項）。また，民法に定める扶養義務者の扶養および他の法律に定める扶助は，すべて生活保護法による保護に優先して行われる（生活保護 4 条 2 項）。

図表 2-2　東京都区部の生活扶助費額（平成 30 年）

世帯形態	生活扶助費額
標準 3 人世帯（31 歳，29 歳，　4 歳）	158,900 円
高齢者単身世帯（71 歳）	79,550 円
高齢者夫婦世帯（70 歳，65 歳）	120,410 円

第 7 節　参　政　権

定住外国人でさえ選挙権はない？

Case 2-7

　日本に居住するＦさんは特別永住許可を有する外国人であるが，国政選挙および地方選挙，いずれのときも，Ｆさんには，選挙投票の案内ハガキが来ない。

　Ｆさんは，国税も地方税も払っており，自分の生活にかかわる政治については関心があるので，選挙に参加したいと思っている。

　憲法上，外国人には，選挙権は保障されていないのであろうか。

Ⅰ　参政権の意味

参政権とは，文字どおり，国民が政治に参加する権利である。参政権は，近

53

代憲法において初めて，国民主権の原理と同時に生まれたものである。国民主権は国の政治のあり方を最終的に決定する力が国民に存するというとことであるが，その理念を現実具体化するためには，何らかの仕組みが必要である。そこで考えられるのが，国民一人一人が，実際に政治に参加する資格をもつようにすることである。参政権は，この資格のことである。

　現代国家においては，収入，性別を問わず，一定の年齢に達すれば，すべての国民に選挙権を与えるという制度が採用されている。

Ⅱ　参政権の法的性格

　参政権は，国家社会が作られ，そこに国民主権の原理が採用されて初めて産まれる権利である。それゆえ，参政権は，国家の登場以前に存在するとされ，人が人であるがゆえに人間が当然に有しているとされる「人」の権利（平等権や自由権）とは性質を異にする。そこで，参政権は，「市民」の権利と呼ばれる。

　ここで「市民」ないし「国民」とは，ふつう当該国家の国籍を有する者を指すが，そうであれば，参政権は，外国人には保障されない権利である。また，参政権は，政治への参加ということ内容とする権利であるから，政治を理解し，自らの意思を決定する能力（参政能力）を備えていることが求められる。そこで，参政権は，一定の年齢に達した者に保障されることになるが，これも，自由権や平等権と異なるところである。

Ⅲ　参政権としての具体的権利

　憲法は「日本国民は，正当に選挙された国会における代表者を通じて行動」すること，また「権力は国民の代表者がこれを行使」することを規定し，国民の参政の仕方としては，いわゆる間接的な政治参加を原則としている。そこで，参政権は，間接的政治参加権が中心になり，直接的政治参加権は例外である。直接的政治参加権として挙げられるのは，最高裁判所裁判官の国民審査権，憲法改正における国民投票権，地方自治特別法制定の際の住民投票権である。

第 2 章　人間らしく生きる権利の保障

1　公務員の選定・罷免権

ここで公務員とは，国又は地方公共団体における公務に携わる者の総称である。憲法 15 条 1 項は，この公務員を選ぶ（選定），また公務員の職を奪う（罷免）ことは，国民固有の権利であるとしている。

　ただし，この規定は，公務員の終局的任免権が国民にあるということを表明しているのであって，実際に，すべての公務員が，国民により選定・罷免されなければならないということではない。憲法は，国会議員，地方公共団体の長および地方議会の議員については，選挙による選定を，最高裁判所裁判官については，国民審査による罷免を特別に規定しているが，その他の公務員については，その選定・罷免は，国会が法律により定めることになる。

2　選挙権・被選挙権

　(1)　選挙権　　選挙権とは，選挙において選挙人として選挙に参加する権利である。選挙権は，国会議員など，国民の代表者である公務員を選定する際に与えられる権利であり，国民主権の実現に係る重要な権利である。

　なお，選挙権の法的性格については，選挙権を「権利」であるとみる立場（権利一元説）と公務性（選挙人は選挙人団を構成して，公務員を選定するという公務に携わるという側面）も有しているとみる立場（二元説）がある。

　選挙権の保障は選挙人たる資格を保障することであるが，それは実際に行使する（投票）ことができなければ意味がないので，選挙権の保障は，選挙権の行使の保障も含むと解すべきである。そこで，投票が実際に困難である，または不可能である者について，投票権を保障する観点から，公職選挙法は，点字投票（公選 47 条），代理投票（公選 48 条），不在者投票（公選 49 条），在外投票（公選 49 条の 2）を採用している。

　(2)　被選挙権　　被選挙権とは，選挙人団に指名されたとき，これを承諾して，公務員になる資格である。ただ，最近では，選挙に立候補する権利（立候補の自由）も含まれると解する学説もある。判例も，憲法 15 条 1 項は，立候補の自由を直接には規定してないが，これもまた同項の保障する重要な基本的人

55

権の一つとしている（最大判昭 43・12・4 刑集 22・13・1425）

　なお，選挙供託金制度は，選挙妨害や単なる売名行為のための立候補を抑制するためには必要であるが，供託金の金額の高さや供託金返還の条件によっては，選挙における平等（憲 44 条ただし書）の観点からは問題である。

　なお，公職選挙法は，衆議院議員 25 歳，参議院議員 30 歳，都道府県議会議員 25 歳，都道府県知事 30 歳，市町村の長および議会議員 25 歳と，被選挙権の年齢要件を定めている（公選 10 条）。

（3）選挙権・被選挙権の制限　　公職選挙法は，選挙権，被選挙権について，年齢や国籍といった，権利資格についての積極的要件とともに，消極的要件として，①禁錮以上の刑に処せられその執行を終わるまでの者，②禁錮以上の刑に処せられその執行を受けることがなくなるまでの者（執行猶予中の者は除く），③公選法所定の選挙犯罪を侵し服役中の者を規定している（公選 11 条）。

Topic

受刑者の選挙権

　2017（平成 29）年 12 月 20 日，広島高裁は，受刑者の選挙権を制限する公職選挙法 11 条は違憲であるとの主張について，受刑を終え，社会復帰するまで選挙権の行使を制限することには一定の合理性があるとして，その主張を斥けた。

　この問題については，2013 年 9 月 27 日，大阪高裁は，「選挙違反の罪を犯した場合以外，選挙権を制限するにはやむ得ない事由が必要」であると指摘，「受刑者が直ちに順法精神に欠け，公正な選挙権の行使が期待できないとはいえず，受刑者の資格や適性を根拠として選挙権を制限すべきではない」とし，また「一般的に刑事施設法は，受刑者が選挙公報や政見放送などで情報収集することを制限していない。外部の情報取得に一定の制約を受けていることを選挙権制限の根拠にはできない。」としており，高裁での判断が異なることになった。

3　最高裁判所裁判官の国民審査権

　最高裁判所の裁判官の任命は，その任命後初めて行われる衆議院議員総選挙の際に，またその後 10 年を経過した後初めて行われる衆議院議員総選挙の際に国民の審査に付される。この審査において，投票者の多数が罷免を可とした

裁判官は罷免される。

4 憲法改正における国民投票権

憲法は，国家の基本法である憲法の改正について，その重大性に鑑み，国民の代表機関である国会の意思だけでそれを行うのではなく，国民一人一人の意思を直接に反映させるものとした。すなわち，憲法改正は，国会による憲法改正の発議のあと，これを国民に提案して，国民の承認を経なければならず，承認となるためには，特別の国民投票または国会の定める選挙の際に行われる投票において，その過半数の賛成が必要である（憲 96 条）。

国民投票権は，日本国民で年齢満 18 歳以上の者に認められる（国民投票 3 条）。

5 地方自治特別法における住民投票権

一つの（特定の）地方公共団体にのみ適用される法律（「地方自治特別法」という）は，当該地方公共団体の住民投票において，その過半数の同意がなければ，国会はこれを制定することができない（憲 95 条）。地方自治特別法の制定は，国会の議決に加え，住民の同意を要するとするもので，「国会単独立法の原則」の例外である。この住民投票制度は，国による地方自治権の侵害を防止し，また地方行政における住民の民意を尊重する趣旨である。

Ⅳ　外国人の参政権

日本に居住する外国人にも，原則として，日本国憲法の基本的人権の保障が及ぶが，権利の性質上外国人には認められないものがある（マクリーン事件：最大判昭 53・10・4 民集 32・7・1223）。参政権は国民主権の帰結として認められる権利であり，そして，国民主権という国民が国籍を有する者を意味すると解した場合，外国人（国籍を有しない者）には，参政権は保障されていないことになる。実際，公職選挙法は，国政選挙，地方選挙を問わず，「日本国民」であることを，選挙権および被選挙権の保有要件としている（公選 9 条および 10 条）。

しかし，外国人の参政権の保障について，従来の否定説は見直されるべきで

はないかとの議論――たとえば，選挙権・被選挙権について，国政選挙においては否定されるが，地方選挙においては肯定される，あるいは肯定しなければならいという主張――がある。

　この点，最高裁は，「憲法93条2項は，我が国に在留する外国人に対して地方公共団体における選挙の権利を保障したものとはいえないが，憲法第8章の地方自治に関する規定（の趣旨からすれば〈筆者挿入〉），……我が国に在留する外国人のうちでも永住者等であってその居住する区域の地方公共団体と特段に緊密な関係を持つに至ったと認められるものについて，その意思を日常生活に密接な関連を有する地方公共団体の公共的事務の処理に反映させるべく，法律をもって，地方公共団体の長，その議会の議員等に対する選挙権を付与する措置を講ずることは，憲法上禁止されているものではない」(最判平7・2・28民集49・2・639) としている（「地方許容説」）。

第3章

現代行政における国民の地位

第1節　行政法の世界

田んぼを宅地にするのはそう簡単ではない？

Case 3-1

　Aは，高齢のため農作業が困難となり，また後継者もいないので，米づくりを止めることにした。そして，田んぼは，不動産会社Bが買ってくれるというので，Bに売ることにした。

　ところが，Aの知人が，「田んぼはそう簡単には売れないよ，農地法があるから。まずは市役所に行って相談した方がいいよ」と言った。これは，どういうことなのか。

I　「七法」の一つとしての行政法

　行政法は，一般の人にはなじみが薄い。いわゆる「六法」とは，憲法，民法，刑法，商法，民事訴訟法および刑事訴訟法であるが，この中に，行政法は入っていない。また，行政法には法典がないので，「行政法」は六法全書に載っていない。

　しかし，現代法における行政法の存在感は大きい。社会における法律紛争事件には，犯罪事件すなわち刑事事件，所有権，契約あるいは損害賠償などをめぐる紛争すなわち民事事件，そして，行政（国家または地方公共団体）と国民との紛争すなわち行政事件がある。刑事事件には刑法が，民事事件には民法が，行政事件には行政法が適用される。つまり，現代社会において，行政法は，民法，刑法とならぶ「三法」といえるかもしれない。ちなみに，司法試験におい

59

ては，行政法は，「六法」とともに必修科目とされている。

II 行政法の三本柱

現代行政は，「ゆりかごから墓場まで」とか，「ゴミ収集から宇宙ロケットまで」といわれるように，その内容は多岐にわたり，私たちの生活を支えている。この「行政」に関する法が，行政法である。

現行憲法下においては，行政は，法律の根拠に基づき，法律に従って行われなければならない。これを法律による行政の原理という。法律による行政の原理の下では，行政の実施に根拠を与える法，その実施についての手法および手続を定める法が存在することになるが，それらの法の総体が行政法である。

行政に関する法は，その内容に着目すると，行政組織法，行政作用法および行政救済法に分類できる（「行政法の三本柱」）。

行政組織法は，行政を行うためにどのような行政機関を設置するか，その行政機関相互の関係をどうするかといった，行政の組織に関する法である。たとえば，国家行政については，国家行政組織法や内閣法，地方行政については，地方自治法がある。

行政作用法とは，どのような内容の行政を，どのような法的手段を用いて行うかを定めた法である。たとえば，公職選挙法，住民基本台帳法，所得税法，地方税法，都市計画法，建築基準法，土地収用法，景観法，警察法，消防法，道路交通法，食品衛生法，大気汚染防止法，農地法，河川法，森林法，国民年金法，生活保護法，介護保険法，老人福祉法，医療法，学校教育法などは，行政法を勉強するときに登場する「行政に関する法律」である．

行政救済法は，違法あるいは不当な行政がなされたときの救済に関する法である。行政庁が法律の適用に際し，事実の認定を誤ったり，あるいは法律の解釈を誤ったりすることがあるが，そのときには，国民の権利が侵害されており，その救済のための制度が必要である。行政不服申立てを定めた行政不服審査法，行政訴訟の手続を定めた行政事件訴訟法，そして違法な行政により生じた損害の賠償に関する国家賠償法は，行政救済法に関する主要三法である。

Ⅲ　行政法関係の特徴

　行政法の法律関係は，民法のそれとは異なっている。民法の法律関係は，対等当事者の関係であり，権利・義務の発生には当事者の合意（契約）がなければならない。それに対して，行政法の法律関係は，行政主体（国，地方公共団体）が国民に対して，一方的に権利を制限したり，義務を課したりする関係である。たとえば，一方的に金銭支払い義務を課する租税法律関係，店の営業ができるかどうかを一方的に決定する許認可関係，一方的に施設の改善工事を義務付ける行政監督関係などは，行政法の法律関係である。

　ところで，行政法規には，「公権力の行使」という文言が頻出する（たとえば，行政事件訴訟法，国家賠償法）が，この「公権力」とは，法律により行政主体に与えられた権限（相手方の権利義務を一方的に確定する権限）のことを指す。そこで，行政法関係は，「公権力の行使」の関係であるということもできよう。

　行政法の法律関係と民法の法律関係の具体的な違いは，たとえば，訴訟形式，義務の強制方式などにおいて見られる。

① 　行政法の法律関係における紛争事件は，民事訴訟ではなく，行政訴訟で扱われる。行政法上の法律関係の典型である，「公権力の行使」関係において，その公権力の行使に不服があるときは抗告訴訟で（行訴3条1項），また「公法上の法律関係」に関する訴えは当事者訴訟（同4条）で，それぞれ審理・判決される。

② 　行政法の法律関係における義務の不履行については，民事執行ではなく，

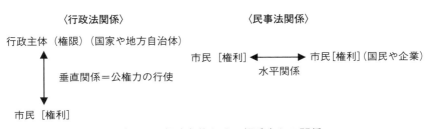

図表 3-1　行政主体とその相手方との関係

行政上の強制執行による。行政上の強制は，行政主体が自ら行う自力執行であり，義務の性質に応じた種々の強制手続が法律によって用意されている。

第2節　許認可制度

ラーメン屋台を開業するにはどのような手続きが必要か？

Case 3-2

　Bさんは，ラーメン店をやりたいと思い，貸店舗を探してみたが，どこも賃料が高い。そこで，Bさんは，屋台でラーメン店をやることにした。

　この場合，Bさんは，どこに行って，どういう手続きをしなければならないか。

Case 3-3

　Cさんは，S市内にある都市公園の敷地の一角で10年間，売店を営業してきたが，S市は，公園整備を理由に立退きをCさんに伝えた。

　しかし，Cさんは，立ち退こうとしない。この場合，S市は，どのような法的対応ができるか。

I　現代行政の内容と行政実施手法

　現代行政の目的は，国民一人一人が，憲法で保障された基本的人権を保持しながら，良好な環境のなかで生活を営んでいける環境を形成することである。この目的を実現するためには，行政は，国民の権利・自由を制限すること（規制行政）もあるし，または国民にサービスを提供したりすること（給付行政）もある。そして，それらの行政を行うためには財源が必要であるから，それを確保するための行政（調達行政）も必要である。

　行政主体は，上記行政を，国民，住民との間で法律関係を形成して実施するが，その法的手法には，行政庁が一方的に国民の権利を剥奪，制限したり，あるいは義務を課する権力的な手法と，行政主体と国民が対等当事者の関係に立

第3章　現代行政における国民の地位

って，両者の合意によって法律関係を形成する非権力的な手法とがある。前者
としては，行政処分，行政調査，行政上の強制などがあり，後者としては，行
政指導，行政契約がある。

Ⅱ　行　政　処　分

1　行政処分の類型

　行政処分とは，行政庁が法令に基づき，一方的に特定の国民の権利義務その
他の法的地位を具体的に決定する行為である（実定法上は，単に「処分」という
用語が使われている）。行政処分には，その内容，効果において様々なものがあ
る。

　①相手方に対して一定の行為をすること（作為）あるいはしないこと（不作
為）を命じる下命（租税賦課処分，違法建築物の徐却命令，営業停止処分など），②
法律あるいは行政処分によって課されている一般的禁止を特定の場合に解除す
る許可（食堂営業許可，風俗営業許可，開発行為許可，運転免許交付など），③法令
上の義務を免じる免除（就学義務の免除，納税の免除など），④特別な権利あるい
は法律上の地位を新たに付与する特許（鉱業権の設定，道路，河川などの占用許可，
公有水面埋立て免許，鉄道事業免許，帰化処分など），⑤私人間の法律行為を補充
して，その法律上の効果を完成させる認可（農地売買契約に対する許可，鉄道運
賃認可，銀行合併許可など）などがある。

　また，行政庁の，⑥確認行為（当選人の決定など），⑦公証行為（住民票への記
載，選挙人名簿への登録，各種資格の登録など），⑧通知行為（納税の督促，代執行
の戒告など），⑨受理行為（不服申立ての受理，申請書の受理など）も，一定の法
的効果を発生させるものであり，行政処分である。

2　行政処分と裁量

　どのような場合に，どのような内容の行政処分をするかは，基本的には，処
分要件というかたちで，法律あるいは条例で規定されている。

　しかし，行政処分は法律，条例の単なる機械的執行ではない。法律が行政処

63

分の要件を定める場合，その要件には不確定概念が用いられるので，その解釈について裁量が働くし（要件裁量），また法律は，行政処分をするかしないかについて，および，する場合には，いかなる処分をするかについて，行政庁の選択に任せている（効果裁量）場合がある。実際，ほとんどの行政処分は，行政庁の裁量がはたらく裁量処分であり，裁量の働く余地のない行政処分（羈束処分）はきわめて少ない。

　行政庁に裁量が認められるということは，行政庁の判断が尊重されるということを意味する。ただ，だからといって，行政庁の裁量処分について，裁判所が何らの審査もできないということではない。行政庁がその裁量権の範囲を逸脱したり，あるいは裁量権を濫用したときは違法な行政処分であり，裁判所はそれを取り消すことができる（行訴30条）。

　裁量権の逸脱あるいは濫用になるかどうかの判断基準としては，以下のものが挙げられている。

　(1)　不正な動機または目的　　当該行政処分の根拠法の目的とは異なる別の目的で処分をする場合である。たとえば，住民から反対のある風俗営業を阻止するために，必要でもない福祉施設の設置を許可した場合である。

　(2)　他事考慮　　法律が規定している処分要件以外のことがらを考慮して，処分するかどうか，またいかなる処分をするかを判断する場合である。たとえば，住民の同意が許可要件とされていないにもかかわらず，それがないことを理由に不許可にした場合である。

　(3)　考慮不足　　法律が規定している処分要件を無視したり，あるいは十分に考慮しなかった場合である。たとえば，「周辺環境への影響」を十分に考慮せずに許可した場合である。

　(4)　比例原則違反　　法違反の程度に相応しくない処分を選択する場合である。たとえば，法違反の程度からすれば営業停止にとどめるべきところを営業免許の取消しにした場合である。

　(5)　平等原則違反　　同様のケースにおいて，異なる内容の処分をする場合である。

(6) 行政決定過程の瑕疵　　行政処分を行うに際し，関係人や専門家などの意見を十分に聴取するべきであるにもかかわらず，それをしなかったなど，行政処分の決定過程に問題がある場合である。

3　行政処分の取消しと撤回

行政庁が，自ら行政処分の効力を消滅させる場合がある。これには，職権取消しと撤回がある。職権取消しは，行政処分をした時点においてすでに瑕疵があり，違法な行政処分であったことが後に判明したときに，行政庁がその行政処分の効力を否定するためにする処分で，処分時にまで遡って行政処分の効力が否定される（たとえば，免許資格を欠く者に交付してしまっていた運転免許の取消し）。これに対して，撤回は，行政処分の時には何らの瑕疵もなかったが，後の事情変化により行政処分の効力を維持しておくことが法に違反する，あるいは公益を害するに至ったとき，その効力を否定するために行う行政処分である（たとえば，風営法違反を繰り返すようになった風俗営業者の風俗営業許可の取消し）。

いわゆる授益的行政処分の職権取消しおよび撤回は，相手方の信頼保護の観点から，制限されると考えられている。たとえば，受給資格のない者に生活保護が給付されていたことが後に判明した場合，その原因がもっぱら行政庁の事実認定ミスであるときは，取消しの効力を給付決定時にまで遡って否定することは妥当ではない。

授益的行政処分を撤回するとき，損失補償を必要とするかどうかが問題になるが，最高裁は，行政財産の使用許可によって生じた使用権は，「行政財産本来の用途または目的上の必要を生じたときはその時点において原則として消滅すべきものであり，また，権利自体に右のような制約が内在しているものとして付与されているものとみるのが相当」であるとして，使用権そのものに対する補償は不要であるとしている（最判昭49・2・5民集28・1・1）。ただし，使用権の権利補償はないとしても，建物の収去費，営業上の損失など，使用許可の撤回に伴う「通常生ずべき損失」については補償を要すると解される。

Ⅲ　行政上の強制制度

1　行政上の強制執行

　行政処分（下命）により課された義務が履行されない場合，行政庁は，強制的にその義務を履行させることができる。これを行政上の強制執行といい，裁判所の手（民事執行手続）を借りることなく，行政庁自らができる自力執行である。

　行政上の強制執行は，国民の身体や財産に対して実力行使を働かせるものであるから，国民の権利を不当に侵害するおそれもある。そこで，行政上の強制執行には法律の根拠が必ず必要であり，またその行使は行政目的実現のために必要な最小限のものでなければならない。現行法上認められている行政上の強制執行には，代執行，直接強制，強制徴収，執行罰がある。

　(1)　代執行　　行政上の義務の履行確保は，代執行によるのが原則とされている（代執1条）。代執行とは，代替的作為義務（代わりの者がしても義務の内容が実現できる，一定の行為をすることの義務）の不履行がある場合の強制手段で，義務者が義務を履行しないとき，行政庁自らあるいは第三者がその義務の内容を実現し，それに要した費用を本来の義務者から徴収するという手続である（たとえば，権限なく河川に工作物を設置している者に，その撤去を命じたがそれに応じないとき，行政庁が赴き撤去することができる）。

　行政代執行は，代替的義務の不履行があれば，すぐにできるのではなく，他の手段によってその履行を確保することが困難であり，かつその不履行を放置することが著しく公益に反すると認められるときでなければできない（代執2条）。代執行を行う場合，相当の期限を定め，その期限までに義務の履行がないときは，代執行をする旨を文書で戒告しなければならない（同3条1項）。そして，戒告を受けてもなお義務者が義務の履行をしないときは，代執行令書をもって，代執行の時期，代執行に派遣される執行責任者の氏名および代執行にかかる費用の見積額を通知する（同2項）。

　なお，義務を命じる相手方を過失なく確知できないときは，相当の期限を定

第3章　現代行政における国民の地位

め，その期限内に義務を履行しないときは代執行をする旨の公告をした上で代執行を行う簡易代執行がある。

(2)　直接強制　　直接強制は，行政上の義務の不履行の場合に，義務者の身体あるいは財産に対して直接に有形力を行使して義務の内容を実現するものである。これは最も強い強制手段であり，人権侵害をきたすおそれの高いものであるから，ごく限られた場合にしか認められていない。

(3)　強制徴収　　強制徴収は，公法上の金銭債務の不履行（たとえば，税金や公物の使用料などの滞納）の場合に用いられる手続である。この手続の一般法として国税徴収法があり，同法は，戒告，差押え，競売という一連の手続（滞納処分手続）を定めている。

(4)　執行罰　　執行罰とは，義務不履行の場合に徴収する過料のことである。過料の賦課という心理的圧迫を利用した間接的強制である。

2　即時強制

行政庁が即時に実力行使を行わなければならないときがあり，そのときの手法として，即時強制がある。これは，相手方に義務を命じ，その履行を待つというのでは行政目的を達成できない場合に認められ，義務の不履行を前提としない点で，上述の行政上の強制執行とは性質を異にする。

即時強制には，必ず法律の根拠が必要である。国民の生命や社会公共の利益が侵害される緊急事態の場合に認められており，たとえば，警察官による保護（警察官職務執行法3条），延焼を防止するために行う，いわゆる破壊消防（消防法29条），伝染病拡大阻止のためにする伝染病患者の強制入院（感染症19条），不法滞在外国人の身柄の収容・強制送還（入管39条）などは，その例である。

3　行政上の制裁

行政法規に違反したり，行政処分にしたがわなかった者に対して科せられる行政上の制裁として，行政刑罰および秩序罰がある。

行政刑罰は，行政上の義務違反に対して科せられる刑罰である。たとえば，

法令により許可を必要とされている事業を無許可でおこなった者，あるいは行政庁の監督処分にしたがわなかった者には，懲役，禁錮，罰金などが科される。

行政刑罰は，刑事罰と同様に，刑事訴訟法の手続にしたがって科刑される。

秩序罰は，行政上の義務違反のなかでも，直接に社会公共の利益を侵害しない比較的軽微なものに対して課せられる制裁である。定められた期間内に届出，登録，通知などしなかった場合に課せられる過料（住民基本台帳法52条）は，この例である。

第3節　行政手続法
営業許可を取り消される前に言い分を述べる機会はある？

Case 3-4

魚料理を提供する食堂を営んでいるDは，提供することが法律上禁止されているトラフグの肝を客に提供したとの理由で，保健所から，営業の停止または営業許可の取消しをするとの通知を受けた。

しかし，Dは，店で提供しているのは，トラフグではないし，また肝ではなく筋肉であるから，保健所の対応は間違いであると考えている。Dは，上記処分がなされる前に，自分の言い分を主張できないか。

I　行政手続の意義

行政手続は，行政庁が行政処分を行うときに一定の手続を執ることによって，事実の認定や行政処分の内容に誤りが起こらないようにし，行政処分による権利侵害を予防しようとする制度である。

行政手続に関する一般法である行政手続法は「行政運営における公正の確保と透明性（行政上の意思決定について，その内容及び過程が国民にとって明らかであること）の向上を図り，もって国民の権利利益の保護に資すること」を目的し，行政処分，行政指導および届出に関する行政手続ならびに命令などを定める際の手続（意見公募手続）を定めている。

第3章　現代行政における国民の地位

Ⅱ　行政処分をするときの手続

1　申請に対する応答処分の場合

（1）　審査基準とその公示　　行政庁は，許可，認可などの申請に対して，その申請を認めるかどうかの判断をする際の基準（「審査基準」という。）を具体的に定め，申請の提出先とされている機関の事務所に備え付けるなどして公にしなければならない。

（2）　標準処理期間と公示　　行政庁は，申請が事務所に到達してから当該申請に対する応答（諾否）処分をするまでに通常要すべき標準的な期間（標準処理期間）を定め（たとえば，食堂営業許可［保健所許可］は14日，道路占用許可は2〜3週間，産業廃棄物処理施設設置許可は5ヵ月など），それを公示しなければならない（行手6条）。

（3）　申請に対する審査開始義務　　行政庁は，申請がその事務所に到達ときは遅滞なく当該申請の審査を開始しなければならない（行手7条）。つまり，行政庁の受理行為がなくても，申請書類が持参あるいは郵送などにより窓口に提出されたならば，その到達時点で受理の効果が発生する。

　なお，行政庁は，申請書類について，不備がある場合は補正を求め，また申請書類が完備されないときは申請を拒否することができる。

（4）　理由の提示（理由附記）　　許認可などの申請を拒否する場合は，行政庁は，その理由を，処分時に提示しなければならない（行手8条1項）。理由の提示は，行政庁の恣意的判断を防止するという機能を有しているし，また，処分の相手方が処分の理由を知ることにより，不服申立てあるいは行政訴訟の提起をするかどうかを決定する際の判断材料を提供することにもなる。この理由の附記は，単に根拠条文を示すだけでは足りず，具体的な内容のものでなければならない。

（5）　情報提供　　行政庁は，申請者の求めに応じて，当該申請の審査の進捗状況および処分の時期の見通しを示すよう努めなければならず（行手9条1項），また，行政庁は，申請をしようとする者または申請者の求めに応じて，申請者の記載および添付書類に関する事項その他申請に必要な情報の提供に努めなけ

69

ればならない（同条2項）。

（6）公聴会の開催　行政庁は，申請者以外の者の利益を考慮することが法令で要件とされている許認可等を行う場合は，必要に応じて公聴会の開催その他意見を聴く機会を設けるように努めなければならない（行手10条）。

（7）複数の行政庁が関与する行政処分　行政庁は，申請を処理するに当たり，他の行政庁において同一の申請者からされた関連する申請が審査中であることを理由に，自らすべき許認可等をするかどうかについての審査または判断を殊更に遅延させるようなことはしてはならない（行手11条1項）。申請に関して複数の行政庁が関与する場合（たとえば，道路占用の申請の場合，道路管理者は警察署長と協議が必要，宅地開発の場合，農地法の転用許可と都市計画法の開発許可が必要などの場合である）は，それらの行政庁は必要に応じて相互に連絡をとるなどして，審査の促進に努めなければならない（同条2項）。

2　不利益処分の場合

不利益処分とは，「行政庁が法令に基づき，特定の者を名あて人として，直接に，これに義務を課し，又はその権利を制限する処分」である（行手2条4号）。たとえば，営業の禁止，占用許可の取消しなどはこれに当たる。

（1）処分基準とその公示　行政庁は，どのような場合に，どのような内容の処分をするのかについて，できるかぎり具体的な内容の基準（「処分基準」という。）を定め，それを公示するように努めなければならない（行手12条）。

（2）意見陳述手続　行政庁が不利益処分を行う際には，相手方に不利益処分の原因となる被疑事実とその証拠について告知し，それに対する意見陳述の機会を与えるもので，行政庁の思い込みや事実誤認による不利益処分を予防するための，重要な手続である。

意見陳述の手続には，聴聞と弁明の機会に付与とがある。聴聞は当事者，参加人などが一同に会して行う，本格的な審理手続であり（行手15～28条），弁明の機会の付与は，弁明を記載した弁明書を提出して行う手続である（行手29条）。許認可などを取り消す処分，資格または地位を剥奪する処分など，不利益の程

度の大きい処分は，聴聞手続をとらなければならない（行手13条1項）。それ以外の不利益処分（たとえば，営業停止命令，建物の改善命令や除却命令など，義務を課する処分）については，弁明の機会の付与の手続となる。

いずれの手続においても，行政庁は，それぞれの手続を行うべき期日までに相当期間をおいて不利益処分の名あて人となるべき者に対して，予定される不利益処分の内容および根拠となる法令の条項，不利益処分の原因となる事実，聴聞の場合はその期日および場所（弁明の機会の付与の場合は弁明書の提出先および提出期限）などを事前に書面により通知しなければならない（行手15条・30条）。

(3)　理由附記　　不利益処分の場合も，申請を拒否する行政処分の場合と同様に，理由の提示をしなければならない（行手14条）。そして，その理由の提示の程度は，個別の法律ごとに異なるが，基本的には，処分の原因となる根拠法律の条文だけでは足らず，審査基準の適用関係も示すものでなければならない。

Ⅲ　行政指導のありかた

行政指導は法的拘束力を持つものではないが，よく用いられる行政手法である。ただし，行政指導に携わる者は，行政指導を行うにあたっては，自らの所掌事務の範囲を逸脱してはならず，行政指導があくまでの相手方の任意の協力によってのみ実現できるものであることを留意しなければならない（行手32条1項）。また，行政指導に従わなかったことを理由に不利益な取扱いをしてならないし（行手32条2項），許認可権限をちらつかせて行政指導をするなどしてはならない（行手34条）。

行政指導には，許認可の申請に関連してなされるものがある。たとえば，マンション建築紛争の際に，地方自治体はマンション建設業者に対して，マンション建設の計画の取り下げあるいは計画内容の変更を求めることがある。そのような申請に関連する指導は，指導要綱あるいは条例にもとづいて行われるが，相手方が行政指導に従う意思がない旨を表明したときは断念しなければならない。そのような意思が表明されているにもかかわらず行政指導を継続し，相手方（申請人）の権利の行使を妨げること（申請受理の留保など）は違法となる（行

手33条)。

第4節 行政事件訴訟

マンション建設を裁判で阻止できる？

Case 3-5

Eさんは閑静な住宅地に住んでいるが，このたび，不動産開発会社Dが近くの森を開発し，マンションを建設することを発表した。これに対して，Eさん住民は，交通渋滞，風紀および景観の悪化，自然環境の破壊などを理由に，マンション建設に反対である。

そして，Eさん住民は，訴訟を提起することを考えているが，どのような訴訟が考えられるか。

I　行政事件訴訟の意義と種類

納得のいかない行政処分については，行政庁に対して行政不服申立て（審査請求）をすることができるが，裁判所による審査を求めることもできる。これを行政事件訴訟という。訴訟であるがゆえに，手続も煩雑であり，また結論が出るまでには時間を要するが，第三者としての裁判所が審査するという点において，権利救済制度としての実効性が期待される。

行政事件訴訟には，抗告訴訟，当事者訴訟，民衆訴訟および機関訴訟がある（行訴2条）が，このなかで，行政庁の行った行政処分を争うときに使われるのは，抗告訴訟である。

そして，抗告訴訟には，①処分の取消しの訴え，②裁決の取消しの訴え，③無効等確認の訴え，④不作為違法確認訴訟，⑤義務付け訴訟，⑥差止め訴訟がある。

II　取消訴訟の訴訟要件

処分の取消しの訴え（取消訴訟）の提起が認められるためには，以下の要件

第3章　現代行政における国民の地位

を満たしていなければならず，そのいずれかを欠く訴えは，却下（いわゆる門前払い）となる。

1　取消訴訟の対象

訴えようとしているものが，「行政庁の処分およびその他公権力の行使に当たる行為」（行訴3条2項）でなければならない。

ここで「行政庁の処分その他公権力の行使に当たる行為」とは，公権力の主体である国または公共団体が行う行為の内で，その行為により直接国民の権利義務を形成し，またはその範囲を確定することが法律上認められているものと解されている。

よって，公権力の行使ではない私法上の行為，条例制定などの立法行為，一般的抽象的な定めである行政立法，特定の個人の権利義務を確定するものではない行政計画，行政組織内部の規範であり国民に対する効果をもたない訓令・通達，法的拘束力を伴わない行政指導，法的効果を発生させない事実行為（道路工事など）は，いずれも，原則的には処分性（抗告訴訟の対象となりうる性質）は否定されることになる。

ただ，裁判所は，近時，行為形式にかかわりなく，その行為が実際に有する法的効果および権利救済の必要性・実効性を考慮して，処分性の有無を判断するようになっている。たとえば，最高裁は，医療法法上の病院開設中止勧告は，行政指導としての性質のものではあるが，勧告に従わなかった者は，相当程度の確実さをもって，病院を開設しても保険医療機関の指定を受けることができなくなるという結果がもたらされるという点を捉え，勧告の処分性を認めている（最判平17・7・15民集59・6・166）。

また，最高裁は，かつて，土地区画整理事業計画の決定について，それはまだ「青写真」にとどまるものである，付随的効果しかないこと，また後の具体的効果をもたらす処分を争うべきであること（「争訟の成熟性」の欠如）を理由に，処分性を否定していたが，後に判例変更をして，同決定は施行区域内の土地所有者等の法的地位に変動（建築行為の制限，換地処分を受ける地位の確定）をもた

73

らすものであり，抗告訴訟の対象とするに足りる法的効果を有するとして，その処分性を肯定している（最判平20・9・16民集62・8・2029）。

2　原告適格

　処分の取消しの訴え（以下，「取消訴訟」という。）の提起は，取消しを求めるにつき「法律上の利益」を有している者でなければ認められない（行訴9条）。

　行政処分の相手方に原告適格があることは明らかである。また，行政処分の第三者でも，行政処分を取り消すことについて「法律上の利益」を有するのであるならば，原告適格を有する。

　最高裁は，「当該処分を定めた行政法規が，不特定多数者の具体的利益を専ら一般的公益の中に吸収解消させるにとどめず，それが帰属する個々人の個人的利益としてもこれを保護すべきものとする趣旨を含むと解される場合には，かかる利益も右にいう法律上保護された利益に当た」るとしている。

① 　新たにできる公衆浴場営業の許可処分の取消しを求める既存の公衆浴場経営者の原告適格について，最高裁は，公衆浴場法の許可制は「国民保健及び公衆衛生」という公共の福祉の見地から出たものであることはむろんであるが，他面「同時に，無用の競争により経営が不合理化することのないように濫立を防止することが公共の福祉のために必要であるとの見地から，被許可者を濫立による経営の不合理化から守ろうとする意図をも有するものであることは否定し得ないところであつて，適正な許可制度の運用によって保護せらるべき業者の営業上の利益は，単なる事実上の反射的利益というにとどまらず公衆浴場法によつて保護せられる法的利益と解するを相当とする」として，既存公衆浴場経営者の原告適格を肯定している（最判昭37・1・19民集16・1・57）。

② 　原子力発電所設置許可処分の取消しを，その予定地周辺住民が求める場合，主張されるのは，「生命や健康」であり，これらはあきらかに核原料物質，核燃料物質および原子炉の規制に関する法律が護ろうとしている「法律上の利益」である（最判平4・9・22民集46・6・571）。

③　ゴルフ場開発許可の取消しをゴルフ場予定地の周辺住民らが求めたケースでは，森林林法は土砂の流失または崩壊，水害などの災害防止機能という森林の有する公益的機能の確保をはかるとともに災害による直接的被害が及ぶことが予想される一定地域に居住する住民の生命，身体の安全などの個別的利益を保護するものであるとして，土砂の流失などの被害を受ける可能性のある地域に居住する者の原告適格が認められている（最判平13・3・13民集52・2・283）。

④　風俗営業（パチンコ屋）許可について，当該営業施設の周辺に居住する住民が，その取消しを求める訴訟において，最高裁は，風営法の「善良の風俗と清浄な風俗環境」を保持することおよび少年の健全な育成に障害を及ぼす行為の防止という法目的からすると，風営法の許可に関する規定が一般的公共の利益の保護に加えて個々人の個別的利益をも保護すべきものとする趣旨を含むことを読み取ることは困難であるとしている（最判平10・12・17民集52・9・1821）。

⑤　そのほか，最高裁が原告適格を否定しているケースとして，特急料金認可処分の取消しを求めた特急利用者，史跡（遺跡）指定解除処分の取消しを求めた遺跡の研究および保存運動に関わっていた学術研究者がある。

3　訴えの利益

取消訴訟の提起が認められるためには，訴訟により回復すべき権益（訴えの利益）があることが必要である。これがないときは，訴えは却下される。たとえば，違法な営業停止処分の取消訴訟を提起するとき，提起の時点で営業的停止期間が過ぎておれば，営業は適法にできるようになっているのであるから，その意味ではもはや営業停止処分を取り消す必要はなくなっており，取消訴訟の提起は認められない。ただし，たとえば，運転免許停止期間終了後の免許停止処分の取消訴訟については，免許停止処分をうけたとき，その前歴がつき，後の処分において加重事由として考慮されるので，それを消去する必要があり，そのような場合は，回復すべき法律上の利益があるといえる。なお，最高裁に

よれば，名誉，感情，信用などの回復は，回復すべき法律上の利益に当たらないとされている。

4　出　訴　期　間

取消訴訟には，出訴期間があるので，これを過ぎると，訴えを提起することができなくなる。すなわち，処分または裁決があったことを知った日から6ヵ月を経過すると，正当な理由があるときは別として，取消訴訟は提起できず（行訴14条1項），また，処分または裁決の日から一年を経過すると，正当な理由があるときは別として，取消訴訟を提起することができない（同14条2項）。

5　審査請求前置主義

ある処分について，審査請求と取消訴訟が共に可能である場合，直ちに取消訴訟を提起してもよい。ただし，法律が審査請求に対する裁決を経た後でなければ取消訴訟を提起することができないと規定している場合がある（行訴8条1項）。これを審査請求前置主義という。審査請求前置が規定されている場合に，審査請求の裁決を経ないで提起された取消訴訟は却下される。

Ⅲ　執行不停止の原則

処分について取消しの訴えが提起されても，処分の効力，処分の執行または手続の続行は妨げられない（行訴25条1項）。これを執行不停止の原則といい，行政の停滞を防止するためとされる。ただし，処分，処分の執行または手続の続行により生じる重大な損害を避けるため緊急の必要のあるときは，裁判所は，申立てにより，執行停止の決定をすることができる（同25条2項）。「重大な損害」を生じるかどうかは，損害の回復困難さの程度を考慮し，損害の性質および程度ならびに処分の内容および性質も勘案して判断される。なお，執行停止の決定は，公共の福祉に重大な影響を及ぼすおそれのあるとき，または本案について理由がないとみえるときは，することができない（同25条4項）。

第 3 章　現代行政における国民の地位

Ⅳ　取消訴訟以外の抗告訴訟

1　裁決の取消しの訴え

　裁決の取消しの訴えは，行政不服申立てに対する行政機関の回答，審査請求の裁決の取消しを求める訴訟である。この訴えにおいては，処分の違法を理由として，裁決の取消しを求めることはできない（行訴 10 条 2 項）。訴えの理由にできるのは，行政不服申立てにおける手続上の違法に限られる。

2　無効等確認の訴え

　無効等確認の訴えは，処分もしくは裁決の存否または効力の有無の確認を求める訴訟である。行政処分に重大明白な瑕疵があるときは当該行政処分は無効であるが，無効等確認訴訟はこのことを確認するための訴訟である。この訴訟には，出訴期間の制限がなく，「時宜に遅れた取消訴訟」として活用される。

　無効等確認訴訟は，処分の続行により損害を受けるおそれのある者その他処分の無効などの確認を求めるにつき法律上の利益を有する者で，当該処分の効力の有無を前提とする現在の法律関係に関する訴えによって目的を達成できないものに限り提起できる（行訴 36 条）。

3　不作為の違法確認の訴え

　不作為違法確認の訴えとは，行政庁が法令に基づく申請に対し，相当の期間内に何らかの処分または裁決をすべきであるにかかわらず，これをしないことについての違法の確認を求める訴訟である。たとえば，建築確認申請をしたのだが，相当期間を経過しても，行政庁から何の応答もないような場合に利用する訴訟である。

　この訴訟は，処分または裁決の申請をした者に限り提起できる（行訴 37 条）。不作為の違法確認とともに，不作為となっている応答処分をすることを求めるときは，義務づけ訴訟を併合することができる（同 37 条の 3 第 3 項）。

77

4　義務付けの訴え

　義務付けの訴えとは，行政庁が一定の処分または裁決をすべきであるのもかかわらず，それらをしないとき，それらをすべき旨を命じる判決を求める訴訟である。これには，申請に対して行政庁が何らの返答もしないときに諾否の処分を求める，あるいは申請が不許可とされた場合に許可処分を求める訴訟（申請満足型義務付け訴訟）と，行政庁が職権に基づいて行うべき処分（たとえば監督処分）をしないときに，その処分をすることを求める訴訟（非申請型義務付け訴訟）とがある。

　非申請型義務付け訴訟は，「法律上の利益を有する者」が，一定の処分がなされないとことにより「重大な損害を生じるおそれがあり」かつ「その損害を避けるため他に適当な方法がないとき」に限り，提起できる（行訴37条の2）。

　申請型義務付け訴訟は，「申請又は審査請求をした者」が，申請または審査請求に対する返答が相当期間内にないとき，また申請または審査請求が棄却または却下されたが，それらは取り消される，あるいは無効とされるべきときに提起できる（同37条の3）。申請に対する応答の義務付け訴訟は，不作為違法確認訴訟と，申請に対する許可などの処分の義務付け訴訟は，処分の取消訴訟と，それぞれ併合して提起しなければならない（同37条の3第3項）。

　義務付け訴訟の提起があった場合，裁判所は，義務付けが求められている処分または裁決がなされないことにより生じる「償うことのできない損害」（たとえば生活保護給付が停止されると生活維持が不能になる場合，保育園入園が拒否されると適齢での入園ができなくなる場合　特定の日の使用許可がでないと，意味がなくなる公共施設の利用の場合など）を避けるため緊急の必要があり，かつ本案について理由があると認めるとき」は，申立てにより仮の義務付けをすることができる（同37条の5第1項）。

5　差止めの訴え

　差止めの訴えとは，行政庁が一定の処分または裁決をすべきでないにもかかわらず，それらをしようとしている場合に，それらをしてはならない旨を命じ

第3章　現代行政における国民の地位

る判決を求める訴訟である。たとえば，違法な開発行為に対して許可がなされようとしている段階で，その開発行為により重大な損害を被ることが予想される者が，その許可を止めるときに利用できる訴訟である。

　この訴訟は，「法律上の利益を有する者」が，一定の処分または裁決がされることにより「重大な損害」を生じるおそれがある場合に限りに提起することができる。ただし，その損害を避けるため他に適当な方法があるときは，この訴訟の利用は認められない（行訴37条の4）。裁判所は，義務付けの訴えの場合と同様の要件の下，仮の差止めをすることができる（同37条の5第2項）。

V　当事者訴訟

　当事者訴訟とは，当事者間の法律関係を確認しまたは形成する処分または裁決に関する訴訟で法令の規定によりその法律関係の当事者の一方を被告とするもの（形式的当事者訴訟）および公法上の法律関係に関する確認の訴えその他公法上の法律関係に関する訴訟（実質的当事者訴訟）である（行訴4条）。

　形式的当事者の例としては，たとえば収用委員会の裁決のうち補償に関して訴える場合の訴訟がこれであり，起業者が争うときは土地所有者または関係人を，土地所有者または関係人が争うときは起業者を，それぞれ被告としなければならない（土地収用法133条3項）。

　実質的当事者訴訟は，「公法上の法律関係」に関する訴訟である。訴訟形態としては，一定の法律関係（権利・義務）の確認の訴え（たとえば国籍の確認，参政権の存在の確認，公務員としての地位の存在の確認），形成の訴え（たとえば過誤納税金の返還）などがある。

Topic

国民は行政訴訟を諦めている？

　2014（平成26）年の行政事件訴訟の年間新受件数は，2,015件である。この数字をどうみるか。納得できない行政の処分などについての行政相談や行政不服申立てが年間で20万件あることからすれば，やはり異常に少ない。また，たとえば，ドイツの，一人当たりの行政訴訟提起件数はわが国の200倍であるともいわれ，他国との比較でも，わが

79

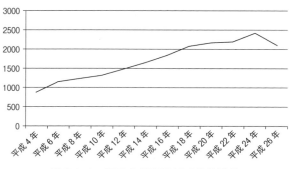

図表 3-2　行政事件訴訟新受件数推移

国の行政訴訟の少なさは以前から指摘されてきている。
　その原因は，何か。行政訴訟の提起の段階で多くの高い壁があるし，また裁判になっても行政側有利の状況もあり，「行政訴訟に勝訴なし」との諦観があるのかもしれない。

第5節　国家賠償制度
道路上の放置車両への衝突事故は自己責任？

Case 3-6

　Fは，忘年会の帰途，夜10時頃，自転車で市道を走行中，市道の左端に止っていた故障車（3日間放置されていた。）に激突し，脊椎損傷の重傷を負った。
　この場合，Fは，誰かに対して損害賠償を請求できるか。

I　国家賠償の意味

　国および公共団体が違法な行政活動によって国民に損害を与えたときには，国および公共団体は，損害賠償をしなければならない。これを国家賠償という。
　旧憲法の下では，「国家無答責の原則」の考えに基づき，国家賠償制度は存在しなかった。これに対して，日本国憲法は「何人も，公務員の不法行為により，損害を受けたときは，法律の定めるところにより，国又は公共団体に，そ

第3章 現代行政における国民の地位

の賠償を求めることができる」（憲17条）と規定し，これを受けて，国家賠償法
が制定されている。

　国家賠償法は，国家賠償責任が生じる場合として，公務員の不法行為に起因
する場合と公の営造物の設置・管理の瑕疵に起因する場合とを規定している。
前者は，国家賠償法1条が規定しているので「1条責任」と，後者は同じく2
条が規定しているので，「2条責任」と呼ばれる。

Ⅱ　公務員の不法行為に起因する賠償責任

　1条責任は「国又は公共団体の公権力の行使に当たる公務員が，その職務を
行うについて，故意又は過失によって違法に他人に損害を加えたとき」に，国
または公共団体が負う責任である。たとえば，警察官が被疑者の取調べの際に
暴行を加えた場合や市役所の担当職員が本人確認を怠り印鑑登録証明書を発行
した場合などは，この1条責任が問われるケースである。

　1条責任が成立するためには，①公権力の行使に当たる公務員であること，
②職務上の行為であること，③公務員に故意または過失があったこと，④違法
な加害行為があったこと　が立証されなければならない。

　「公権力の行使」の意味については，行政権の発動である命令・強制を伴う
権力的行政作用に限定されると解する狭義説と，それだけではなく，非権力的
行政作用であっても，公益的な行政作用であれば，「公権力の行使」に含まれ
ると解する広義説とがあるが，後者が通説判例である。広義説によれば，たと
えば，国公立の学校での教育作用については，民法715条ではなく，国家賠償
法1条が適用されることになる。なお「公権力の行使」には，不作為も含まれ
る。

　「公務員」には，公務員法上の公務員だけでなく，法律上公権力の行使を委
ねられた者も含む（たとえば，民間の建築確認検査機関の職員，予防接種を市長の
委託を受けてする医師など）。なお，1条責任について代位責任説によれば，加
害公務員を特定することが必要であるが，自己責任説に立つ場合は，加害公務
員の特定は不要である。

81

「違法性」の意味については，これを抗告訴訟における違法性と同一に解する立場と，違法な処分が「職務上通常尽くすべき注意義務を尽くすことなく漫然と」処分をした場合に限り，国家賠償法上違法となると解する立場（職務行為基準説）とがある。

Ⅲ　公の営造物の瑕疵に起因する賠償責任

2条責任は「道路，河川その他の公の営造物の設置又は管理に瑕疵」があったことが原因で損害が発生したときに，それらの管理者である国または公共団体が負う賠償責任である。1条責任は，公務員の不法行為という人の行為により損害が発生した場合の責任であるのに対して，この2条責任は，物に欠陥があって損害が発生した場合の責任である。たとえば，道路上の陥没部分に落ちて負傷した場合，河川の堤防に構造上の欠陥があって水害が発生した場合，あるいは市庁舎内の照明器具が落下して訪問者が負傷した場合など，それぞれの管理者は損害賠償責任を問われる。

公の営造物とは，国または公共団体により直接に公の目的に供されている有体物（動産・不動産）をいう。人工公物（道路，ダム，建造物など）だけでなく，自然公物（河川，湖沼など）も含まれる。

「瑕疵」とは，「営造物が通常有すべき安全性を欠いていること」すなわち「他人に危害を及ぼす危険性のある状態」をいい，この瑕疵の存否は「当該営造物の構造，用法，場所的環境及び利用状況等諸般の事情を総合考慮して具体的個別的に判断すべき」とされる（大阪国際空港夜間飛行禁止等請求事件：最大判昭56・12・16民集35・10・1369）。そして，この瑕疵が損害発生時に客観的に存在しておれば，賠償責任が成立し，瑕疵が存在したことについて管理者に故意または過失があったかどうかは問わないとするのが通説・判例である。

2条にいう瑕疵は，物自体の物理的な瑕疵だけではなく，物の利用についての安全確保義務の懈怠も瑕疵であるとされる。たとえば，道路上に長期間放置されていた障害物に衝突した事故の場合や集中豪雨の際に通行止めの措置をしなかったために通行車両が川に転落した場合などは，道路自体の物理的な瑕疵

はないが，道路利用上の安全確保を怠った点に瑕疵があるとされる。

　損害が，通常の用法を逸脱した異常な状態で使われたことが原因で生じた場合，または天災（何百年に一度といった生起率のもの）などの不可抗力に因って生じた場合もしくは安全確保のための措置をすることが時間的に不可能な場合は，損害賠償責任は生じない。なお，予算の不足は，原則として免責事由にはならないとするのが判例の立場である。

第4章 すべては契約から

第1節 契約の自由

契約って本当に自由なの？

Case 4-1

　AとBはパソコンの売買契約を締結した。ＡＢ間の売買契約は口約束のみでなされ，契約書は作成されなかった。このような場合でもＡＢ間の売買契約は有効に成立するのだろうか。

I 契約自由の原則

　私たちは身の回りのものの多くを，売買契約を通して購入する。また通勤や通学に際し，運送契約を結んで，電車やバスを利用するなど，日常生活において私たちは多くの契約を締結している。

　契約は当事者間の自由意思にもとづいて自由に締結することができるが，これを「契約自由の原則」という。契約自由の原則は契約を締結するかどうかの自由（契約締結の自由），誰と契約するかの自由（相手方選択の自由），どのような内容の契約にするかの自由（内容決定の自由），どのような方式の契約にするかの自由（方式の自由）をその内容とする。

　契約自由の原則は自由主義の考え方を前提とするが，資本主義の進展に伴い，経済的強者による弱者支配を招くようになった。そこで，今日では，契約自由の原則に対して種々の修正が加えられている。たとえば，契約を締結するかどうかは契約当事者の自由であることが原則であるが，医師など公益性の強い職業については，正当な理由がなければ契約の申込みを拒絶することはできない

とされている（医師19条1項）。また契約内容についても約款内容の規制などの制限がなされている（約款については本章第1節Ⅱを参照）。

Ⅱ　約款になぜ拘束されるのか？

　電気，ガス，水道などの供給契約，銀行取引契約，保険契約など多くの契約で約款が用いられている。約款とはあらかじめ一律に定めた契約条項をいう。約款による契約では当事者の一方である企業があらかじめ定めた契約条項に基づいて契約がなされるため，消費者は約款を受け入れるか否かの自由しか与えられないが，このような契約を附合契約という。

　約款は約款を作成する側である企業にとっても，また消費者にとっても手間や時間の節約ができるというメリットがあるが，約款は企業が一方的に定めるものであるため，消費者は約款の内容を知らずに契約をすることも多い。そこで，このような約款に消費者がなぜ拘束されるのかが問題となるが，判例は，当事者双方がとくに約款によらない旨の意思を表示しないで契約したときは，反証がなければ，その約款による意思で契約したものと推定される（大判大4・12・24民録21・2182）として，約款の拘束力を認めている。なお，定型約款（定型取引において，契約の内容とすることを目的としてその特定の者により準備された条項の総体）について，民法548条の2第1項は，定型取引を行う合意をした者が，①定型約款を契約の内容とする旨の合意をしたとき，②定型約款を準備した者があらかじめその定型約款を契約の内容とする旨を相手方に表示していたときには，定型約款の個別の条項についても合意したものとみなすとする。ただし，①相手方の権利を制限し，または相手方の義務を加重する条項であって，②その定型取引の態様およびその実情ならびに取引上の社会通念に照らして信義則に反して相手方の利益を一方的に害すると認められるものについては，合意をしなかったものとみなされる（民548条の2第2項）。

Ⅲ　いろんな契約

　契約については，契約自由の原則により当事者間で合意があれば，どのよう

な内容の契約でも原則として自由に締結できるが、当事者間で締結した契約の内容が不明瞭な場合も少なくない。そこで、当事者間の契約内容を補充するため、民法は13種類の典型的な契約類型を定め、それぞれの典型契約類型ごとに規定を設けている。こうした典型契約（有名契約ともいう）に対して、テレビの出演契約、本の出版契約、プロ野球の選手契約、リース契約など民法に規定のない契約類型を非典型契約（無名契約ともいう）とよぶ。典型契約は、権利移転型の契約、貸借型の契約、労務提供型の契約、その他の契約の4つに分けることができる。

Ⅳ　契約はどのようにして成立するのか？

　当事者の一方（売主）が財産権を相手方（買主）に移転することを約し、相手方がこれに対してその代金を支払うことを約することによって売買契約が成立するというように、契約は意思表示の合致によって成立する。土地売買の例でいえば、「この土地を3,000万円で買いませんか」という売主の意思表示と、「その土地を3,000万円で買いましょう」という買主の意思表示が合致して初めて契約が成立する。売主と買主のこれら2つの意思表示はそれぞれ「申込み」と「承諾」と呼ばれる。

　契約は申込みと承諾の合致、すなわち合意によって成立し、その合意内容に従って効力が生ずるが、当事者の意図した効力が生ずるためには、合意内容につき一般的有効要件を備える必要がある。すなわち、行為能力を有する者の有効な意思表示であることに加え、合意内容が確定可能であること、適法であること、が要求される。なお、建物の売買契約で契約締結時にすでに建物が焼失していたにもかかわらずそのことを知らずに契約した場合のように、債務の履行がその契約成立時に不能な場合であっても契約は有効に成立し、債権者は債務不履行を理由として損害賠償を請求することができる（民412条の2第2項）。

　契約は原則として当事者の合意のみで成立するため、当事者の合意内容を記載した文書である契約書の作成は契約の成立要件ではない。したがって、Case 4-1のように口約束だけでも契約は有効に成立するが、実際の取引では、後日

第4章　すべては契約から

図表 4-1　典型契約

		内　容
権利移転型契約	贈与	贈与は，当事者の一方（贈与者）が，財産を無償で相手方（受贈者）に与える意思を表示し，相手方がこれを受諾することによって成立する契約である（民549条）。
	売買	売買は当事者の一方（売主）が財産権を相手方（買主）に移転することを約し，相手方がこれに対してその代金を支払うことを約することによって成立する契約である（民555条）。
	交換	交換は，当事者が互いに金銭以外の財産権を移転することを約することによって成立する契約である（民586条）。
貸借型契約	消費貸借	消費貸借は，当事者の一方（借主）が，種類，品質および数量の同じ物を返還することを約して相手方（貸主）から金銭その他の物を受け取ることによって，または書面による合意で貸主が金銭その他の物を引き渡すことを約し，借主がその受け取った物と種類，品質および数量の同じ物を返還をすることを約することによって成立する契約である（民587条・587条の2）。
	使用貸借	使用貸借は，当事者の一方（貸主）がある物を引き渡すことを約し，相手方（借主）がその受け取った物について無償で使用・収益をして契約が終了したときに返還することを約することによって成立する契約である（民593条）。
	賃貸借	賃貸借は，当事者の一方（賃貸人）が目的物の使用・収益を相手方（賃借人）にさせることを約し，相手方がこれに賃料を支払うことおよび引渡しを受けた物を契約終了時に返還することを約することによって成立する契約である（民601条）。
労務提供型契約	雇用	雇用は，当事者の一方（労働者）が相手方（使用者）に対して労働に従事することを約し，使用者が労働者に報酬を与えることを約することによって成立する契約である（民623条）。
	請負	請負は，建物の建築や運送などのように，当事者の一方（請負人）がある仕事を完成することを約し，相手方（注文者）がその仕事の結果に対して報酬を支払うことを約することによって成立する契約である（民632条）。
	委任	委任は，委託販売などのように，当事者の一方（委任者）が法律行為をすることを相手方（受任者）に委託し，相手方がこれを承諾することによって成立する契約である（民643条）。
	寄託	寄託は，知人に荷物を預かってもらう場合などのように，当事者の一方（寄託者）がある物を保管することを相手方（受寄者）に委託し，相手方がこれを承諾することによって成立する契約である（民657条）。
その他	組合	組合は，建設共同企業体（ジョイント・ベンチャー）などのように，各当事者が出資をして共同の事業を営むことを約することによって成立する契約である（民667条）。
	終身定期金	終身定期金契約は，当事者の一方（定期金債務者）が，自己，相手方（定期金債権者）または第三者（受益者）の死亡するまで，定期に金銭その他の物を相手方または第三者に給付することを約することによって成立する契約である（民689条）。
	和解	和解は，当事者が互いに譲歩をして，その間に存する争いをやめることを約することによって成立する契約である（民695条）。

87

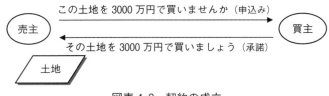

図表 4-2　契約の成立

契約の存在や内容について紛争が生じた場合に証拠とするために契約書が作成される場合が多い。なお，割賦販売法 4 条，特定商取引に関する法律 4 条，宅地建物取引業法 37 条などが書面の交付義務を事業者に負わせているが，書面の作成・交付を契約の成立要件とするものではない。

第 2 節　損害賠償

損害賠償の範囲はどこまでか？

Case 4-2

　AとBはBの所有する家屋の売買契約を締結した。Bの不手際で当該家屋の引渡しが遅れ，Aはその間ホテルに宿泊せざるを得なかった。Aは，かかったホテルの宿泊費をBに請求することはできるのだろうか。

I　買った品物を売主が任意に引き渡さない場合どうしたらよいのか？

　「このアンティーク家具を 100 万円で買いませんか」という売主の意思表示と，「そのアンティーク家具を 100 万円で買いましょう」という買主の意思表示が合致して契約が成立すると，買主は売主にアンティーク家具を引き渡せという債権を，売主は買主に代金 100 万円を支払えという債権を取得する。債権は債務者にある特定の行為を請求することができる権利であり，債務者が任意に債務の履行をしないときは，債権者は，民事執行法その他強制執行の手続に関する法令の規定に従い，直接強制，代替執行，間接強制その他の方法による履行の強制を裁判所に請求することができる（民 414 条 1 項）。

直接強制は，債務者が任意に債務の履行をしないときに，債務者の意思にかかわらず，債権の内容を国家機関が直接的に実現するものである。アンティーク家具の売買の例では執行官が債務者からその家具をとりあげて，債権者に引き渡す方法によって行われる。物の引渡債務の強制執行はこの直接強制の方法によって行うが（民執168条〜170条），間接強制の方法によっても行うことができる（同法173条）。

代替執行は，債務者の代わりに第三者または債権者に債権の内容を実現させて，その費用を国家機関が債務者から強制的に取り立てる方法である。債務者が建物を取り壊す債務を負いながら任意に取り壊さない場合にこの方法によることができる（民執171条）。代替執行の方法によって行うことができる作為または不作為についての強制執行は，間接強制の方法によっても行うことができる（同法173条）。

間接強制は，債務が履行されるまでの間，国家機関が債務者に対して一定の額の金銭の支払を命ずることによって，債務者に心理的圧迫を加えて，履行をうながす方法である（民執172条）。

II　どのような場合に債務不履行による損害賠償請求が認められるのか？

しかし，債権の種類によっては履行の強制になじまないものもあり，また履行の強制のみでは損害が償われない場合もある。そこで債権者には損害賠償請求権が認められている（民415条）。債務不履行による損害賠償請求が認められるためには，①債務者に債務不履行があったこと，②損害が発生したこと，③債務不履行と損害の発生との間に因果関係が存すること，の3つの要件が必要とされる。債務不履行が債務者の責めに帰することができない事由によるものであるときは，債務者は賠償責任を負わない（民415条1項ただし書）。

債務不履行とは，債務者が，正当な事由がないにもかかわらず，債務の本旨に従った履行をしないことをいう。債務不履行には，履行遅滞，履行不能，不完全履行の3種類がある。

履行遅滞は，債務の履行が可能であるにもかかわらず，債務者が履行期を過ぎても履行をしないことである。たとえば，アンティーク家具の売買の例で，アンティーク家具の売買契約締結後，期日がきても家具を引き渡さないような場合である。

　履行不能は，履行が不能になることである。たとえば，アンティーク家具の売買の例で，アンティーク家具の売買契約締結後，売主の火の不始末により当該家具が焼失して，引き渡せなくなったような場合である。履行が不能か否かは契約その他の債務の発生原因および取引上の社会通念に照らして判断する（民412条の2第1項）。

　不完全履行は，債務者が履行をしたにもかかわらず，その履行が不完全であったという場合である。たとえば，アンティーク家具の売買の例で，売主が買主の家に当該家具を搬入した際に買主の家の壁に傷を付けたような場合である。

　債務不履行があっても，債権者に損害が生じなければ損害賠償請求は問題とならないため，債権者に損害が生じたことが債務不履行による損害賠償請求の要件となる。損害には財産に対して加えられた損害である財産的損害とそれ以外の損害である非財産的損害があるが，財産的損害のみならず非財産的損害も損害賠償の対象となる（最判昭32・2・7裁判集民事25・383）。また，財産的損害には既存の財産の減少である積極的損害と債務不履行がなければ債権者が得たであろう得べかりし利益の喪失である消極的損害がある。そして，債務不履行と損害の発生との間には因果関係（「あれなければこれなし」の関係）がなければならない。

III　損害賠償の範囲はどこまでか？

1　通常損害と特別損害

　因果関係は無限に広がるといっても過言ではないことから債務不履行によるすべての損害を損害賠償の範囲に含めることは妥当でない。そこで民法は，原則として，債務不履行によって，一般に生ずるであろうと認められる損害（通常損害）はすべて賠償されるべきものとし，特別の事情によって生じた損害

（特別損害）は，当事者がその事情を予見すべきであったときには損害賠償の範囲に含めるとする（民416条）。Case 4-2のように家の売買契約で引渡しが遅れたため，その間ホテルに宿泊せざるをえなかった場合の宿泊費は通常損害としてAはBに損害賠償請求することができる。これに対して，同じく家の売買契約で買主が契約目的物である家を，時価を超える価格で転売する契約を締結していたところ，売主が家の引渡しをしないため，得られるはずの転売利益が得られなかった場合の転売利益の喪失は特別損害にあたる。判例も買受代金の3倍以上の代金で転売する契約が締結された場合の転売利益につき，これを特別損害としている（大判昭4・4・5民集8・373）。何が通常損害で何が特別損害にあたるかは，その事案ごとに契約当事者，債務の内容，目的物の性質，取引の態様などを考慮して判断することになる。

2 賠償額算定の基準時

引渡債務では目的物の時価相当額が損害額となるが，時価が暴騰，下落するなど変動することもある。そこで，いつの時点で損害額を算定するかが問題となるが，目的物の引渡しが不能となった後に価格が上昇している場合，原則として不能となった時点の価格が通常損害で，価格上昇による損害は特別損害であるとされる。目的物の価格が騰貴を続けているという特別事情があり，かつ，債務者が，債務を履行不能とした際，特別事情の存在を知っていたかまたはこれを知りえた場合（民416条2項では予見すべきであった場合）には，債権者は，債務者に対し，目的物の騰貴した現在の価格（口頭弁論終結時の価格）を基準として算定した損害額の賠償を請求できる（最判昭47・4・20民集26・3・520）。

3 賠償範囲に関する特則

債務不履行によって，債権者が，損害を受けると同時に同一原因によって利益を受けた場合，損害賠償額の算定において，当該利益は差引かれ（損益相殺），また，債務不履行またはこれによる損害の発生もしくは拡大に関して債権者に過失があったときは，裁判所は，これを考慮して，損害賠償の責任およびその

金額を定める（過失相殺）。

　債務不履行が生じたときの損害賠償額については（債権者・債務者間で）あらかじめ定めておくことができる（損害賠償額の予定）。たとえば，家の売買契約で，引渡しが遅れた場合に1日につき1万円の賠償をすると約する場合などである（民420条1項）。損害賠償額の予定は契約自由の原則に立脚して当事者の合意を尊重するものであるが，その約定が著しく過大な場合には公序良俗に反して無効となることがある。消費者契約法は消費者が支払う過大な損害賠償の額を予定する条項等の無効を定めている（消費契約9条）。

　損害賠償額の予定と類似するものに違約金がある。違約金の趣旨は，損害賠償とは別に債務不履行があればともかく違約金を支払うという趣旨であったり，あるいは損害賠償の額の予定の趣旨であったりとさまざまであるが，民法はこれを賠償額の予定と推定する（民420条3項）。そのため損害賠償額の予定でなかったことが証明できれば両者とも請求できる。

◗ 第3節　住まいと法律 ①

買うが得か借りるが得か

Case 4-3

　AとBはAの所有する物について賃貸借契約を締結した。AB間の賃貸借契約締結後，AがBに賃貸した物をAがCに売却した場合，Bはその賃借権をCに対して主張することはできるのだろうか。

I　物権と債権との違い

　人の居住の形態はさまざまであり，土地，建物とも所有して暮らしている人もいれば，土地を人から借りて，その土地の上に自分で建物を建てて暮らしている人もおり，また，建物や部屋を借りて暮らしている人もいる。土地や建物を所有している場合，所有者は，法令の制限内で，自由にその土地や建物を使用，収益，処分することができる。このように一定の物を直接に支配し，その

利益を排他的に受けることができる権利のことを物権という（本章第4節Iを参照）。これに対して，借地人が地主に土地を利用させろと請求するなど特定の人に対して一定の行為をすることを請求できる権利を債権という。権利の内容の実現に債務者の行為が必要とされる債権と異なり，物権は物を直接，排他的に支配する権利であることから，物権者は他人の行為の介在を要することなくその利益を受けることができる。そして，債務者に対してしか主張できない債権に対して，物権は何人に対しても主張できることから，物に対する円満な支配を侵害する者がある場合には，物権者は侵害の排除を請求することができる。

債権の場合，内容的に両立しえない複数の債権が併存することも可能である（たとえば，Aが自己の土地をBに売却し，さらにCにも売却した場合，BもCもAに対して土地の引渡請求権を同時に取得することができる）が，物権の場合，同一の目的物上に両立しえない内容の複数の物権が同時に成立することはできない。また，債権の目的となっている物に物権が成立するときは，物権が優先する。したがって，Case 4-3のように，AがBに賃貸した物をAがCに売却すると，Bはその賃借権をCに主張できない（「売買は賃貸借を破る」）。ただし，不動産賃借権については民法その他の特別法の定める公示方法を備えればその後に成立する物権に優先する。以上のように物権は強力な権利であることから，民法その他の法律に定められたものに限られ，当事者が自由に創設することはできず，物権者であることを第三者に対抗するためには公示方法を備えなければならないとされている。

II 「売買は賃貸借を破らない」の意味

1 民法上の賃借権の対抗力

不動産の賃借権は登記をすればその不動産について物権を取得した者その他の第三者に対抗することができる（民605条）。したがって，たとえば，土地賃借人が賃借権の登記をしておけば，地主がその土地を第三者に譲渡しても，賃借人は新土地所有者に賃借権を対抗できる（「売買は賃貸借を破らない」）。しかし，賃借権は債権であるため物権のような登記請求権はないと解されていることか

ら，賃貸人の協力が得られなければ賃借権の登記をすることはできない。賃借権の登記ができなければ，「売買は賃貸借を破る」の原則により土地賃借人は新土地所有者から地上建物の収去，土地明渡しの請求を受ければこれに応じざるを得ない。

2　特別法上の賃借権の対抗力

　民法の賃貸借の規定は，自動車などの動産のみでなく宅地や建物などの不動産にも適用されるが（動産と不動産については，本章 Topic「不動産と動産」を参照），不動産賃貸借に関しては借地借家法（平成 3 年法 90 号）により社会的経済的に弱い立場にある賃借人の保護が図られている。

　借地借家法は旧建物保護法（明治 42 年法 40 号），旧借地法（大正 10 年法 49 号），旧借家法（大正 10 年法 50 号）を一本化したものであるが，借地借家法施行（平成 4 年 8 月 1 日）前に成立した借地・借家契約については旧法の規定が適用される場合もあり，その範囲では旧建物保護法，旧借地法，旧借家法も効力を有する。なお，借地借家法が適用されるのは建物所有を目的とする地上権および土地賃借権（借地権）ならびに建物賃借権（借家権）である（本章 Topic「地上権と賃借権」を参照）。

～ *Topic* ～～～～～～～～～～～～～～～～～～～～～

地上権と賃借権

　建物を所有するために他人の土地を利用する権利には地上権，賃借権，使用借権などがあるが，借地借家法が適用されるのは地上権または賃借権に限られる。地上権と賃借権は他人の土地を利用する権利という点では同じであるが，地上権が他人の土地において工作物または竹木を所有するため，その土地を使用する物権である（民 265 条）のに対して，賃借権は賃貸借契約によって賃借人が取得する債権である点で異なる。地上権は物権であるためその譲渡・転貸について地主の承諾は不要であるが，賃借権の譲渡・転貸については地主の承諾を要する（民 612 条 1 項）。なお，借地借家法は，地主に不利となるおそれがないにもかかわらず，地主が賃借権の譲渡・転貸を承諾しないときは，裁判所は，借地人の申立てにより，地主の承諾に代わる許可を与えることができるとしている（借地借家 19 条）。

94

建物所有を目的とする土地の賃借権については，その登記がなくても，借地人が借地上に登記されている建物を所有するときは，これをもって第三者に対抗できる（旧建物保護1条，借地借家10条1項）。また，登記のある建物が滅失した場合であっても，借地人が滅失した建物を特定するのに必要な事項，滅失日，および建物を再築する旨を土地上の見やすい場所に掲示したときは，建物滅失日から2年間は対抗力を有する（借地借家10条2項）。

建物の賃借権についても，その登記がなくても，建物の引渡しがあれば，以後その建物について物権を取得した者に対しても賃借権を対抗できる（同法31条1項）。

～ *Topic* ～

被災地借地借家法

被災地における借地権者や建物の賃借人を保護するための措置を定めた法律として罹災都市借地借家臨時処理法（昭和21年法13号）があったが，同法の定める制度が現代の借地借家の実情に適していないことから，大規模な災害の被災地における借地借家に関する特別措置法（平成25年法61号）（「被災地借地借家法」）が制定された。借地権の対抗力について，被災地借地借家法は，借地上に借地権者が登記されている建物を所有している場合において，建物の滅失があっても，その滅失が政令で指定された特定大規模災害によるものであるときは，政令の施行の日から起算して6ヵ月を経過する日までの間は，借地権は対抗力を有するとする（被災地借地借家法4条1項）。さらに，借地権者がその建物を特定するために必要な事項および建物を新たに築造する旨を土地の上の見やすい場所に掲示するときも，政令の施行の日から起算して3年間，借地権を第三者に対抗することができる（同法4条2項）。また，借地借家法においては，借地権の存続期間は，原則として30年以上とされているが，被災地借地借家法7条は，被災地において，政令施行の日から起算して2年を経過する日までの間に，政令により指定された地区に所在する土地について借地権を設定する場合においては，存続期間を5年以下とし，かつ，契約の更新および建物の築造による存続期間の延長のない短期の借地権（被災地短期借地権）の設定を可能とする（同法7条1項）。なお，被災地短期借地権の設定を目的とする契約は，公正証書による等書面（または電磁的記録）によってしなければならない（同条3項・4項）。

Ⅲ　借地契約の期間が満了したら土地を明け渡さなければ ならないのか？

1　民法上の賃貸借の存続期間

　賃貸借の存続期間は，50年を超えることができず，契約でこれより長い期間を定めたときは50年に短縮される（民604条1項）。民法上，最短期間についての定めはない。賃貸借の期間は更新できるが，その期間も更新の時から50年を超えることはできない（同条2項）。当事者が賃貸借の期間を定めなかったときは，各当事者は，いつでも解約の申入れをすることができる（民617条）。

2　特別法上の賃貸借の存続期間・更新

　(1)　借地権の存続期間　　　旧借地法は，借地権の存続期間につき，期間を定めない場合には石造等堅固な建物の所有を目的とするものについては60年，木造等堅固でない建物の所有を目的とするものについては30年とする（旧借地2条1項）。契約で期間を定める場合，堅固な建物については30年以上，堅固でない建物については20年以上の存続期間としなければならない（同条2項）。これに対して，借地借家法は，堅固な建物と堅固でない建物の区別を廃し，借地権の存続期間を一律に30年とする。ただし，契約でこれより長い期間を定めたときは，その期間とする（借地借家3条）。

　(2)　借地契約の更新　　　当事者が合意により更新する場合の期間につき，旧借地法は堅固な建物所有を目的とする借地権につき30年，堅固でない建物所有を目的とする借地権につき20年を最短期間とする（旧借地5条）。存続期間が

図表 4-3　借地権の存続期間（最初）

	建物の種類	期間の定めのない場合	期間を定める場合の最短期間
旧借地法	堅固建物	60 年	30 年
	非堅固建物	30 年	20 年
借地借家法	堅固建物	30 年	30 年
	非堅固建物		

満了したときに借地権者が契約の更新を請求したときは借地上に建物が存在する場合に限り，地主が正当事由のある異議を述べなければ，更新したものとみなされる（同法4条1項）。さらに，期間満了後借地権者が土地の使用を継続するときに地主が遅滞なく正当事由のある異議を述べなければ更新したものとみなされる（同法6条）。更新請求による更新の場合も使用継続による法定更新の場合も更新後の存続期間は堅固な建物については30年，堅固でない建物については20年とされる（同法4条3項・6条1項・5条1項）。

　借地借家法においても，以上とほぼ同一の規定が置かれているが，更新後の期間については，合意により更新する場合，最初の更新にあっては20年，2度目以降の更新にあっては10年が最短期間とされている。更新請求による更新，使用継続による法定更新については，いずれの場合も更新後の存続期間は最初の更新にあっては20年，2度目以降の更新にあっては10年である（借地借家4条～6条）。

(3)　建物賃貸借の存続期間・更新　　1年未満の期間の定めのある賃貸借は期間の定めがないものとみなされる（借地借家29条）。期間の定めのある建物賃貸借は期間満了の1年前から6ヵ月前までの間に賃貸人から賃借人に対して更新しない旨の通知，または条件を変更しなければ更新しない旨の通知をしなかったときには従前の契約と同一の条件で契約を更新したものとみなされる（旧借家2条1項，借地借家26条1項）。賃貸人からの更新の拒絶には正当事由が必要とされる（旧借家1条ノ2，借地借家28条）。

　当事者が賃貸借の期間を定めなかったとき，民法上，各当事者はいつでも解

図表 4-4　借地権の存続期間（更新後）

	建物の種類	期間を定める場合の最短期間		期間の定めのない場合	
		最初の更新	2回目以降	最初の更新	2回目以降
旧借地法	堅固建物	30 年		30 年	
	非堅固建物	20 年		20 年	
借地借家法	堅固建物	20 年	10 年	20 年	10 年
	非堅固建物				

約の申入れができる（民617条）が，賃貸人からの解約申入れにはやはり正当事由が必要とされる（旧借家1条ノ2，借地借家28条）。期間の定めのない建物賃貸借は賃貸人の解約申入れの日から6ヵ月後に終了する（旧借家3条，借地借家27条）。

Ⅳ　いったん土地を貸したら返ってこなくなるのではないか心配……

　旧借地法での借地権は地主に更新拒絶の正当事由がない限り更新され続けうることから，借地の供給が抑制されるなどの弊害が生じた。そこで，借地借家法は借地の供給を促進するため，更新のない3種類の定期借地権を認めた。存続期間を50年以上とする一般定期借地権（借地借家22条），10年以上50年未満の期間，もっぱら事業の用に供する建物の所有を目的とする事業用借地権（同法23条），借地権設定後30年以上経過した日に借地上建物を地主に相当の対価で譲渡する特約を付した建物譲渡特約付借地権（同法24条），である。

　また，借地借家法は更新のない定期借家権も認めている（同法38条）。

● 第4節　住まいと法律 ②
所有権の移転

Case 4-4

　AはBに不動産を売却したが，Bへの所有権移転登記がなされないうちにAは同じ不動産をCに二重譲渡し，Cへの所有権移転登記がなされた。Bは，Bより後にAから不動産を購入したCに不動産の取得を主張できるのだろうか。

Ⅰ　所有権はいつ移転するのか？

　物権は一定の物を直接に支配し，その利益を受けることができる排他的権利である。直接支配するとは物権者が他人の行為の介在を要することなくその利益を受けることができることを意味し，排他的とは同一の目的物上には相容れない内容の複数の物権が同時に成立することはないことを意味する。

　物権は民法その他の法律に定められたものに限られ，当事者が自由に創設す

ることはできない（民175条）。これを物権法定主義という。民法が認める物権
には占有権・所有権・地上権・永小作権・地役権・入会権・留置権・先取特
権・質権・抵当権の10種類がある（民180条以下）。

　そして，物権の発生・変更・消滅を物権変動という。物権の発生・変更・消
滅を物権の主体の側からみると，物権の得喪（取得・喪失）および変更である。
物権の取得には売買のように前主の物権を引き継ぐ「承継取得」と，建物の新
築による建物所有権の取得や時効取得のように前主の物権とは無関係に新たに
物権を取得する「原始取得」がある。物権の喪失には目的物が滅失することに
よって物権が消滅する場合（絶対的消滅）と，法律行為や時効等によって他人
が物権を取得したことにより，相対的に物権を喪失する場合（相対的消滅）が
ある。物権の変更は建物の増築や一部取壊しのように物権の内容・作用に変化
を生ずることをいう。

　物権変動はさまざまな原因によって生じる。その中で最も重要なのは契約な
ど法律行為による場合であるが，法律行為によって物権変動を生じさせるのに，
当事者の意思表示のみで足りるか（意思主義），あるいは当事者の意思表示のほ
かに，登記などの一定の形式を必要とするかが問題となる。民法は，物権の設
定および移転が，当事者の意思表示のみによって，その効力を生ずるとして
（民176条），意思主義を採用している。

　ところで，物権変動を生じさせる法律行為には，売買契約などのように契約
の直接の目的は債権を発生させることにあるが，その結果として物権変動を伴
う法律行為（債権行為）と，抵当権設定契約などのように債権の発生をともな
わずに物権変動のみを目的とする法律行為（物権行為）がある。民法は，物権
の設定および移転が，当事者の意思表示のみによって，その効力を生ずるとす
るが，ここでいう意思表示が物権行為としての意思表示を意味し，債権行為と
別個独立になされることを要するかが問題となる。判例は，売主の所有に属す
る特定物を目的とする売買においては，とくにその所有権の移転が将来なされ
るべき特約のないかぎり，買主に対し直ちに所有権移転の効力を生ずるとして，
債権行為と別個独立の物権行為を要しないとする（最判昭33・6・20民集12・

99

10・1585）。

II 物権変動の公示

物権変動は当事者の意思表示のみによってその効力を生ずるが，物権の排他性から同一の目的物上には相容れない内容の複数の物権が同時に成立することはない。そこで，取引の安全をはかるために，物権の内容を明らかにする必要があり，そのための方法が公示方法である。そして，物権変動は常に外部から認識できる一定の表象を伴わなければならないとする原則がとられており，これを公示の原則という。民法の認める公示方法は不動産物権については登記（民177条），動産物権については引渡し（同法178条）である。

Topic

不動産と動産

物は不動産と動産に分類される。そして，不動産とは土地およびその定着物であり（民86条1項），不動産以外の物はすべて動産である（同条2項）。

（1）不動産

① 土地　地表面だけでなくその上空および地下を含む。土地は，人為的に区画されて，登記簿に一筆の土地として登記されたものが一個の不動産となる。

② 土地の定着物　土地の定着物とは，土地に固定的に付着しており，かつ継続的にその土地に付着させた状態で使用されることがその物の取引上の性質であると認められるものをいう（最判昭37・3・29民集16・3・643）。土地の定着物の代表的なものとして建物がある。建物は，土地とは独立の不動産とされている。立木は，原則として，土地の一部であるが，立木法によって登記された立木は，土地とは独立の不動産とみなされる（立木2条1項）。

（2）動産

本，机，洋服など不動産以外の物はすべて動産である。自動車，船舶，航空機など登記・登録の制度が定められている動産については，登記・登録によって不動産のように扱われる（道路運送車両5条，自抵5条，商687条，航空機抵当5条）。

ところで，物権変動は常に外部から認識できる一定の表象を伴わなければならないとしても，公示が現実の物権変動を反映した正しいものとはかぎらない。そこで，公示された権利関係と真実の権利関係との間にくい違いがある場合に，

公示された権利関係を信頼した者を保護すべきか否かが問題となる。公示を信頼して取引関係に入った者はたとえその公示が真実の権利関係と一致していなくても公示どおりの権利を取得するという原則を公信の原則という。わが国の民法は動産の物権変動については公信の原則を採っているが，不動産については公信の原則を採っておらず，登記に公信力はない。したがって，買主が売主名義の登記を信頼して不動産を買い受けたとしても，売主が無権利者の場合には，買主は所有権を取得することはできないことになる。

なお，登記には公信力は認められないが，登記がなされていればこれに伴う実質的関係があると推定される（最判昭34・1・8民集13・1・1）。

Ⅲ　登 記 と は ？

登記とは登記官が登記簿（登記記録が記録される帳簿であって，磁気ディスクをもって調製するもの）に登記事項（不動産登記法の規定により登記記録として登記すべき事項）を記録すること（不登11条），ないし登記記録自体をいう。

登記記録は1筆の土地または1個の建物ごとに作成される（同法2条5号）。登記記録は表題部および権利部に区分して作成される（同法12条）が，表題部は，登記記録のうち，表示に関する登記が記録される部分で（同法2条7号），登記原因およびその日付，土地の所在地，地番，地目，地積，建物の所在地，家屋番号，建物の種類・構造・床面積などが登記される。権利部は，登記記録のうち，権利に関する登記が記録される部分で（同条8号），所有権，地上権，永小作権，地役権，先取特権，質権，抵当権，賃借権，配偶者居住権，採石権の10種類の権利につき，その保存等の登記がなされる（同法3条）。

登記は，法令に別段の定めがある場合を除き，当事者の申請または官庁もしくは公署の嘱託がなければすることができない（不登16条1項）。当事者のうち，権利に関する登記をすることにより，登記上，直接に利益を受ける者を登記権利者といい，権利に関する登記をすることにより，登記上，直接に不利益を受ける登記名義人を登記義務者という。売買契約でいえば，買主が登記権利者であり，売主が登記義務者である。

権利に関する登記の申請は，法令に別段の定めがある場合を除き，登記権利者および登記義務者が共同してしなければならない（同法60条）。これを共同申請主義という。登記の共同申請にあたり，登記義務者が登記の申請に協力しない場合は，登記権利者は登記義務者に登記への協力を請求できる。そして，登記を共同申請すべき者に対し，登記手続をすべきことを命ずる確定判決を得た者は登記を単独で申請することができる（同法63条1項）。

Ⅳ　不動産の二重譲渡がなされた場合に権利の優劣はどのようにして決まるのか？

不動産物権変動は不動産登記法その他の登記に関する法律の定めるところに従いその登記をしなければ，第三者に対抗することができない（民177条）。「対抗することができない」とは物権変動の事実を第三者に対して主張することができないことをいう。そこで，Case 4-4 におけるように，AがBに売買により不動産を譲渡したが，Bへの所有権移転登記がなされないうちに，AがCに同じ不動産を二重譲渡し，Cが先にAから所有権移転登記を得た場合，登記のないBはCに不動産の取得を主張できない。ところで，この場合に，Cに所有権が帰属することに異論はないが，わが民法が物権変動につき意思主義を採用していることとの関係が問題となる。すなわち，AとBの売買契約により不動産の所有権はBに移転し，Aは所有権を失っているにもかかわらず，なにゆえAからCへの所有権移転が認められるのかが問題となる。学説は多岐に分かれるが，代表的な見解の1つによると，公示の原則の適用として対抗要件制度がとられている以上，Bに登記がない限り，AB間の物権変動は完全な効力を生ぜず，したがって，Aは完全な無権利者にはならないことから，Cへの譲渡も可能と説明されている（不完全物権変動説）。

民法177条により登記が必要な物権変動は売買・贈与など意思表示による物権変動の場合に限らず，原則として一切の物権変動である（大連判明41・12・15民録14・1301）。

第4章　すべては契約から

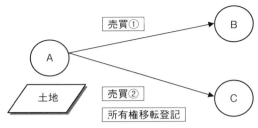

図表 4-5　不動産物権変動の対抗要件

V　土地所有者が不法占拠者に土地の明渡しを請求するのにも登記は必要か？

　不動産物権変動を第三者に対抗するためには登記が必要であるが，民法 177 条は登記なしには対抗できない第三者の範囲について何らの制限もしていない。しかし判例（大連判明 41・12・15 民録 14・1276）は，民法 177 条の第三者とは，当事者もしくはその包括承継人にあらずして不動産に関する物権の得喪および変更の登記欠缺（不存在）を主張する正当の利益を有する者をいうとする。そこで，同一の不動産上に所有権，抵当権等の物権を取得した者，賃借人，差押債権者などは第三者にあたるが，実質的無権利者，不法行為者，不法占拠者，不動産登記法 5 条に規定されている詐欺または強迫によって登記の申請を妨げた者（不登 5 条 1 項），および他人のために登記を申請する義務のある者（同条 2 項），実体上物権変動があった事実を知りながら当該不動産について利害関係を持つに至った者であって，物権変動について登記欠缺を主張することが信義に反するものと認められる者（背信的悪意者）などは第三者にあたらない。背信的悪意者の例としては，先に買い受けた者があることを知りながら先の買主が登記を経ていないのを奇貨として，先の買主に高値でこれを売りつけて利益を得る目的で不動産を買い受けた場合（最判昭 43・8・2 民集 22・8・1571）がある。なお，二重譲渡において登記が未了の間に第 2 譲受人からの転得者が登記を完了した場合，たとえ第 2 譲受人が背信的悪意者にあたるとしても，転得者が第 1 譲受人との関係で自らが背信的悪意者と評価されるのでない限り，当該不動産

103

の所有権取得をもって第1譲受人に対抗することができるとされる（最判平8・10・29民集50・9・2506）。

第5節　区分所有
震災で壊れたマンション

Case 4-5

　震災によりマンションの全部が滅失してしまった。マンションの再建のためには敷地共有者全員の同意が必要なのだろうか。

I　区分所有建物とは？

　民法旧208条（削除）は，数人にて1棟の建物を区分し，各その一部を所有するときは，建物およびその附属物の共用部分はその共有に属するものと推定し，共用部分の修繕費その他の負担は各自の所有部分の価格に応じてこれを分かつとしていた。この規定の適用対象は主として棟割長屋の区分所有であったことから，急増する中高層建物に対応するため，昭和37年に民法旧208条に替わって「建物の区分所有等に関する法律」（昭和37年法69号）が制定された。同法は，その後，中高層マンションの増加に伴って生じた不動産登記に関する問題などに対応するため，昭和58年に大幅な改正がなされ（昭和58年法51号），また，平成14年に管理の適正化と建替え実施の円滑化等の観点から改正がなされている（平成14年法140号）。

　マンションなどのように建物内に区分所有権の目的となる2個以上の建物部分（専有部分）を含む一棟の建物を区分所有建物というが，区分所有建物に対する権利は専有部分を目的とする区分所有権，区分所有者の共用に供される共用部分についての共有持分権，および専有部分を所有するための建物の敷地についての敷地利用権（建物区分2条5項・6項）から構成される。

　専有部分とは一棟の建物に構造上区分された数個の部分で独立して住居，店舗，事務所または倉庫その他建物としての用途に供することができる部分をい

い（建物区分1条），これを目的とする所有権を「区分所有権」という（同法2条1項・3項）。

共用部分とは専有部分以外の建物の部分，専有部分に属しない建物の附属物および規約により共用部分とされた附属の建物をいう（同法2条4項）。共用部分には法律上当然に共用部分となるもの（法定共用部分）と規約によって共用部分とされるもの（規約共用部分）がある。

数個の専有部分に通ずる廊下または階段室その他構造上区分所有者の全員または一部の共用に供されるべき建物の部分（同法4条1項）と専有部分に属しない建物の附属物が法定共用部分にあたり，構造上は専有部分となりうるが規約によって共用部分とされる建物の部分と規約によって共用部分とされた附属建物が規約共用部分にあたる（同条2項）。

共用部分は，区分所有者全員の共有に属し（同法11条1項），各共有者は，共用部分をその用方にしたがって使用することができる（同法13条）。各共有者の持分は，その有する専有部分の床面積の割合による（同法14条1項）。そして，共有者の持分は，その有する専有部分の処分に従い，共有者は，原則として，その有する専有部分と分離して持分を処分することはできないとされている（同法15条）。

共用部分の管理行為（広義）は，保存行為，管理行為（狭義）および変更行為の3つに分かれる。エレベーターの点検などの共用部分の保存行為については，管理者および各区分所有者が単独で行うことができる（同法26条1項・18条1項ただし書）。階段に手すりをつけるなどの共用部分の管理行為（狭義）は，区分

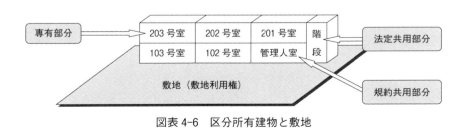

図表4-6　区分所有建物と敷地

所有者および議決権の各過半数による集会の決議を要する（同法18条1項・39条1項）。階段室をエレベーター室に変えるなどの共用部分の変更行為（その形状または効用の著しい変更を伴わないものを除く）は，区分所有者および議決権の各4分の3以上の多数による集会の決議が必要である（同法17条1項）。また，共用部分の変更が専有部分の使用に特別の影響を及ぼすべきときは，その専有部分の所有者の承諾を得なければならない（同条2項）。

> ### Topic
>
> #### 専用使用権ってなに？
>
> 　専用使用権とは共用部分，敷地などの一部を特定の区分所有者または特定の第三者が排他的に使用できる権利をいう。各区分所有者は，共用部分をその用方にしたがって使用することができ（建物区分13条）また，敷地を持分に応じて使用することができる（民249条）が，マンション分譲業者がマンション分譲に際し，購入者の共有地である敷地の一部を，駐車場とし，その専用使用権を販売した場合，マンション購入者と分譲業者との間の駐車場専用使用権の設定に関する約定は公序良俗に違反するものとは認められないとされている（最判昭56・1・30判時996・56）。マンション標準管理規約14条1項もバルコニー，玄関扉，窓枠，窓ガラス，1階に面する庭および屋上テラスについて，専用使用権を認めている。
>
> 　専用使用権の設定は専有部分の分譲時の契約において各区分所有者の合意のもとになされるか，規約または集会の決議によってなされる。専用使用権が規約によって設定され，後に廃止される場合，一部の区分所有者の権利に特別の影響を及ぼすべきときは，その区分所有者の承諾を得なければならない（建物区分31条1項）。区分所有法31条1項の「規約の設定，変更または廃止が一部の区分所有者の権利に特別の影響を及ぼすべきとき」とは，規約の設定，変更等の必要性および合理性とこれによって一部の区分所有者が受ける不利益とを比較衡量し，当該区分所有関係の実態に照らして，その不利益が区分所有者の受忍すべき限度を超えると認められる場合をいうとされる（最判平10・10・30民集52・7・1604）。

Ⅱ　区分所有建物の管理

　区分所有者は，全員で，建物ならびにその敷地および附属施設の管理を行うための団体を構成する。そして，この区分所有者の団体は，集会を開き，規約を定め，および管理者を置くことができる（建物区分3条前段）。区分所有者の団

体は，区分所有者および議決権の各 4 分の 3 以上の多数による集会の決議で，法人となることができ（同法 47 条 1 項），この法人を管理組合法人という（同法 47 条 2 項）。

　区分所有者は，規約に別段の定めがない限り集会の決議によって，管理者を選任し，または解任することができる（同法 25 条 1 項）。管理者は，共用部分等を保存し，集会の決議を実行し，ならびに規約で定めた行為をする権利を有し，義務を負う（同法 26 条 1 項）。そして，管理者は，その職務に関し，区分所有者を代理する（同条 2 項）。管理組合法人には管理者の制度の適用はなく（同法 47 条 11 項），必須の機関として理事が置かれ（同法 49 条 1 項），理事が管理組合法人を代表する（同法 49 条 3 項）。

　規約によって定めることができる事項（規約事項）には建物またはその敷地もしくは附属施設の管理または使用に関する区分所有者相互間の事項（一般的規約事項）のほか，区分所有法において個別に規約で定めることができるとされている事項（個別的規約事項）がある。規約の設定，変更または廃止は，区分所有者および議決権の各 4 分の 3 以上の多数による集会の決議によって行う。この場合において，規約の設定，変更または廃止が一部の区分所有者の権利に特別の影響を及ぼすべきときは，その承諾を得なければならない（同法 31 条 1 項）。

　集会は，管理者または管理組合法人の理事が招集する（同法 34 条 1 項・47 条 12 項）。集会の議事は，区分所有法または規約に別段の定めがない限り，区分所有者および議決権の各過半数で決する（同法 39 条 1 項）。集会の決議事項には，区分所有者および議決権の各過半数で決しうる普通決議事項と区分所有法で特別に規定する定数での決議を要する特別決議事項がある。

　各区分所有者の議決権は，規約に別段の定めのない限り，共用部分の持分の割合により（同法 38 条），議決権は，書面で，または代理人によって行使することができる（同法 39 条 2 項）。また，区分所有者は，規約または集会の決議により，書面による議決権の行使に代えて，電磁的方法によって議決権を行使することもできる（同条 3 項）。

規約および集会の決議は，区分所有者の特定承継人に対しても，その効力を生ずる（同法46条1項）。また，占有者も建物またはその敷地もしくは附属施設の使用方法につき，区分所有者が規約または集会の決議に基づいて負う義務と同一の義務を負う（同条2項）。したがって，専有部分の賃借人は，専有部分内でのペットの飼育を禁止する規約に従わなければならない。

III　反対者がいてもマンションの建替えはできるのか？

　集会においては，区分所有者および議決権の各5分の4以上の多数で，建物を取り壊し，かつ，当該建物の敷地もしくはその一部の土地または当該建物の敷地の全部もしくは一部を含む土地に新たに建物を建築する旨の決議をすることができる（建物区分62条1項）。この建替え決議を会議の目的とする集会を招集するときは，招集の通知は集会の会日より少なくとも2ヵ月前に発しなければならない（同条4項）。

　建替え決議があったときは，集会を招集した者は，遅滞なく建替え決議に賛成しなかった区分所有者（その承継人を含む）に対し，建替え決議の内容により建替えに参加するか否かを回答すべき旨を書面（または電磁的方法）で催告しなければならない（同法63条1項・2項）。催告を受けた区分所有者は催告を受けた日から2ヵ月以内に回答しなければならず（同条3項），この期間内に回答しなかった区分所有者は建替えに参加しない旨を回答したものとみなされる（同条4項）。

　そして，建替え決議に賛成した区分所有者もしくは建替え決議の内容により建替えに参加する旨を回答した各区分所有者（これらの者の承継人を含む）またはこれらの者の全員の合意により区分所有権および敷地利用権を買い受けることができる者として指定された者（買受指定者）は催告期間満了の日から2ヵ月以内に，建替えに参加しない旨を回答した区分所有者（その承継人を含む）に対し，区分所有権および敷地利用権を時価で売り渡すべきことを請求することができる（同条5項）。

　建替え決議に賛成した各区分所有者，建替え決議の内容により建替えに参加する旨を回答した各区分所有者および区分所有権または敷地利用権を買い受け

た各買受指定者（これらの者の承継人を含む）は，建替え決議の内容により建替えを行う旨の合意をしたものとみなされる（同法64条）。

　なお，建物区分所有の法律関係は，区分所有建物が全部滅失した場合終了し，敷地の共有または敷地利用権の準共有の関係のみが残る。更地となった土地に区分所有建物を再建するためには民法251条により共有者全員の同意を要する。ただし大規模な火災，震災その他の災害で，政令で定めるものにより区分所有建物の全部が滅失した場合（その災害により区分所有建物の価格の2分の1を超える一部が滅失した場合において，当該区分所有建物が取壊し決議または区分所有者全員の同意に基づき取り壊されたときを含む）においては，その建物にかかる敷地利用権が数人で有する所有権その他の権利であったときは，その権利（敷地共有持分等）を有する者（敷地共有者等）は，その政令の施行の日から起算して3年が経過する日までの間は，集会（敷地共有者等集会）を開き，および管理者を置くことができる（被災区分所有建物の再建等に関する特別措置法（平成7年法43号）2条1項）。敷地共有者等集会においては，敷地共有者等の議決権の5分の4以上の多数で，滅失した区分所有建物の敷地もしくはその一部の土地または当該建物の敷地の全部もしくは一部を含む土地に建物を建築する旨の決議（再建決議）をすることができる（同法4条1項）。したがって，Case 4-5は，政令指定災

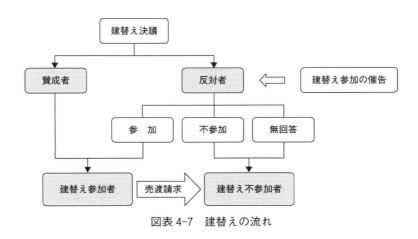

図表4-7　建替えの流れ

害によるマンションの全部滅失の場合，敷地共有者等の議決権の5分の4以上の賛成でマンションの再建をすることができる。再建決議があった場合，区分所有法の建替えに関する諸規定が準用される（同条9項）。

Ⅳ　規約に違反して居住用マンションを保育室として使用している区分所有者にどのような対応ができるのか？

区分所有者は，建物の保存に有害な行為その他建物の管理または使用に関し区分所有者の共同の利益に反する行為をしてはならない（建物区分6条1項）。もし区分所有者が共同の利益に反する行為をした場合またはその行為をするおそれがある場合には，他の区分所有者の全員または管理組合法人は，区分所有者の共同の利益のため，その行為を停止し，その行為の結果を除去し，またはその行為を予防するため必要な措置を執ることを請求することができる（同法57条1項）。共同の利益に反する行為の停止等の請求権を訴訟によって行使するには集会の決議によらなければならない（同条2項）。住居以外の目的に使用することを規約で禁止されているマンションにおいて，幼児による騒音等の被害が少なくないとして保育室としての使用禁止を請求した事例（横浜地判平6・9・9判タ859・199）やガス湯沸かし器バランス釜設置のために共用部分である壁柱に開けた穴の復旧工事を請求した事例（東京地判平3・3・8判タ765・207）などがある。

また，区分所有者が共同の利益に反する行為をした場合またはその行為をするおそれがある場合において，その行為による区分所有者の共同生活上の障害が著しく，共同の利益に反する行為の停止等の請求によってはその障害を除去して共用部分の利用の確保その他の区分所有者の共同生活の維持を図ることが困難であるときは，他の区分所有者の全員または管理組合法人は，区分所有者および議決権の各4分の3以上の多数による集会決議にもとづき，訴えをもって，相当期間の当該行為にかかる区分所有者による専有部分の使用の禁止を請求することができる（同法58条1項・2項）。マンションの一室を暴力団組事務所として使用していた事例で，3年間の専有部分の使用禁止が命じられている

（福岡地判昭 62・5・19 判タ 651・221）。

　さらに，区分所有者が共同の利益に反する行為をした場合またはその行為をするおそれがある場合において，その行為による区分所有者の共同生活上の障害が著しく，他の方法によってはその障害を除去して共用部分の利用の確保その他の区分所有者の共同生活の維持を図ることが困難であるときは，他の区分所有者の全員または管理組合法人は，区分所有者および議決権の各 4 分の 3 以上の多数による集会決議に基づき，訴えをもって，当該行為にかかる区分所有者の区分所有権および敷地利用権の競売を請求することができる（同法 59 条）。マンションの 1 室を暴力団事務所として使用していた事例で，被告は自己およびその配下の組員らの行動を介して当該マンションの保存，管理，使用に関し，区分所有者の共同の利益に反する行為をなし，これによる他の区分所有者らの共同生活上の障害は著しい程度に至っていると認めることができ，かつ使用禁止等の他の方法によっては，その障害を除去して共用部分の利用の確保その他の区分所有者らの平穏な共同生活の回復，維持を図ることが困難と認められるとして，競売請求が認められている（札幌地判昭 61・2・18 判時 1180・3）。

　なお，区分所有者以外の専有部分の占有者が共同の利益に反する行為をした場合またはその行為をするおそれがある場合において，その行為による区分所有者の共同生活上の障害が著しく，他の方法によってはその障害を除去して共用部分の利用の確保その他の区分所有者の共同生活の維持を図ることが困難であるときは，区分所有者の全員または管理組合法人は，区分所有者および議決権の各 4 分の 3 以上の多数による集会決議に基づき，訴えをもって，当該行為

図表 4-8　義務違反者に対する法的措置

	権利行使	集会決議
行為停止等の請求	裁判上	区分所有者および議決権の各過半数
	裁判外	集会決議経る必要なし
使用禁止の請求	裁判上	区分所有者および議決権の各 4 分の 3 以上
競売の請求		
占有者に対する引渡請求		

にかかる占有者が占有する専有部分の使用または収益を目的とする契約の解除およびその専有部分の引渡しを請求することができる（同法60条）。区分所有建物の1室を賃借して占有している暴力団組長が区分所有者の共同の利益に反する行為をし，かつ，将来もその行為をするおそれがあり，これによる区分所有者の共同生活上の障害が著しく，他の方法によってはその障害を除去して区分所有者の円満な共同生活関係の維持を図ることが困難であるとして引渡請求が認められた事例（横浜地判昭61・1・29判時1178・53）がある。

いろいろな決済方法

第1節 キャッシュカード・クレジットカード
便利さの落とし穴

Case 5-1

カードは便利だけど大丈夫かな？
① カードにはいろいろな種類があるが，どこに違いがあるのだろうか。
② 最近は便利なシステムが導入されているけど，生体認証，インターネットバンキング，モバイル決済の長所と短所はなんだろうか。

　決済とは，売買などの取引を終了させることである。これには，金銭の支払い，労務の提供，預金の引渡し，等価価値を有する物の引渡しなどさまざまな形態があり，個々の取引において当事者間によって決定される。決済手段として最も伝統的かつ基本的なものは，現金による決済であり，今日でも多用されている。この理由として，現金は，利用が容易であること，わずらわしい手続が不要であること，どのような取引にも対応できる汎用性を有すること，紙幣や貨幣に対して絶対的な信用があることなどがあげられる。しかし，その一方で，隔地者間取引の決済や多額の現金を必要とする決済などの場合，現金決済は，多大な費用と労力を必要とし，また紛失や盗難のリスクなどの問題を有するため，利用しづらいという欠点がある。そのため，このような欠点を補う各種カードが広く普及したのである。

　ここでは，個人が決済のために利用するカードとして，すでに広く利用されているキャッシュカード，クレジットカードについて，また，これ以外に利便性の追求から注目されているプリペイドカード，デビットカード，電子マネー

について解説し，それぞれのカードが抱えている問題点について述べることとする。

I　キャッシュカード

　キャッシュカード（Cash Card）とは，銀行や郵便局などの金融機関が発行し，利用者が ATM（現金自動預払機）において預貯金の払戻し・預入れ，借入れおよび返済などの決済を行うことのできるカードである。これは，金融機関の省力化，事務の効率化・合理化，競争力の強化，顧客へのサービスの強化などを目的として発展したものである。1969（昭和 44）年オフライン CD（現金自動支払機）が設置され，徐々にオンライン化がなされ今日に至っている。

　キャッシュカードに関して，問題となるのは不正使用である。キャッシュカードを利用して払戻しを受ける場合，キャッシュカードと暗証番号が必要であり，この 2 つが不正使用防止の保護策となっている。金融機関が発行しているカードのタイプは，かつてストライプ方式やゼロ方式であったが，今日ではクレジットカードと同様に IC チップを搭載したキャッシュカードが主流となっている。IC チップ搭載型のキャッシュカードは，従来のものよりも情報漏洩の危険性が低い点にメリットがあるものの，依然従来型のカードが多く使用されており，スキミングによる偽造がみられる。このカードの偽造に関するトラブルは，クレジットカードでも問題となっている。もっとも，キャッシュカードは，銀行や郵便局などの金融機関が設置した ATM において使用されるため，他人に情報を読み取られる可能性は少ない。したがって，いろいろな加盟店で利用されるクレジットカードよりはこのトラブルが生じにくい。しかし，デビットカードサービスの開始により，キャッシュカードでもこのトラブルは起きており，技術的な解決が要請されている（デビットカードについては，本章第 1 節 III 2 を参照）。

　このように，キャッシュカードのシステムに関して技術的な問題が残されているものの，利用者側にも問題がある。利用者は，覚えやすく忘れにくいことから，暗証番号として生年月日，電話番号，車の番号などから連想される数字

第5章　いろいろな決済方法

を用いていることが少なくない。そのため，利用している暗証番号を他人が容易に予想でき，暗証番号が保護策としての機能を有していないのである。つまり，不正使用を試みようと考える者からすれば，真正なキャッシュカードが入手できさえすれば，現金の払戻しを受けられることになる。

　2006（平成18）年，偽造カードまたは盗難カードなどが社会問題化したことを受けて「偽造カード等及び盗難カード等を用いて行われる不正な機械式預貯金払戻し等からの預貯金者の保護等に関する法律」（以下，「預金者保護法」という）が施行された。この法律の対象となる金融機関は，銀行・信用金庫・労働金庫・農業協同組合などであり，保険会社や証券会社は含まれない（預金者保護2条1項）。また，対象金融機関であっても，ATMによる払戻しや借入れに限定され，窓口やインターネットバンキングなどの取引には適用されない（預金者保護2条6項・7項）。

　偽造カードの場合，払戻しや借入れについて，預貯金者の故意または金融機関が善意・無過失で預貯金者に重大な過失があるときには保護されないが（預金者保護4条），これ以外のときには全額保護されることとなっている（預金者保護3条）。一方，盗難カードの場合，まず保護されるための条件として，預貯金者がキャッシュカードを盗まれたとわかった後，すみやかに金融機関に通知すること，遅滞なく盗まれたことについて金融機関に十分な説明を行ったこと，警察に対して被害届などを提出したことを定めている（預金者保護5条1項）。そのうえで，預貯金者が無過失の場合には全額保護されるが，金融機関が善意・無過失で預貯金者に過失がある場合には75％の保護，預貯金者に重大な過失があったり，配偶者や子どもによって行われた場合には保護されないこととなっている（預金者保護5条）。なお，預貯金者の重大な過失となる具体例としては，他人に暗証番号を教えた場合，暗証番号をキャッシュカードに書いていた場合，不正使用される可能性が高いと知りながら他人にカードを渡した場合などである。また，預貯金者の過失となるケースとしては，暗証番号と認知できる番号を書いた紙とキャッシュカードを一緒にして携帯していた場合，金融機関から生年月日等の類推されやすい暗証番号から別の暗証番号に変更するよう求めら

115

れていたにもかかわらず，そのまま変更せず，かつ保管上の問題があった場合などである。

II　クレジットカード

　クレジットカード（Credit Card）は，商品購入後，一定期日まで代金の支払いを猶予する代金後払式の決済手段として利用されている。「クレジット」とは，信用供与を意味する言葉である。クレジットカードが急速に普及した理由として，加盟店側からすると，顧客の信用調査が不要であること，代金の回収が確実に行われること，代金取立の省力化などの利点があり，カード会員にとっては，現金がなくても商品の購入が可能であるなどの利点を有していたからである。

　クレジットカードの種類には，銀行やその子会社が発行する銀行系クレジットカード，信販会社が発行する信販系クレジットカード，百貨店やスーパーなどが発行する流通系クレジットカード，交通系クレジットカードなどさまざまなものがある。これらのクレジットカードには，代金後払機能ばかりでなく，キャッシュレス機能，現金支払機能，代金分割払機能，本人確認機能があり，さらに商品の割引購入制度や購入商品に対する保証および保険サービスなどの機能が付加されたものまであらわれている。クレジットカード取引の当事者には，二当事者の場合と三当事者の場合がある。前者の場合は，百貨店のクレジットカードに多くみられるものであり，カードの発行者みずからが商品の売主でもあり，これとカード会員が当事者となる。このクレジットカードの決済の仕組みは，カード会員がカード発行者兼売主にカードを提示して商品を購入し，後にカード会員はカード発行者兼売主に購入代金を支払うというものである。一方，三当事者の場合は，信販会社のクレジットカードなどにみられるものであり，カード会員とカード発行者と加盟店が当事者となる。そして，このクレジットカードの決済の仕組みは，まず，カード会員はカードを提示して加盟店から商品を購入し，そして，カード発行者は購入代金を加盟店に支払い，後にカード会員はこの代金をカード発行者に支払うというものである。なお，商品

116

第5章　いろいろな決済方法

購入代金の支払方式には，一括払方式や分割払方式のほかにリボルビング方式（個々の商品代金ごとに決済せず，複数の商品の代金合計額を基礎として，毎月一定金額あるいは一定比率金額を利用者が支払う方式）があり，分割払方式やリボルビング方式のクレジットカードは割賦販売法（本章第4節Iを参照）が適用される。

　1960（昭和35）年に銀行系クレジットカード，1966（昭和41）年に信販系クレジットカードが発行されて以来，キャッシュレス時代の到来をうたい文句に利便性の高さから年々発行枚数は増加しているが，これにともなう偽造・変造の技術的な問題や不正使用によるトラブル件数も増えている。カードが会員に届く前に不正使用された事件（大阪高判平元・1・26判時1330・54）もみられ，問題の深刻さがうかがえる。また，若者の安易かつ無計画なクレジットカードの利用による自己破産件数も著しく増えており，社会問題化している。クレジットカードの利用者は，その利用を始めるにあたって，一定の資格を有することが必要であり，収入，法律行為能力の制限の有無，勤続年数，滞納の有無などの過去のカード利用歴，居住年数などについて審査される。そして，この審査にもとづいてカードが交付されるが，このカードには会員本人のみ信用が表章されているのである。したがって，会員は，カードの管理について不正使用されないように善管注意義務を負い，また他人への貸与は認められていない。これに反して他人にカードを貸与した場合には，会員は他人の利用額につき当然支払義務を負うことになる。また，会員規約には，盗難・紛失の際に不適切な手続をとった場合や会員の関係者が使用した場合など，カード発行会社の免責条項が定められている。クレジットカードの盗難・紛失により他人が使用した場合，会員はある程度保険で保護されることになるが，盗難・紛失の事実を知った後遅滞なくクレジットカード発行会社に通知し，所轄警察署に届け出るとともに，書面による所定の盗難・紛失届をカード会社に提出しなくてはならず，これを怠った場合および盗難・紛失について会員に故意または重大な過失があった場合には支払義務を免れることはできない（東京地判平3・8・29判時1411・120）。

　また，会員の家族，同居人，留守人などの会員の関係者によって使用された

場合，支払義務は免除されない（大阪地判平5・10・18判時1488・122）。なお，利用限度額を超えて不正使用された場合，会員が負担しなくてはならない金額を利用限度額に限定するか否かについて，下級審判例には否定判例（大阪地判平6・10・14金判985・29など）と肯定判例（大阪地判平5・10・18判時1488・122など）があり，学説の見解もわかれている。

Ⅲ　その他のカード

1　プリペイドカード

プリペイドカード（Prepaid Card）は，代金前払式の決済手段を有するカードであり，このカードを利用して商品の購入やサービスを受けることができるというものである。具体的には，図書カード（日本図書普及株式会社），QUOカード（株式会社クオカード），PASMO（株式会社パスモ），Suica（JR東日本）などがこれにあたる。なお，プリペイドカードは代金前払式であることから，代金後払式のクレジットカードとは異なる。

プリペイドカードは，「資金決済に関する法律」において規定されている。同法によると，「前払式支払手段」を「証票，電子機器その他の物に記載され，又は電磁的方法により記録される金額に応ずる対価を得て発行される証票等又は番号，記号その他の符号であって，その発行する者又は当該発行する者が指定する者から物品を購入し，若しくは借り受け，又は役務の提供を受ける場合に，これらの代価の弁済のために提示，交付，通知その他の方法により使用することができるもの」（資金決済3条1項1号），「証票等に記載され，又は電磁的方法により記録される物品又は役務の数量に応ずる対価を得て発行される証票等又は番号，記号その他の符号であって，発行者等に対して，提示，交付，通知その他の方法により，当該物品の給付又は当該役務の提供を請求することができるもの」（同条2号）と定義しており，その一つとしてプリペイドカードが含まれる。また，この法律はプリペイドカードの購入者の利益を保護する目的で，自家型発行者の届出制（同5条），第三者型発行者の登録制（同7条），表示または情報の提供（同13条），発行保証金の供託（同14条），履行保証金の供託

（同 43 条）などを規定している。

　1982（昭和 57）年にテレホンカードが発売されて以来，プリペイドカードは，急速にさまざまな分野に普及していった。利用者にとっては，現金に比べて携帯に便利であること，盗難・紛失の場合に損害は少額ですむこと，クレジットカードのように使用者に一定の資格が要求されていないこと，入手の際に煩雑な手続が不要であること，プレミアムのサービスが付加されたものが多いことなどの利点がある。一方，発行者側からすると，代金前払式であることから，商品の販売やサービスの提供以前に多額の代金を確実かつ効率的に入手できるため，資金運用が有利に行える利点がある。しかし，その反面，偽造・変造は容易であり，また，カード発行者の担保能力が不十分なために消費者保護対策が十分ではないなどの問題点がある。とくにテレホンカードとハイウェイカードは，その偽造・変造の容易性と人を介さずに直接機械を相手に行使できることから，これらの偽造・変造カードは社会問題化し廃止となってしまった。

2　デビットカード

　デビットカード（Debit Card）とは，新たにカードを取得する必要がなく，また手続の必要もなく，すでに持っている郵便局や銀行などの金融機関のキャッシュカードをそのまま利用して購入代金の決済ができるサービスである。「デビット」とは即時決済を意味する言葉であり，利用可能金額は預貯金の残高の範囲内に限定されている（利用限度額を設定している金融機関もある）。このサービスは，1999（平成 11）年 1 月，銀行 7 行と郵便局により東京都内のデパートなどで試験的に行われていたが，2000（平成 12）年 3 月，都市銀行・地方銀行などの金融機関や全国の小売店・レストラン・ガソリンスタンドなどの参加によって利用可能店舗が大幅に拡充された。デビットカードと同様のサービスは，1984（昭和 59）年から銀行 POS という呼称ですでに行われていたが，キャッシュカードをこのサービスに切り替えるためには新たに書面による契約を行わなくてはならず，また各金融機関ごとに加盟店と契約を締結するなど利便性・汎用性が悪かったために，普及には至っていなかった。デビットカードは，この

欠点を克服する形で導入されたのである。少額決済には財布代わりとしてデビットカードが，高額決済についてはクレジットカードが利用されている。このサービスは，キャッシュカードを加盟店の店舗に設置された専用端末機に差し込み，金額と暗証番号を入力すれば，利用する金融機関にある顧客の口座から即時に代金を引き落とし，加盟店の口座に入金するシステムになっている。加盟店への入金は原則３営業日以降になされるが，これはデビットカードサービスの導入方式（直接加盟店方式・間接加盟店方式）によって若干異なる。デビットカードの導入は，加盟店からするとクレジットカードと同様の利点を有するだけでなく，デビットカードとして使用できるキャッシュカードの発行枚数はクレジットカードのそれを上回っており，この新たな決済手段の提供によって，顧客の拡大が期待できることにあった。一方，利用者側からの利点は，手続が不要であること，決済金額が預貯金残高に限定されているため使い過ぎがないこと，手数料が不要であることからATMの有料時間帯にデビットカードを利用することによって，手数料を払ってまで現金を引き出す必要がなくなることなどである。

　デビットカードとクレジットカードとの差異は，本人確認の方法，分割払いの可否，決済金額，決済時期においてみられる。デビットカードは，本人確認が暗証番号によって行われ，分割払いはできず，決済金額は預貯金残高以内であり，決済時期は即時である。これに対して，クレジットカードは，本人確認がサインで行われ，分割払いができ，決済金額が利用可能金額内であり，決済時期は締切日翌月の指定日引落日である。今後，デビットカードについて，クレジットカードと同様に盗難・紛失による不正使用などの問題が生じることが予想されており，一部銀行では，このサービスの開始にともない，保険料を銀行が負担し，盗まれて預金が引き出された場合に一定額まで補償する盗難保険をかける銀行があらわれ始めているだけでなく，キャッシュカードとデビットカードの暗証番号を別々にする銀行もある。今後，暗証番号の漏洩を防止するため，加盟店に設置されている専用端末機の管理，および磁気式のカードからICカードに変更するなど，システム全体の安全性の確保が強く求められている。

3 電子マネー

　電子マネーは，デジタル化した情報に現金の代わりとなる決済手段をもたせたものである。電子マネーを大別すると，ネットワーク対応型とICカード型にわかれる。前者には，サイバーキャッシュ，後者には，モンデックス，ゲルトカルテ　ビザキャッシュなどがある。これらは，アメリカやヨーロッパなど各地で一定地域に限定して実験的に使用された後，実用化されていった。そして，日本でも1997（平成9）年からビザキャッシュが実験的に導入された。ネットワーク対応型は，銀行やクレジットカード会社のネットワークなどの既存のシステムと接続し，自己のコンピュータを用いてインターネット上で決済を行うというものである。これを利用することによって，遠隔地への送金が容易になり，決済コストの低下が見込まれる。一方，ICカード型は，あらかじめ預金口座からICカード内に引き落とした金額を記憶させておき，その金額を限度として決済できるシステムである。この型は，カードの再利用が可能であり，従来のプリペイドカードをさらに発展させたものといえる。また，これは，携帯に便利であり，クレジットカードやキャッシュカードの個人情報を記憶させて多機能化をはかることにより，さまざまな使い方ができる可能性を有するなどの利点をもっている。また，このICカード型電子マネーは，利用可能金額に関して前述のデビットカードと似ているが，デビットカードはキャッシュカードをそのまま使うことができ，事前に利用金額をICカードに読み込ませる必要がない点で異なる。

　電子マネーは，加盟店での決済だけでなく通貨のように広範囲に流通させることを目標としており，とくに少額決済での普及が期待されている。一般的な特徴として，汎用性・利便性・利用者の決済コストの削減などがあげられているが，既存の決済システムに比べて信用が低いこと，および，ハッカーの不正介入に対する安全性のみならずシステム全体の安全性に疑問の声があり，解決しなければならない問題が多く，技術的・法的整備が求められている。

Ⅳ　近時のシステム

1　生 体 認 証

　生体認証とは，人間の体の一部や動作などの特長（生体情報）をデータ化して本人確認を行う認証方式である。一部の銀行の ATM で生体認証として指静脈認証などが利用されている。この認証方式のメリットとしては，暗証番号の忘却，IC カードの盗難・紛失のリスクを回避できる点にある。このように利便性が高い一方，デメリットとしては，生体情報は容易に変更できるものではないため，一度この情報が流出してしまうと使用できなくなってしまうことになる。また加齢により認証しにくくなるなどの問題も抱えている。

2　インターネットバンキング

　インターネットバンキングとは，インターネットを利用した銀行取引である。通常，利用者は定められた時間に銀行の窓口あるいは ATM に行って銀行取引をしなくてはならないが，インターネットバンキングを利用するといちいち出向かずとも自宅のパソコンで振込・振替サービス，残高，入出金明細，定期預金や積立ての申込みなどが 24 時間できることになる。このようにインターネットバンキングは利便性が高く注目されているサービスではあるが，ウイルス感染やフィッシング詐欺による現金の不正引出しが社会問題化している。

3　モバイル決済

　モバイル決済とは，iOS デバイスや Android デバイスなどのスマートフォンを利用してクレジットカード決済を行うものである。従来のクレジットカード決済に比べて，加盟店手数料が安いこと，初期コストおよび運用コストが安いこと，決済後の店舗への入金が早いこと，小型で持ち運べることなどがあげられ，クレジット決済の導入がむずかしいなか小規模の小売店などで注目されている。モバイル決済の仕組みはいくつかあるものの，代表的なものはクレジットカードのリーダーと専用アプリを使うタイプのものである。まずスマートフ

第 5 章　いろいろな決済方法

ォンに小型のリーダーをつけ，これでクレジットカードの情報を読み取り，最後に客がスマートフォンの画面上で書名（電子サイン）を行うことによって決済するものである。

第 2 節　保証債務と連帯保証

印鑑の怖さ

Case 5-2

① 大学生のＡ君は同級生のＢ君の銀行から借りる 100 万円の保証人になって欲しいと頼まれた。だれでも保証人になれるのだろうか。

② 兄は，弟が銀行から 500 万円のお金を借りる際に保証人になった。支払期日が来たものの，弟は 500 万円が返せず，仕方なく兄が全額支払った。しかし，兄は，自分が借りたわけでもないのに 500 万円支払うことになり納得がいかない。どうしたら良いだろうか。

　一般に金融機関からお金を借りる場合に，担保を供するように求められる。これは，債権者である金融機関が，その債権の弁済を受けやすくするためのものであり，この担保には，質権や抵当権などの物的担保と，債務者以外の者が担保となる保証債務などの人的担保がある。連帯保証は保証債務の一つであり，民法上，保証債務（改正民 446〜465 条の 10）は，多数当事者の債権として，分割債権債務（民 427 条），不可分債権債務（民 428〜431 条），連帯債権（民 432〜445 条）とともに規定されている。保証人あるいは連帯保証人となった者は，債務者がお金を返さない場合，債務者に代わって自己の全財産をもって支払いをしなくてはならない。それゆえに，このことを知らず，安易に署名・捺印をして，保証人あるいは連帯保証人になることは慎まなくてはならない。ここでは，保証債務と連帯保証とはどのようなものなのかを述べることとする。

123

Ⅰ　保証債務

1　保証債務の意義と性質

　保証債務とは，主たる債務と同一内容の給付を目的とする従たる債務であり，主たる債務が履行されない場合には，その履行の義務を負い，主たる債務を担保するものである（民446条）。そして，この債務者のことを「保証人」という。たとえば，A（債権者）がB（主たる債務者）に100万円を貸し，C（保証人）がAと保証契約を締結した場合，BがAに100万円（主たる債務）を返さないときには，CはAに対して100万円（従たる債務・保証債務）を支払う責任を負うことになる。Aからすると，Bと同じ内容の債務を負担する者が増え，債権の回収がより確実になるのである。

　保証債務の性質は，以下の5つである。①保証債務は，債権者と保証人間で締結する保証契約によって生じる債務であり，主たる債務とは別個独立の債務である（別個債務性）。②保証債務は，主たる債務と同一の内容である（内容の同一性）。③保証債務は，主たる債務に付従する（付従性）。したがって，主たる債務が無効あるいは取り消されて成立しないときには，保証債務は成立せず（成立に関する付従性），保証債務は，主たる債務の内容の変更に応じて保証債務も内容を変え（内容に関する付従性），主たる債務が消滅すると，保証債務も消滅する（消滅に関する付従性）。④主たる債務が移転するときは，保証債務も移転する（随伴性）。⑤保証人は，主たる債務者の履行がないときに，補充的に履行しなくてはならない（補充性）。

2　保証債務の成立

　保証契約は，要式契約であり，書面でしなければ効力が生じない（民446条2項・3項）。実際には，主たる債務者から「保証人になって欲しい」と頼まれて保証人となるケースが多い。

　通常，保証人は，主たる債務者から委託を受けて保証人を引き受けるものの，保証契約の当事者は，主たる債務者ではなく債権者と保証人であり，主たる債

務者と保証人間の委託の有無は保証契約に影響しない。また，保証人の要件として，法律上あるいは契約によって，主たる債務者が保証人を立てる義務を負う場合，行為能力者であること，および弁済の資力を有することが必要である（民450条1項）。そして，保証人が弁済の資力を欠くに至った場合には，債権者は，条件を有する者に代える請求をすることができる（同条2項）。しかし，債権者が保証人を指名した場合には，この請求はできない（同条3項）。

保証契約が成立するためには，主たる債務の存在を要する。これは，保証債務の付従性によるものである。したがって，主たる債務が取り消されたり，存在しない場合には，保証債務も成立しないことになる。しかし，民法は，例外として，行為能力の制限による取消しの場合に，これによって取り消しうる債務を保証した者が，保証契約の当時，その取消原因を知っていたときには，債務の取消しの場合につき，同一の目的を有する独立の債務を負担したものと推定するとしている（民449条）。また，主たる債務は，現在すでに成立している必要はなく，将来の債務および停止条件付債務の保証契約も有効である。

3　保証債務の内容

保証債務の内容は，原則として，保証契約と保証債務の付従性によって決まる。したがって，保証債務の付従性により，主たる債務が同一性を失わずに目的・態様・範囲を変更する場合には，保証債務もこれに応じて変更することになる。たとえば，主たる債務の不履行により，この債務が損害賠償債務に変化したときには，これに応じて保証債務も損害賠償債務に変化する。なお，主たる債務の同一性を失う変更の場合には，保証債務は消滅することになる。また，保証契約によって，その内容を主たる債務と異なったものにすることはできるが，保証債務が主たる債務より重い場合には，主たる債務の限度に減縮される（民448条）。たとえば，主たる債務が無利息なのに対して，保証債務が利息付きである場合などである。

保証人の債務の範囲は，保証契約の内容によって決まる。保証契約によって，保証人の債務の範囲を主たる債務より大きな範囲にすることはできないが，小

さな範囲にすることは可能である。つまり，100万円の主たる債務のうち，80万円を保証する場合のように，主たる債務の一部に限定して保証することができる（一部保証）。なお，保証債務の範囲について約定がない場合，保証債務は，主たる債務に関する利息・違約金・損害賠償などについて保証責任を負う（民447条1項）。また，保証人は，保証債務についてのみ違約金または損害賠償の額を約定することができる（同条2項）。

　契約の解除による原状回復義務・損害賠償義務が，保証債務の範囲に含まれるか否かについて争いがある。従来の判例は，賃貸借の解除（解約告知）のように遡及効（過去にさかのぼって効力が生じること）がない場合（大判昭13・1・31民集17・27）と売買契約の解除のように遡及効がある場合（大判明36・4・23民録9・484，大判大6・10・27民録23・1867）とに分け，前者は保証人の責任を肯定し，後者は特約のない限りこれを否定した。このような判例の見解に対して，学説は後者に批判的であった。その後，最大判昭和40年6月30日（民集19・4・1143）は，特定物の売買の事例につき，従来の判例を変更し，保証人の責任を肯定した。すなわち，特定物売買の売主の保証は，通常，その契約から直接生ずる売主の債務というよりも，むしろ，売主の債務不履行によって，売主が買主に対して負担すべき債務につき保証するものと解するのが相当であるから，保証人は債務不履行により売主が買主に対し負担する損害賠償義務および原状回復義務についても責任を負うものとした。

4　保証債務の対外的効力

　債権者は，主たる債務者が履行期に履行しない場合，保証人に対して保証債務の履行を請求できる（民446条）。主たる債務者および保証人に破産手続開始の決定があったとき，債権者は，破産手続開始のときに有する債権全額について破産手続に参加することができる（破産103条）。また，保証人について破産手続開始の決定があった場合，債権者は，破産手続開始時に有する債権全額について破産手続に参加することができる（破産105条）。

　保証人は，債権者の履行請求に対して，抗弁権をもって対抗することができ

第 5 章　いろいろな決済方法

る。この抗弁権には，保証債務の補充性・付従性にもとづくものがある。

　保証債務の補充性にもとづく抗弁権には，催告の抗弁権と検索の抗弁権がある。①催告の抗弁権とは，債権者が保証人に請求してきた場合，保証人は，まず主たる債務者に催告すべき旨を主張することができるというものである（民452条）。ただし，主たる債務者が破産手続開始の決定を受けた場合，および主たる債務者の行方がわからない場合には，催告の抗弁権を有しない（民452条ただし書）。債権者は，催告の抗弁を受けると主たる債務者に催告しないかぎり，保証人に請求することができない。債権者が，催告の抗弁を受けたにもかかわらず，催告をしなかった場合，その後主たる債務者より全部の弁済を得られないときは，保証人は，債権者がただちに催告をすれば弁済を得られた限度において，その義務を免れることができる（民455条）。②一方，検索の抗弁権とは，債権者が主たる債務者に催告をした後に保証人に請求した場合であっても，保証人は，まず主たる債務者の財産に対して執行すべき旨を主張することができるというものである（民453条）。検索の抗弁権を行使するためには，主たる債務者に資力があること，および主たる債務者の財産が執行容易であることの2つを証明しなくてはならない。弁済の資力とは，債務の全額を弁済するに足る資力でなくてもよいと解されている。また，執行が容易であるとは，法律上の手続が容易であるか否かではなく，現実に弁済を受けるのに容易であることであって，主たる債務者の住所にある動産や有価証券は容易であり，不動産や指名債権は容易でないと解されている。債権者が，検索の抗弁を受けたにもかかわらず執行をしなかった場合，その後主たる債務者より全部の弁済を得られないときは，保証人は，債権者がただちに執行をすれば弁済を得られた限度において，その義務を免れることができる（民455条）。

　保証債務の付従性にもとづいた主たる債務者の抗弁権の援用には，以下のものがある。①主たる債務の不成立・無効の場合には，保証人はこれを援用することができる。②主たる債務が弁済などにより消滅した場合，保証人はこれを援用できる。また，主たる債務が消滅時効により消滅した場合，保証人は，主たる債務者がこれを援用していなくても援用することができる。③主たる債務

127

者が取消権・解除権を行使した場合，保証人は債務の履行を拒むことができる。なお，主たる債務者が行使していない取消権を保証人が行使できるかについては，保証人は民法120条の取消権者にはあたらないが，弁済を拒むことができる（改正民457条3項）。④同様に保証人は，主たる債務者の債権により，相殺をもって債権者に対抗することができる（改正民457条3項）。⑤保証人は，主たる債務者の債権者に対して有する同時履行の抗弁権および期限猶予の抗弁権を援用することができる。

5　主たる債務者または保証人について生じた事由の効力

保証債務の付従性により，主たる債務者に生じた事由は，原則として，すべて保証人に効力を及ぼす（絶対的効力）。①主たる債務が消滅した場合，その原因が債権を満足させるものであるか否かにかかわりなく保証債務も消滅する。これは，保証債務の付従性から生じるものである。ただし，主たる債務が相続の開始により限定承認された場合，会社である主たる債務者が破産により解散した場合などは，保証債務に効力を及ぼさない。②主たる債務者に対する債権が譲渡され，対抗要件（通知・承諾）を具備した場合，保証債務についても効力を生ずる。これは，保証債務の随伴性から導き出される。③主たる債務者に対する履行の請求その他の事由による時効の完成猶予および更新は，保証人に対しても効力を及ぼすが（改正民457条1項），これは，時効消滅を防ぎ，債権者の担保を確保するためのものである。

保証人について，弁済・代物弁済・供託・相殺などの債権を満足させる事由が生じた場合，主たる債務は消滅するが，これ以外の事由は，主たる債務者に効力を及ぼさない（相対的効力）。したがって，保証人に対する債権譲渡の通知，保証人の時効の利益の放棄，保証人の主たる債務の承認などは，主たる債務者に効力を及ぼさないことになる。

6　保証債務の対内的効力

保証人による弁済は，債権者との関係では自己の債務の弁済となるが，主た

る債務者との関係では，他人の債務を肩代りすることとなる。したがって，保証人が自己の出捐によって主たる債務者が免責された場合，保証人は主たる債務者に対して求償権を取得することになる。民法上，この求償権は，保証人と主たる債務者の関係から2つにわけて特別に規定しているが，その法的性質は次のとおりである。①保証人が主たる債務者から委託を受けて（委任契約）保証人となった場合，求償権の法的性質は，委任事務処理のための費用償還請求権としての性質を有している（民649条・650条）。これに対して，②保証人が主たる債務者の委託を受けないで保証人となった場合の求償権の法的性質は，事務管理費用の償還請求権である（民702条）。

委託を受けた保証人の求償権には，事後の求償権と事前の求償権がある。前者を原則として後者をその例外とし，以下のように定めている。事後の求償権は，弁済など自己の出捐によって，主たる債務を消滅させる行為をしたことを要件とする（改正民459条1項）。一方，事前の求償権は，次の3つに限定して認めている。①主たる債務者が破産手続開始の決定を受けたにもかかわらず，債権者が破産財団の配当に加入しないとき，②主たる債務が弁済期にあるとき，③保証人が過失なく債権者に弁済すべき裁判の言渡しを受けたときである（改正民460条）。このように，保証人は，限定的ながら事前の求償権を行使することができるが，これに対して，主たる債務者は，債権者が全部の弁済を受けない間は，主たる債務者は保証人に担保を提供させ，または保証人に対して自己に免責を得させる旨の請求をすることができる（改正民461条1項）。また，主たる債務者は，供託をなし，担保を提供し，または保証人を免責を得させて，事前の求償を免れることができる（改正民461条2項）。

求償権の範囲は，連帯債務の規定が準用される（改正民459条2項・442条2項）。したがって，出捐額，免責があった日以降の法定利息，避けられない費用，損害賠償である。また，出捐行為の前後に通知を怠った場合，求償権は，連帯債務と同様の制限を受ける（改正民463条）。

委託を受けない保証人の求償権の成立要件は，保証人が自己の出捐によって，主たる債務を消滅させる行為をしたことである。また，保証人は，出捐行為の

前後に主たる債務者に通知をしなければ，求償権の制限を受ける（改正民463条1項）。委託を受けない保証人の求償権の範囲は，主たる債務者の意思に反しない場合と主たる債務者の意思に反する場合とで異なる。前者の求償権の範囲は，免責行為の当時に利益を受けた限度であり（改正民462条1項・459条の2第1項），免責があった日以降の法定利息や損害賠償の請求は含まれない。後者の求償権の範囲は，主たる債務者が現に利益を受けた限度である（民462条2項）。また，主たる債務者は，免責行為後から求償のときまでに債権者に対する反対債権を取得した場合，これをもって保証人の求償権に対抗することができる（民462条2項）。なお，委託を受けない保証人には事前の求償権はない。

　数人の主たる債務者がいる場合の求償権は，その主たる債務者の全員を保証する場合と1人だけを保証する場合とで異なり，次のようになる。前者の場合，民法上の規定はないが，主たる債務が分割債務のときには，求償権も各債務者の分割債務となる。また，不可分債務や連帯債務のときは，求償権も不可分債務や連帯債務となる。後者の場合，主たる債務が分割債務のときには，求償権は保証した主たる債務者の負担額になる。また，不可分債務や連帯債務のとき，保証した主たる債務者に対しては全額を求償でき，他の主たる債務者に対しては負担額になる（民464条）。

II　連帯保証

1　連帯保証の意義・性質・成立

　連帯保証とは，保証債務の一つであり，保証人が主たる債務者と連帯して債務を負い，主たる債務を担保するものである。連帯保証は，保証人よりも債権者にとって有利であることから多用されている。保証債務との違いは，連帯保証は，①保証債務の補充性がないこと，②連帯保証人に生じた事由は主たる債務者に効力を及ぼすこと，③共同保証の場合には分別の利益を有しないことである。

　連帯保証の成立には，債権者と保証人との保証契約において，連帯の特約をすることによって成立する。また，主たる債務および保証債務が商行為によっ

て生じた場合には，その保証は連帯保証となる（商511条2項）。

2　連帯保証人の効力

連帯保証は，普通の保証とは異なり補充性がないため，催告の抗弁権（民452条）と検索の抗弁権（民453条）を有しない（民454条）。主たる債務者に生じた事由が連帯保証人に影響をおよぼすのは通常の保証と同じである。しかし，連帯保証人について生じた事由が主たる債務者に影響をおよぼす場合については，連帯債務の条文である民法438条から441条までを適用している（民458条）。具体的には，更改（民438条），相殺（民439条），混同（民440条）の場合である。

第3節　身元保証

将来の保証

Case 5-3

　兄は，弟から就職に際して身元保証人になって欲しいと頼まれた。どんな責任があるのだろうか。

I　身元保証の意義

身元保証とは，雇用契約の締結の際に使用者から求められるものであり，被用者（労働者）が将来的に使用者に債務不履行または不法行為による損害を与えた場合，身元保証人がこれを保証するというものである。この身元保証には，①被用者の責めに帰すべき事由によって，使用者が被った損害を保証するもの，②被用者の責めに帰すべき事由の有無にかかわらず，使用者が被ったすべての損害について保証するもの，の2つの種類がある。この場合，①を身元保証といい，②を身元引受けというものの，実際には両者を区別して使用されてはいない。②は，①とは異なり，被用者が損害賠償債務を負担することを必ずしも前提としていない。したがって，たとえば，被用者が病気やケガなどによって就労できない場合，これによって使用者は損害を被ることがある。このような

ときに，被用者はこの損害を賠償すべき責任を負うものではないが，身元保証人はその責任を負わねばならず，①に比べて身元保証人の責任は広いものである。

II　身元保証法の内容

　身元保証制度は古くから存在していたが，身元保証人の責任は，長期的かつ広範囲にわたり不当に重いことから，1933（昭和8）年に「身元保証ニ関スル法律」が制定され，その責任は軽減された。

　この法律は，引受け，保証その他名称のいかんを問わず，被用者の行為により使用者の受けた損害を賠償することを約する契約に適用される（身元保証1条）。身元保証契約の保証存続期間は，期間を定めなかった場合には，この保証契約の成立の日より3年間であり，商工業見習者の場合は5年間である（身元保証1条）。一方，身元保証契約の保証存続期間を定めている場合，その期間は5年を超えて定めることはできず，5年より長い期間を定めたときには，その期間は5年に短縮される（身元保証2条1項）。また，この契約を更新することはできるが，その期間は，更新時より5年を超えることはできない（身元保証2条2項）。

　使用者には通知義務があり，①被用者に業務上不適任または不誠実な事跡があり，そのために身元保証人の責任を惹起するおそれがあることを知ったとき，および，②被用者の任務または任地を変更し，このために身元保証人の責任を加重し，またはその監督を困難にするときには，遅滞なく身元保証人に通知しなくてはならない（身元保証3条）。そして，身元保証人がこの通知を受けたときは，将来に向かって契約の解除をすることができ，また，通知を受けずとも，身元保証人が①・②の事実を知った場合にも同様に解除ができるものと規定している（身元保証4条）。

　保証責任の限度として，裁判所は，身元保証人の損害賠償の責任および金額を定めるにつき，被用者の監督に関する使用者の過失の有無，身元保証人が身元保証をなすにいたった事由およびこれをなすにあたり用いた注意の程度，被用者の任務または身上の変化，その他の一切の事情を斟酌する（身元保証5条）。

　この法律は強行規定であり，この法律に反して身元保証人に不利益となる特

約を締結してもすべて無効となる（身元保証6条）。

　なお，身元保証債務の相続について，この法律には規定がおかれていないが，判例・学説は相続性を否定している。判例（大判昭18・9・10民集22・948）によると，身元保証は身元保証人と被用者間の相互の信用を基礎として成立・存続するものであることから，特別の事情がないかぎり身元保証の相続性は否定されるとしている。

第4節　自　己　破　産

借金は帳消しになるの？

Case 5-4

> 　A君は，消費者金融からの借金が膨らみ，自分の収入では返済が不可能となってしまった。借金の督促も日増しに激しくなっており，すでに経済的・精神的に行き詰まっている。
>
> ①　自己破産制度を利用するには，どのような手続が必要になるのだろうか。
>
> ②　自己破産制度の長所と短所はなんだろうか。

　自己破産の申立件数は，2003年にピークとなり，年々減少している。しかし近年は増加傾向にあり，年間6～7万件ほど申立てられている。また，予備軍ともいうべき人の数は相当な数に上るものと考えられている。その多くは，クレジット，消費者金融，保証などによるものである。クレジットカードで金銭を借りることができるキャッシングサービスも行われており，クレジットカードや消費者金融の安易かつ無計画な利用と自己の返済能力を超えた無理な返済計画などから返済に行きづまり，別の消費者金融から新たに高金利の借金をして返済に充てる自転車操業的な借金を繰り返し，その結果として複数のクレジット会社や消費者金融から借金をする，いわゆる「多重債務者」となってしまうケースが多い。このように，もはや自力で返済することが不可能な場合，法的解決として，自己の財産を清算し，再起更生をはかるために，自己破産制度に頼ることになるのである。

133

そこで，ここでは，自己破産で最も多い，クレジットと消費者金融について解説した後，自己破産制度について述べることとする。

I　クレジット

信用販売は，消費者が商品・権利の購入または役務の提供を受けるにあたり，信用供与を受け代金の支払いを猶予される取引である。1回の代金が少額となるため高額商品を購入しやすいという利点から，複雑な契約内容であるにもかかわらず安易に契約を締結する消費者が多いなど，消費者の保護が必要となっている。このような信用販売を規制している法律が割賦販売法である。同法には割賦販売，ローン提携販売，信用購入あっせん，前払式特定取引が規定されており，利用方式として個品方式・総合方式・リボルビング方式が認められている。

1　割賦販売

割賦販売とは，購入者から代金を2ヵ月以上の期間にわたり，かつ3回以上に分割して受領することを条件として（個品方式，総合方式），または，カードなどを利用者に交付して，あらかじめ定められた時期ごとにそのカードなどと引き換えに，またはその提示を受けて代金の合計額を基礎として，あらかじめ定められた方法により算定して得た金額を利用者から受領することを条件として（リボルビング方式），政令で指定された商品・権利を販売し，または役務を提供することである（割賦2条1項）。同法では，販売条件の表示（割賦3条），書面の交付（割賦4条・同条の2），契約の解除などの制限（割賦5条），損害賠償等の額の制限（割賦6条）などを規定している。

2　ローン提携販売

ローン提携販売とは，カード等を用いて購入者が指定商品などの代金にあてるために，2ヵ月以上の期間にわたり，かつ3回以上に分割して返還することを条件に提携金融機関から金銭を借り入れ，ローン提携販売業者が購入者の債務を保証して指定商品などを販売することである（割賦2条2項）。同法では，販

売条件の表示（割賦 29 条の 2），書面の交付（割賦 29 条の 3）などを規定している。そして，包括・個別信用購入あっせんと同様に，抗弁の接続も規定している（割賦 29 条の 4・30 条の 4・35 条の 3 の 19）。

3　信用購入あっせん

　信用購入あっせんとは，購入者が販売業者から商品等を購入した場合，あっせん業者（信販会社など）は販売業者に対して代金相当額を支払い，購入者はあっせん業者に対し商品等の購入計画から支払いまで 2 ヵ月を超えて代金を支払うことである。信用購入あっせんには，「包括信用購入あっせん」（割賦 2 条 3 項）と「個別信用購入あっせん」（割賦 2 条 4 項）の 2 つがある。前者はクレジットカードなどを使用する場合であり，後者はこれを用いない場合である。同法では，割賦販売と同様に取引条件の表示（割賦 30 条・35 条の 3 の 2），書面の交付（割賦 30 条の 2 の 3・35 条の 3 の 8・35 条の 3 の 9），契約解除等の制限（割賦 30 条の 2 の 4・35 条の 3 の 17），損害賠償等の額の制限（割賦 30 条の 3・35 条の 3 の 18）が定められている。さらに，支払可能見込額の調査（割賦 30 条の 2・35 条の 3 の 3）や商品などの販売に関し，購入者は販売業者との間で生じている事由をもってあっせん業者に対する支払いを拒むことができるという抗弁の接続（割賦 30 条の 4・30 条の 5）等も規定している。また，個別信用購入あっせんに該当する場合には，クーリング・オフが認められている（割賦 35 条の 3 の 10・35 条の 3 の 11・35 条の 3 の 12）。

4　前払式特定販売

　前払式特定取引とは，商品の売買の取次，指定役務の提供または取次において，商品の引渡しまたは指定役務の提供に先立って，購入者などから対価の全部または一部を 2 ヵ月以上の期間にわたり，かつ 3 回以上に分割して受領するものである（割賦 2 条 6 項）。前払式特定取引においては，8 条・12 条・15 条から 29 条までの規定を準用している（割賦 35 条の 3 の 62）。

II 消費者金融

1 消費者金融問題

消費者金融は，サラ金などとよばれており，厳格な審査なしにお金を貸し付ける反面，金利が高いのが特徴である。サラリーマン・学生・主婦などが利用し，安易な利用と無計画な返済が目立ち，昭和50年代からサラ金に関するトラブルが続発するようになった。とくに，高金利，業者の苛酷な取立て，過剰融資などが問題となり，夜逃げや一家心中など家庭崩壊を招く原因となった。このような社会問題に対して，1983（昭和58）年11月に「貸金業の規制等に関する法律」（貸金業法）を施行するとともに「出資の受入れ，預り金及び金利等の取締りに関する法律」（出資法）を改正し，いわゆる貸金二法を用いて対応した。最近の消費者金融は，審査・貸付・返済を無人機で行う方式をとっており，まったく人と会わずに機械だけですむことから，利用者の抵抗感をなくし，利用しやすさを強調する，人間の心理を巧みに突いた企業戦略を展開している。

2 取立行為の規制と対抗手段

貸金業法（2007［平成19］年より「貸金業法」が正式名称）は，その業務の適正な運営を確保し，もって資金需要者などの利益の保護をはかるとともに，国民経済の適切な運営に資することを目的としている（貸金1条）。また，同法は，21条に取立行為の規制を規定している。これによると，取立てに際して，債務者を威迫し，または債務者の私生活もしくは業務の平穏を害するような言動により，その者を困惑させてはならないとし（貸金21条1項），さらに，支払いの催告のため，または相手方の請求があった場合には，貸金業者の商号・名称・氏名，およびその取立てを行う者の氏名・その他内閣府令で定める事項等を明らかにしなくてはならない（貸金21条2項・3項）。なお，貸金業者は，21条1項に反した場合に2年以下の懲役もしくは300万円以下の罰金に処され，またはこれを併科されるとしており（貸金47条の3），同条2項および3項に反した場合には100万円以下の罰金に処せられることとなる（貸金49条）。また，取立

行為が，暴行・脅迫・威力業務妨害にあたるときは，刑法や暴力行為等処罰法で罰せられ，かつ行政処分として，内閣総理大臣または都道府県知事による登録拒否（貸金6条），登録の取消し・業務停止命令（貸金24条の6の4）などがなされることとなる。また，このような場合，利用者は，不法行為にもとづく損害賠償を請求することもできる（東京地判平元・4・6判タ716・162）。

貸金業法の改正により，上述のように取立行為の規制強化がなされるとともに過剰貸付の抑制，金利体系の適正化がはかられた。貸金業の適正化という観点からは，取立行為の規制強化以外にも，貸金業務取扱主任者の設置（貸金12条の3），貸金業協会の自主規制機能強化（貸金25条以下），借り手などの自殺により貸金業者に保険金が支払われる保険契約締結の禁止（貸金12条の7），業務改善命令の導入（貸金24条の6の3）などがある。また，過剰貸付の抑制のため，総量規制（貸金13条・13条の2），指定信用情報機関制度の創設（貸金41条の13以下）を規定した。これは，貸金業者が借り手の総借入残高を把握できる仕組みを整備し，貸金業者に借り手の返済能力の調査を義務づけ，自社からの借入残高が50万円を超える貸付けまたは総借入残高が100万円を超える貸付けの場合には，年収などの資料の取得を義務づける。調査の結果，総借入残高が年収の3分の1を超える貸付けなど，返済能力を超えた貸付けを禁止するものである。さらに，金利体系の適正化のため，みなし弁済制度（グレーゾーン金利）の廃止，上限金利の引下げ（貸金12条の8）などが行われている。

3　高金利の規制

「出資の受入れ，預り金及び金利等の取締りに関する法律」（以下，「出資法」という）は，貸金業者の最高利率を定めている。この変遷は，出資法が施行された1983（昭和58）年から1986（昭和61）年までは73％，1991（平成3）年までは54.75％，そして2000（平成12）年までは40.004％，2010（平成22）年までは29.2％，同年6月以降は20％（出資5条2項）となった。この最高利率を超える利息の契約をし，または受領および支払いを要求した者は，5年以下の懲役もしくは1,000万円以下の罰金に処し，またはこれを併科するとしている

図表 5-1　利息制限法による最高利率

元金	年利率
10 万円未満	20%
10 万円以上 100 万円未満	18%
100 万円以上	15%

（出資 5 条 2 項）。

　一方，利息制限法も 1 条で最高利率を定めているが，かつて同条 2 項との関係，ならびに出資法との関係で長く問題となっていた。

　まず，旧利息制限法 1 条 2 項では，債務者が超過部分を任意で支払った場合，その返還を請求できないと定めていた。1 項と 2 項の解釈をめぐって判例はいくつかの変遷をくりかえし，最高裁判所は次のように判示した。つまり，利息制限法の制限を超える利息・損害金を任意に支払った債務者は，制限超過部分の充当により計算上元本が完済となったときには，その後支払われた金額については不当利得の返還を請求することができるとした（最大判昭 43・11・13 民集 22・12・2526）。これによって，利息制限法 1 条 2 項は形骸化してしまい，利息制限法の改正により削除された。

　次に，利息制限法の定める最高利率と出資法の最高利率には差があり，いわゆるグレーゾーンをつくり出しているため問題となっていた。また，かつて貸金業法 43 条では，利息制限法で定める利息額の超過部分について任意に支払われた利息は返還請求できないと規定しており，前述の最高裁判所判決と対立していた。最高裁判所は，43 条によって制限超過利息が有効な弁済として認められるためには，債務者が利息の契約にもとづく利息の支払いに充当されることを認識したうえ，自己の自由な意思によってこれらを支払ったことが必要であるとし，債務者においてその支払った金銭の額が利息制限法 1 条の制限額を超えていること，または超過部分の契約が無効なことまで認識していることを要しないとした（最判平 2・1・22 民集 44・1・332）。この点については，近時の貸金業法・出資法の改正により，最高金利の引下げが行われた。これにより，出資法の定める 20％を超える金利は刑事罰の対象，利息制限法の上限金利を

第5章　いろいろな決済方法

超える金利は無効で行政処分の対象となり，グレーゾーン金利が撤廃された。

Ⅲ　自　己　破　産

1　破産手続の開始

　自己破産とは，債務者自身の申立てによって開始される破産のことである。債務者は，破産手続の開始のために，まず，破産申立てを裁判所に行わねばならない。破産申立てとは，債務者に破産原因がある場合，これを主張して破産手続開始の決定を求めることである。破産原因としては，自然人の場合には支払不能であり（破産15条），法人の場合には，このほかに債務超過（破産16条）がある。申立てを行う裁判所は，破産者の住所地または主な営業所の所在地の地方裁判所である（破産4条・5条）。この手続のためには，自己破産の場合は，破産手続費用の予納をし，財産の概況を示す書面，債権者の一覧表を提出しなくてはならない（破産20条・22条）。まず，裁判所は，申立権を有する者が申立てを行ったか，管轄権のある裁判所に対してなされたか，適法な方法で行われたか，破産能力を有するかなどの形式的要件を審理する。そして，次に実質的要件として破産手続開始原因および破産障害事由の有無について審理し，これらが認められた場合，裁判所は破産手続開始の決定を出すこととなる（破産30条）。なお，この審理については口頭弁論（任意的口頭弁論）を開き，または開かずに審理を行う（破産8条）。

2　同時処分と付随処分

　裁判所は「同時処分」と「付随処分」を行う。同時処分とは，破産手続開始の決定と同時に定めなくてはならない処分であり，①1人または数人の破産管財人を選任し，②債権の届出期間，③破産者の財産状況を報告するために招集する債権者集会の期日，④債権調査の期間を定める（破産31条1項）ことである。付随処分とは，破産手続開始の決定後ただちに行わなくてはならない処分であり，①破産手続開始の決定の主文，②破産管財人の氏名または名称，③定めた債権の届出期間，④破産者の財産状況を報告するために招集する債権者集会の

139

期日，⑤債権調査の期日，⑥破産者の債務者および破産財団に属する財産の所持者は破産者に弁済をなし，またはその財産を交付してはいけない旨，簡易配当をすることに異議のある破産債権者は裁判所に対して異議を述べる旨を公告し（破産32条1項），⑦破産管財人・破産者，すでにわかっている債権者・知れている財産所持人などに対する公告内容の通知を行う（同条3項）ことである。なお，破産原因を有するものの，債務者の財産がほとんどなく，破産手続の費用も払えないような場合には，破産手続開始の決定のときに同時破産手続廃止を決定することになる（破産216条）。

3　破産手続開始の効果

　破産手続開始の効果として，破産者には，①財産の管理処分権の喪失，②自由の制限，③資格制限が課せられることとなる。①として，破産者は，破産手続開始のときに有していたすべての財産の管理処分権を失い，この財産は，破産財団を構成することになる（破産34条）。したがって，管理処分権は，破産管財人に属することとなる（破産78条）。②として，破産者・その代理人，破産者が法人のときにはその理事およびこれに準ずる者は，破産管財人・監査委員・債権者集会の請求により破産に関して必要な説明をする義務を負うこと（破産40条），および，破産者の居住制限（破産37条），破産者の引致（破産38条）などがある。③として，破産手続開始を受けた者は，公法上および私法上，後見人，補佐人，後見監督人，保証人，遺言執行者，信託の受託者，株式会社の取締役，合名会社・合資会社の社員，監査役，証券会社の外務員，証券取引所会員，弁護士，公認会計士，税理士，弁理士，公証人，検察審査員，公正取引委員会委員，商工会議所会員，国家公安委員，都道府県公安委員などになることはできない。

4　免 責 と 復 権

　旧破産法においては，免責手続と破産手続は別の手続であり，配当によって弁済されなかった債務については免責を受けなければ免除にはならなかった。

現行破産法では，個人である債務者（破産手続開始決定後は「破産者」）は，破産
手続開始申立てがあった日から破産手続開始が確定した日以後１ヵ月を経過す
る日までの間に免責許可の申立てをすることができ，破産手続開始の申立てと
同時に免責許可の申立てができるようになっただけでなく，債務者が破産手続
開始の申立てをした場合，免責許可の申立てもあったものとみなすとしている
（破産248条）。その際，免責不許可事由がなければ免責は認められることとなる
（破産252条）。免責不許可事由として，債権者を害する目的で破産財団に属し，
または属すべき財産の隠匿・損壊・債権者に不利益な処分その他の破産財団の
価値を不当に減少させる行為をした場合，破産手続の開始を遅延させる目的で
著しく不利益な条件で債務を負担したり，信用取引により商品を買い入れてこ
れを著しく不利益な条件で処分した場合，特定の債権者に対する債務について
特別の利益を与える目的または他の債権者を害する目的で担保の供与または債
務の消滅に関する行為であって，債務者の義務に属せず，またはその方法や時
期が債務者の義務に属しないものをした場合などが規定されている。また，免
責を受けた破産者は，破産手続による配当を除いて，破産債権者に対する債務
の全部につき，その責任を免れることができる（破産253条）。ただし，租税等
の請求権，破産者が悪意をもって加えた不法行為にもとづく損害賠償請求権，
破産者が故意または重大な過失により加えた人の生命または身体を害する不法
行為にもとづく損害賠償請求権，雇用関係にもとづいて生じた使用人の請求権
および使用人の預り金の返還請求権，破産者が知っていて債権者名簿に記載し
なかった請求権（ただし債権者が破産手続開始の決定を知っていた場合は除く），
罰金等の請求権（破産253条ただし書）などについては免責されない。

　破産者は，破産手続の開始の効果として，公法上および私法上の各種制限を
受けることになるが，復権とは，これら制限を受けている権利や資格について
回復させることである。この復権には，当然復権と申立てによる復権の２つが
ある。当然復権は，要件を備えることにより，なんら手続を必要としない復権
である（破産255条１項）。これには，免責許可の決定が確定したとき（同条１号），
破産手続廃止の決定が確定したとき（同条２号），再生計画認可の決定が確定し

たとき（同条3号），破産手続開始の決定後，詐欺破産罪について有罪の確定判決を受けることなく10年を経過したとき（同条4号）がある。一方，申立てによる復権は，破産者が弁済などの方法によって破産債権者に対する債務の全部について，その債務を免れた場合，破産裁判所は破産者からの申立てにより復権を認めるというものである（破産256条）。

　免責が認められた場合，借金は免除となるが，官報に公告されたり，公法上および私法上の資格制限を受けたり，金融機関のブラックリストに登録され，融資，結婚，就職，昇進などの障害となりうる可能性はある。

Topic

根保証について

　かつて商工ローン問題として根保証が注目された。根保証とは，継続的保証であり，継続的な契約関係（この場合には継続的与信契約）から将来発生するであろう債務を保証するというものである。根保証には，保証契約によって，①保証の範囲・期間・限度額が決められているものと，②これらが決められていないものの2つに分けられる。①を限定根保証といい，②を包括根保証という。①の場合には保証契約によって保証人の責任は決まるが，②の場合，保証人は無限責任を負うこととなり，保証人の責任はきわめて苛酷なものとなる。したがって，判例は，保証人の責任を信義則の適用や取引通念上などから相当な範囲に限定することとした。②の場合であっても，保証人の責任は一定額に限定されることとなった。その後，判例に則り，平成16年の民法改正によって，保証人が個人である場合には，極度額，期間（最大5年）を定めねば認められないこととなった（465条の2・同条の3）。

　かつて商工ローン問題は，根保証が抱えていた問題もさることながら，とくに苛酷な借金の取立方法や高い利息が問題となった。保証にはいろいろな種類があるが，これを引き受けるか否かは，生活の根幹を揺るがす問題であり，保証を頼まれた際に，契約書を読まず，またその内容を理解しないまま署名・捺印をし，安易に保証人となることは避けなくてはならない。

日常生活のアクシデント

第1節 交通事故

交通事故を起こすといろいろな責任が問われるよ

> **Case 6-1**
>
> 「30km/hに減速せよ」という速度制限の標識を見てそれに従ったが交通事故による責任を負うことになった。なぜだろう。

Ⅰ　自動車事故の責任

1　はじめに

　自動車が社会に広く普及し，わたくしたちの日常生活の必需品となって久しい。自動車の利用は増加し，利用形態も多様化している。このような状況をモータリゼーションと呼んでいる。

　わが国におけるモータリゼーションは1964（昭和39）年の東京オリンピック開催前後から始まり，加速度的に進行した。一般社団法人の日本自動車工業会の調べによれば2022（令和4）年の自動車生産台数はおおよそ783万台に昇るとされている。これがモータリゼーションの量的問題である。

　さらに，モータリゼーションの質的問題も驚愕する変質を遂げている。まず，自動車の動力源システムはエンジンからモーターへの移行といった発展がそれである。さらには制御システムも変革する。現在はAI（artificial intelligence：人工知能）の導入により自動運転の実用化の一歩手前の段階にある。つまり近未来の交通事故の法的問題は現在の法的問題と様相を一変することになる。

　日本の交通事故の発生件数は『令和5年　交通安全白書』によれば，発生件

143

数のピークは2004（平成16）年の95万2,720件であった。しかし，それ以降は減少傾向にある。令和元年は38万1,237件，令和4年は30万839件であった。この減少の原因は，①自動車自身の構造上の改革（安全性能の向上），②交通インフラ（構造基礎）の改善（道路環境の整備やそれに関する諸設備の改善），③交通警察による取締まりの強化である。

　交通事故が発生すれば被害者本人・家族は思いもよらない被害を受ける。被害者の身体的，精神的な苦痛，被害者の家族の生活の崩壊，さらにはその後の人生の破壊という結果である。

　かような交通事故問題はモータリゼーションという構造から生じる問題の解決を社会に求めている。その解決策が保険制度の創設，被害者やその家族のアフターケア，加害者の教育，交通インフラの改善などである。本章では「責任」という観点から説明する。

　交通事故が生じた場合，法的には加害者に三種類の責任が課される。民事責任，刑事責任，そして行政責任である。これらの責任は必要に応じて重畳的に課されるのである。いわゆる「運転者の三重責任」である。

　かかる責任は三つの観点から交通事故の責任を構成している。つまり民事責任は被害者が被った損害の金銭賠償，刑事責任は社会の法秩序の維持の目的のため，懲役，禁錮，罰金という刑罰，そして行政責任は道路交通の安全確保という観点から反則金，免許の停止，免許の取消しを科している。

2　民事責任

(1)　交通事故の民事責任は損害賠償責任　　交通事故の加害者が負う民事責任は損害賠償責任である。この責任原理は過失責任主義（有責性主義）に基づいている。つまり，損害が不可抗力（故意または過失によらず）により生じた場合，損害賠償責任が免責される。過失責任主義は交通機関の主力が馬車などのようなものである場合は合理的説得性を有していた。しかし，今日のような交通状況下では過失責任主義を貫けば損害賠償が受けられないという不利益が，被害者に生じる。

民事責任の基本的考え方は被害者に生じた損害を合理的に分配するところにある。そこで導入された考え方は過失責任主義を固持しながら無過失責任主義的色彩を加味した中間責任主義である。つまり交通事故を起こした当該運転者だけが損害賠償責任を負うのではなく，その運転者を雇用している会社や雇主であり自動車所有者なども責任主体として含まれた。前者を使用者責任（民715条），後者を運行供用者責任（自賠3条）という。

(2)　交通事故と不法行為責任　　(a)　民事法上の交通事故による損害賠償請求の原則　　交通事故の被害者は損害賠償を通して金銭による原状回復を求めることができる。民事法上，損害賠償を請求する法的制度は債務不履行（契約違反）責任（民415条）と不法行為責任（民709条）である。前者は何らかの契約関係の存在が前提であり，後者はいかなる契約関係の存在も前提としない責任制度である。

交通事故の場合，加害者と被害者の間に契約関係が存在しないのが一般的であるため不法行為責任による損害賠償請求となる。不法行為責任を規定する条文は民法709条である。加害者の行為が民法709条の成立要件に適合しておれば，被害者は不法行為に基づく損害賠償請求を加害者に求めることができる。

つまり加害者が故意または過失で被害者の「権利や法的に保護されている利益」を侵害し，その侵害行為が違法性を帯び，損害が発生し，侵害行為と損害の間の因果関係（民709条の成立要件）が存在することが被害者によって証明できれば，被害者は加害者に対して不法行為責任に基づく損害賠償を請求できる。

(b)　交通事故によって損害賠償請求できる者　　交通事故の被害者当人，さらに被害者以外の人たち，たとえば被害者が死亡した場合の相続人（民896条），被害者の近親者（民711条），被害者が所属した企業なども損害賠償を請求できる。

(3)　損害の意義　　交通事故により賠償請求できる「損害」を大別すると，財産的損害と精神的損害に分類できる。財産的損害は被害者の財産上の不利益の総称であり，精神的損害は肉体的苦痛，悲嘆，恥辱などの精神的苦痛である。財産的損害はさらに積極的損害（現実的損害）と消極的損害（逸失利益）に分類

できる。前者は被害者の治療費，入院費，通院費，物損など，後者は交通事故によって身体や健康が害され長期間の労働能力の喪失による収入減などである。

3　刑事責任

(1)　はじめに　　刑事責任は公益的な見地から加害者に対して科される法的責任である。刑事責任は刑罰を科するところに特徴がある。人的刑罰と財産的刑罰に分けられている。人的刑罰は人の自由を拘束するところに意義があり，財産的刑罰は加害者の財産を拘束するところに意義がある。ここでは刑事責任の特徴のみを説明する。

交通事故は被侵害利益によって人身事故と物損事故に分類されている。

(2)　人身事故と刑事責任　　人身事故の場合，被侵害利益が被害者の身体権侵害（傷害を負わせた場合）の場合と生命権侵害（死亡させた場合）の場合に分けられている。さらに身体権侵害は後遺症を発症する場合とそうでない場合がある。

人身事故と物損事故を比較すると，おおむね刑事責任は物損事故より人身事故の方が重い刑罰責任を科している。従来，刑法は人身事故には業務上過失致死罪が適用されていた。しかし，近年交通事故の人身事故に関しては，一般市民の法感情は厳罰化を望む傾向にある。それは運転手の自動車運転倫理が劣悪化しているためである。かような法感情を背景に，特別法として平成26年「自動車の運転により人を死傷させる行為等の処罰に関する法律（以下，自動車運転死傷行為処罰法）」が施行された。自動車運転過失致死傷罪（同法5条）と危険運転致死罪（同法2条）が新設された。

また「故意」による交通事故の際，死亡を惹起したとすれば刑法199条（死刑または無期もしくは5年以上の懲役），そして傷害を惹起すれば刑法204条（15年以下の懲役または50万円以下の罰金），205条（3年以上の有期懲役）の適用となる。

近年は，自転車事故が話題になっている。歩道を傍若無人に走る。さらにはスマートフォンで音楽を聴き運転をして事故を起こすなどである。さらには死亡にいたるケースもある。そのため平成18年刑法211条に後段が付加された。

刑法犯以外にも，無免許運転，自賠責保険の未加入，飲酒運転などには，道

路交通法によって刑罰が科される場合もある。

(3) 物損事故と刑事責任　　物損事故の場合にも，器物あるいは建造物の財産権を侵害しているのであるから刑事責任が問われる。

故意の器物財産侵害に対しては刑法 261 条の器物損壊罪，故意あるいは過失の建物財産侵害に対しては刑法 260 条の建造物損壊罪が適用される。

ただし，過失による建造物損壊罪に関しては刑法 260 条の適用はない。しかし建造物損壊罪の特別規定として道路交通法第 116 条は「過失」を規定しているため過失犯にも建造物損壊罪（6 ヵ月以下の禁錮または 10 万円以下の罰金）の適用がある。

4　行 政 責 任

交通事故の加害者側の行政責任とは，交通行政においてある一定の不利益を加害者が負うということを意味する。ここで言う一定の不利益とは一種の制裁（sanction）である。かかる制裁が課される理由は一定の社会秩序の維持を害した行為つまり違法行為に対する行政処分である。この点は刑事責任と類似する。しかし，次の点において異なる。行政処分は行政庁である都道府県公安委員会の判断により「課される」制裁である。これに対して刑事責任における制裁は刑罰である。刑罰はあくまでも司法庁である裁判所の判断により「科される」制裁である。

交通事故における行政責任は昭和 43 年 7 月から施行された交通反則通告制度に基づきなされる。本来，スピード違反，信号無視，駐停車違反などの行為（道交　第 8 章）は刑事手続に基づく。しかし，交通反則は多数生じるため，裁判所を通じた刑事手続に基づき責任を科すことは事実上不可能である。したがって，交通反則通告制度の導入により軽微な交通違反を犯した交通事故の加害者に一定の期日までに法律に定める反則金を納付することによって公訴されない制度（道交 128 条）を導入した。

交通反則通告制度による行政処分は①反則金の支払い，②自動車運転免許の停止，そして③自動車運転免許の取消しである。これらの行政処分のいずれが

課されるのかは「点数制」と「累積制」の二方法を併合して考慮して検定される。点数制は「反則行為の種類及び反則金一覧表」により，累積制は「行政処分基準点数」によりリスト化することによって開示されている。具体的には，交通違反が発生した場合，違反者に対してあらかじめ交通違反の種目別毎にその危険度等に応じて，一定の点数が課される。そして課された点数が一覧表の数値に達すれば，反則金の支払い，自動車運転免許の停止，そして自動者運転免許の取消しという行政処分がなされるのである。ただし，反則金の支払いは義務ではなく，任意の支払い制度である。したがって反則金の不払いは当該交通事故に関して刑事手続の進行要件である。それゆえ刑事責任の問題が表面化する。

累積点数制は次のような算定様式を有している。つまり，事故や違反の危険性に鑑みて加点され，さらに過去において生じた交通事故において課された点数の合計が処分の検討対象となる。

交通違反に対して都道府県公安委員会が行った行政処分に不服がある場合，交通事故加害者は行政不服審査法に基づき処分庁である公安委員会に対して不服申立てをすることができる。

II　自動車損害賠償保障法

1　自動車事故における損害賠償責任者

民法上，自動車事故による人身事故の損害賠償責任者は加害者本人と加害者の使用者である。加害者本人の責任は民法709条による一般不法行為責任であり，加害者の使用者の責任は民法715条による特別不法行為として責任を負う。特徴は加害者の不法行為責任の成立を前提としている点である。この責任の問題点はひき逃げのように加害者を特定できない交通事故の場合，損害賠償の請求が困難となる。このような状況下において被害者を救済するシステムとして自動車損害賠償保障法（以下，自賠法と称する）という民法の特別法を制定し救済を行った。

自賠法は損害賠償責任者の範囲を運行供用者にまで拡張した。拡張の理由は①自動車事故は運行供用者も重要な役割を担っている。②運行供用者を損害賠

償責任者として取り込むことによって被害者救済がより実効性を持つという点である。

2　自動車の「運行」概念

　自賠法が適用される「自動車」は道路運送車両法2条2項，および3項に規定する車である。①原動機によって陸上を移動するもので，軌条や架線尾を用いないもの，または被牽引車（道路運送車両法2条2項）そして，②原動機付自転車を指す。

　「運行」とは「人または物を運送する，しないにかかわらず，自動車を当該装置の用い方に従い用いること（自賠2条2項）」を言う。しかし，自動車による交通事故は多種多様であり，自賠法2条2項の法理論化は進んでいない。

　個別具体的な判断ケースは以下の通りである。①駐車中の・停車中の車は「運行」とはいえない。しかし，ガソリンスタンドでの給油や，車体調整中のような場合は「運行」に含まれる（神戸地判43・4・18下民集10・4・781参照）。②停車直後に自動車のドアを開閉して負傷させた場合は，運行の継続中とみなされている（名古屋地判昭40・2・25判タ174・125参照）。

3　損害の発生／「他人」の生命・身体を害する

　自賠法の損害は第3条において「その運行によつて他人の生命又は身体を害した」と規定している。さらにかかる損害が「他人」に惹起していることを要件としている。同法3条本文と2条4項によれば「他人」とは「運行供用者および運転者（運転補助者を含む）以外の第三者」としている。そうだとすれば，運行供用者の家族あるいは好意同乗者が損害を被ったときが問題となる。いわゆる「他人性」の問題である。

　(1)　運行供用者の妻（家族）の「他人性の問題」　最判昭47・5・30（民集26・4・898）は「自賠法三条は，自己のため自動車を運行の用に供する者（以下，運行供用者という。）および運転者以外の者を他人といつているのであつて，被害者が運行供用者の配偶者等であるからといつて，そのことだけで，かかる被

害者が右にいう他人に当らないと解すべき論拠はなく，具体的な事実関係のもとにおいて，かかる被害者が他人に当るかどうかを判断すべきである」として妻も他人性の範疇にはいると判示した。学説もこれを支持している。

(2) 好意同乗者の「他人性の問題」　自賠法には好意同乗者に関する規定が存在しない。しかし，最判昭42・9・29（判タ211・1）は「自動車損害賠償保障法第三条本文にいう『他人』とは，自己のために自動車を運行の用に供する者および当該自動車の運転者を除くそれ以外の者をいうものと解するのが相当であるところ，原審の確定したところによれば，上告人は酩酊して同人の車の助手席に乗り込んだDに対し，結局はその同乗を拒むことなく，そのまま右車を操縦したというのであるから，右Dを同条の『他人』にあたるとした原審の判断は相当である。」として好意同乗者に対する責任を認める。

4　免責事由がないこと

自賠法3条本文は自賠責上の責任原則を次のように規定している。「自己のために自動車を運行の用に供する者は，その運行によつて他人の生命又は身体を害したときは，これによつて生じた損害を賠償する責に任ずる。」。そして同法3条ただし書において，加害者側（運行供与者）の免責事由を規定している。①自己および運転者が自動車の運行に関し注意を怠らなかったこと，②被害者または運転者以外の第三者に故意または過失があったこと，③自動車に構造上の欠陥または機能の障害がなかったことを証明したとき。本来，不法行為責任の場合，立証責任の一般原則は被害者側にある。しかし本条ただし書は免責を受けるためには加害者側に無責であることの立証を求めている。いわゆる立証責任の転換である。

(1) 「自己及び運転者が自動車の運行に関し注意を怠らなかつたこと」　道交法上の注意義務を遵守しているにもかかわらず，他者に損害が発生した場合である。信号待ちのため停車している際に，他者の車が突っ込んできてその運転手が負傷を負った場合などである。

(2) 「被害者又は運転者以外の第三者に故意又は過失があつたこと」　信号

待ちでA，B 2車が縦列停車しているところに，後尾からC車が突入，玉突き衝突が発生した場合，B車の運転者はA車への玉突き追突で生じた損害の加害者となる。しかし，B車の運転手はかかる追突に関して故意あるいは過失がないのでA車の損害に対して責任を負わない。

(3)　「自動車に構造上の欠陥又は機能の障害がなかつたこと」　保有者または運転者が日常の整備点検によって発見できないもの（東京地判昭 43・6・13 判時 522・51，東京高判昭 48・5・30 判時 707・59）。

5　運行供用者――意義と人的範囲

　運行供用者の定義は自賠法の第 3 条に規定されている。「自己のために当該事故の加害自動車を運行の用に供する者……」。この定義は明解なものではない。しかしそれは新たに生ずる事故に対応するためである。そして，今後生じると考えられる事例の集積とその発展のもと運行供用者の概念を社会の健全な解釈に委ねたのである。

　運転者はそのまま加害者本人であるから運行供用者の概念に含めない。当該自動車の保有者は運行供用者と近似的である。自賠法 2 条 3 項は自動車の保有者について「自動車の所有者その他自動車を使用する権利を有する者で自己のために自動車を運行の用に供するもの」と規定する。具体的には所有者から自動車を借り受けた者などが保有者である。しかし，自賠法 2 条 3 項はかような保有者すべてが損害賠償責任を負うのではなく一定の要件を満たした者のみを運行供用者として賠償責任を課している。

　今日では，保有者が運行供用者に該当するか否かについて以下のような判断基準を用いている。①運行支配，②運行利益がそれである。

　現在では運行支配は抽象的でかつ間接的なコントロールでも運行支配にあたると解釈されている。つまり自動車の運行に対してコントロールできる可能性がある場合とか，あるいはコントロールするべき立場にあったというだけで運行支配の要件を満たすとされている。

　運行利益に関しては交通事故が発生した当時，運行により有形的で可視的な

何らかの利益が保有者に帰属していることが要件である。しかし，友人に自己所有の自動車を一時的に貸していた場合など，有形的で可視的な利益は得ていないが，今日では運行利益が生じているとされている。今日の傾向は運行利益の判断は運行支配の判断に移行していると言える。そうだとすると，運行供用者責任は危険責任思想にその根拠を置く責任であると言えよう。

6　自動車事故と自賠責の問題点

　交通事故被害者が政府の労災保険の給付では補いきれない損害を受けた場合，加害者の自動車損害賠償保険からどれだけ保険金を受け取れるかが問題となる。

　たとえば被害者がトラックを運転中に軽自動車と衝突し，後遺障害が残った。労災保険から計約908万円の給付を受けたが，なお損害が残っているとして，加害者が自賠責保険に加入していた東京海上日動火災保険に対し，約580万円の支払いを求めた事件において，最判平30・9・25（民集30・2・160）は「自賠責保険制度の趣旨を『保険金で確実に損害の補填を受けられるようにし，被害者の保護をはかるもの』とし，保険金を優先的に受け取れないのは制度の趣旨に沿わない」と指摘し「政府の請求権によって被害者の請求権が妨げられるべきではない」と判示し保険金請求を認めた。

Ⅲ　自　転　車　事　故

1　自転車の交通規制

　近年，自転車事故の問題が注目されている。自転車と歩行者が衝突して，あるいは自転車と自転車が衝突して生じる人損事故や物損事故がそれである。とくに自転車と歩行者が衝突して生じる人損事故である。このような場合，自転車が軽量であり，操作が容易であるにもかかわらず時には損害賠償額は意外に高額である。

　(1)　自転車と歩行者の衝突事故　　小学5年生の男子児童（11歳）が夜間，自転車を走行してスイミングスクールからの帰宅途中散歩中の女性（62歳）と正面衝突をした。被害者の女性は頭蓋骨骨折などの負傷を負い，意識が戻ら

第 6 章 日常生活のアクシデント

ない結果となった。裁判所は加害者である小学 5 年の男子児童の親に対して
9,521 万円の損害賠償の支払い判決を下した（神戸地判平 25・7・4 判時 2197・84）。

　(2)　自転車と自転車の衝突事故　　男子高校生が昼間，自転車横断帯を利用
することなく，本件道路を自転車で横断しようとした。そこへ被害者である男
性会社員（24 歳）が自転車で車道を直進してきた。その際，男子高校生の運転
する自転車と男性会社員運転の自転車が正面衝突した。男性会社員は言語機能
の喪失などの重大障害を負うに至った。この交通事故に対して，9,266 万円の
損害賠償請求を認めた（東京地判平 20・6・5 自保ジャーナル 1748）。

　これらの事故の原因は自転車という簡便性ゆえの交通規則の遵守意識の欠如
や自転車運転に関して免許制度が導入されていない点である。

2　道路交通法上の自転車

　道路交通法が自転車の法的取扱いを規定している。その道路交通法　第 2 条
の規定によれば次のように規定されている。

○　道路交通法　第 2 条 1 項 11 号（自転車についての定義）

　「十一　軽車両　自転車，荷車その他人若しくは動物の力により，又は他
　の車両に牽引され，かつ，レールによらないで運転する車（そり及び牛馬
　を含む。）であつて，身体障害者用の車いす，歩行補助車等及び小児用の車
　以外のものをいう」

○　道路交通法　第 2 条 1 項 8 号（軽車両の定義）

　「八　車両　自動車，原動機付自転車，軽車両及びトロリーバスをいう」

　自転車は軽車両という分類に属する。かかる軽車両は自動車やトロリーバス
などと同様に車両に該当すると規定している。つまり車両としての自転車は道
路交通法により指示され義務付けられている走行規定に従わねばならない。た
だ，自転車と他の車両は全く同一の走行を求められている訳ではない。たとえ
ば，自転車と自動車を比べれば様式，構造，機能などかなりの部分で相違があ
る。かかる相違点が自動車は運転免許制を設け，自転車にはそれがないという
法制度上の相違となる（道交 84 条）。それゆえ，自転車には一般的に道路交通法

153

上の運行規則にしたがわねばならない部分と，自転車のみに求められている規則とがある。

(1) 自転車運転上の原則的運行規則　自転車は道路交通法上の車両であるから，自動車などと同じような交通義務を負う。たとえば，一般車両と同様に自転車も車道を走行しなければならない（道交17条1項・4項）。

(2) 自転車運転の例外的歩道通行　例外的交通規則として以下のような規則がある。たとえば，自転車の運転者が，児童，幼児その他の普通自転車により車道を通行することが危険であると認められるものである場合（道交法63条の4第1項2号），一般自転車の運転者の場合においても車道または交通の状況にかんがみて自転車の通行の安全を確保するため必要がある場合などは歩道通行が認められている（道交63条の4第1項3号）。

(3) 自転車の歩道通行における運転規則　自転車通行と歩行者との関係において自転車による歩道通行が歩行者の通行の妨害となる場合，自転車の運転者は一時停止をしなければならない。

歩道通行の際の自転車運転速度に関しては，歩道の普通自転車通行指定部分（道路標識等により普通自転車が通行すべき部分として指定された部分）に歩行者がいない場合，自転車運転者は歩道の状況に応じた安全速度と方法により通行することが求められている（道交63条の4第2項）。

(4) 自転車の酒気帯び運転　運転中の酒気帯び運転に関しては，車両としての自動車と同様に禁止している（道交65条1項）。さらに酒気を帯びた者が自転車の提供をうけ運転する可能性がある場合，かかる自転車の提供をすることも禁じている（道交65条2項）。また，自転車を運転する者に酒類を提供したり，飲酒を勧めた者も責任を問われる（道交65条3項）。

(5) 無謀な自転車運転　危険運転に関する事項は各都道府県において制定されている道路交通規則あるいは道路交通施行規則などで規定されている。たとえば，京都府道路交通規則によれば，自転車の二人乗り（同規則第9条1号），携帯電話をかけながらの運転（同規則第12条第12号），雨天時の傘をさしながらの運転（同規則第12条第9号），夜間の無灯火の運転など（同規則第8条1項）がそ

154

うである。これらは直接，道路交通法上の危険行為として規定されている場合もあるが（道交68条），各都道府県の道路交通法施行規則や道路交通規則などにも規定されている。自転車運転者がこれらの道路交通規則に違反した場合，道路交通法　第119条は「三月以下の懲役又は五万円以下の罰金に処する。」と罰金や懲役などの罰則の上限を規定している。

　(6)　自転車利用者のヘルメット着用　　2023（令和5）年4月1日の改正道路交通法（63条の11）の施行により利用者のヘルメット着用が努力義務として自転車利用者に課されることとなった。この義務違反に対しては行政上または刑事上の責任は問われない。

　ただし，ヘルメット非着用の自転車利用者が被害者となった場合，民事責任上若干考慮される可能性が間接的にある。とりわけ裁判官の心証形成上，慰謝料算定に関して影響するのではと考えられる。

第2節　医療事故
医療ミスは何が法的争点となるのか

> **Case 6-2**
>
> 　勤務先で実施された定期健康診断において異常陰影を見落としたため精密検査の指示ができず癌の発見が遅れた。

I　医療契約の法的性質

1　はじめに

　医療契約の本質　　医療契約の本質は患者と医師の信頼関係を中心とした契約である。患者が医師による医的侵襲行為（身体侵害：投薬，手術，外科的切開）を承認することから治療は始まる。したがって，患者の法的利益の放棄の合意がなされる前に患者の自己決定が可能な環境の設定が前提になる。つまり適切な医的知見（医的侵襲の意義，程度，効果，危険性，副次的効果，代替治療方法の存在等に関する正しい認識）が提供されねばならないし，患者に適切な医療の助言

がなされねばならない。このような構図が医療契約の本質である。

2　医療契約の法的構成

　民法は 13 種の典型的な契約しか規定していない。その中に医療契約は規定されていない。しかし，医療契約の内容を確定しなければ医療行為ができない。したがって，まず，医療契約の内容を確定しなければならない。

　医療契約を法的に内容確定する方法は三種類ある。①民法典に規定されている典型契約のルールを医療契約に適用する解釈であり，準委任契約説である。②民法典の典型契約のルールを適宜適用して医療契約を解釈する，無名契約説である。③民法典の典型契約から離れ，医療契約の特徴に注目しながら新たな医療契約の内容を解釈する，事実行為説である。

3　準委任契約説

　医療の本質を観ながら，民法に規定されている契約と照合すれば準委任契約である。事務を委託し，相手方がこれを承諾する（民 643 条・656 条）ことによって委任契約は成立し，「受任者は，委任の本旨に従い，善良な管理者の注意をもって，委任事務を処理する義務を行う（民 644 条）」。

　つまり準委任契約としての医療契約は，患者（委託者）が医師（受託者）を信頼して，疾患に対する治療行為（事務）を受け，医師に一定の裁量をもたせて任せる（委託する）という内容の契約である。準委任契約としての医療契約は治療過程にあって提供される医療行為の内容が適切な水準にあるか否かが問題となる。したがって，患者は医師の指揮監督下にあるのではなく，人的信頼関係を基礎とした裁量権に基づいた医療行為の提供を受けるのである（民 644 条）。

　準委任契約説は民法上の類型化された契約を用いるのであるから，法律上の要件・効果が明確である。したがって，医療契約の成立，医師の医療行為の行為基準，医療紛争の処理基準が明確である。

　判例も準委任契約説という考え方を承認している。東京地判平 1・3・14（判時 1301・21）はつぎのように判示している。「医師と患者との間において締結

されるいわゆる診療契約は，医師が，善良なる注意をもって，診療当時のいわゆる臨床医学の実践における医療水準にしたがい，患者の病的症状の医学的解明をするとともに適切な治療行為を施すことを責務の内容とする準委任契約である」。

現在ではかかる法的解釈が通説であり，判例も支持している。

準委任契約説は医師に以下のような義務を課す。①一旦，医療契約が締結されたならば，受託者である医師は，特別にやむを得ない理由が生じない限り，医療行為を行わなければならない（民644条）。②治療目的のため現在継続されている医療行為に関する報告を，患者（委託者）がもとめれば医師はこれを提示しなければならない。さらに医療行為が終了した場合は遅滞なく治療の経過や結果を報告する義務を負う（民656条・645条）。

4　無名契約説

無名契約説は，医療契約が民法の典型契約のどの形態にも一致しないが，準委任契約に類似した契約であると理解する。したがって，類似部分は準委任契約の規定を適宜適用しながら，そうでない部分は独自の準則をもって構成する。たとえば，札幌地判昭53・4・18（判時916・61）は「本件医療契約は準委任契約に類似する無名契約の一つと解すべく」として無名契約説に依拠している。

5　事実行為説

「医は仁術なり」と言う医療倫理のテーゼを中心にした考えである。医師は患者に対して疾患・疾病の治療，軽減，予防，治療目的のための患者に対する試験など，事実行為としての医療行為を人的信頼関係に基づいて提供するのであるとする。したがって，医療行為は金銭的な評価には馴染まないものであり対価を前提とした双務契約と考えるべきではないとする。

事実行為説は「患者の自己決定」という考えが欠落している。つまり医療行為を医師の恩恵的行為という観点から見ている。そのため今日では事実行為説は批判を受けていると言えよう。

II　診療契約の当事者と権利義務関係

1　原則的な患者・医師関係の成立／医療契約

　医師が患者に診療・治療を開始するには両当事者において診療・治療に関する取決め（医療契約）が必要である。この契約により①一般的な市民・市民関係から具体的な患者・医師関係（診察・治療関係）に入り，②患者・医師関係の具体的役割分担が決まる。

2　例外的な患者・医師関係の成立

　患者が自らの意思に基づいて医療契約を締結できない場合，たとえば①交通事故による意識不明の状態，②認知症に罹患して適切な判断ができない場合，③ことの良し悪しが分からない子どもなどの場合，①場合は通行人，知人などによる事務管理（民703条），②③などは法定代理人による締結，あるいは法定代理人に準じるひと（配偶者）による締結，あるいは黙示の医療契約の締結などが考えられる。

3　患者・医師関係における権利・義務（医師の義務（債務））

　医師が医療契約によって患者に対して負う債務には二通りの考え方がある。「結果債務」と「手段債務」がそれである。「結果債務」は，医師の債務は「治癒」，「成功」という結果を達成するものであり，「手段債務」は，医師の債務は善良なる管理者の注意をもって医療行為を実施することであるとする。前者は請負契約をモデルとし，後者は準委任契約をモデルとする。患者の完全な治癒は医学の限界や患者の個体差を無視することになるので，今日では「結果債務─請負契約説」はあまり支持されていない。

　たとえば，札幌地判昭52・4・27（判タ362・310）の判決例によれば，「医療契約に基づく診療債務については，これを手段債務と解すべきであるから，まず，医療の手段ないしその前提としての診断については，……それが診療時において一般に是認された医学上の原則に準拠したものであり，かつ，症状発現

第 6 章　日常生活のアクシデント

の程度と認識の手段との相関においてそれが合理的と認められる場合，……適
応の肯定できるとみられる薬剤等による治療方法を実施することで足り，治癒
の結果の将来それ自体は債務の目的をなさない」として，診療債務は手段債務
と解している。

4　医師の説明義務

医療行為は患者の身体への侵襲行為である。かような医的侵襲行為（治療行
為）が適法とされるためには違法性阻却事由としての患者の承認が必要である。
しかし，患者の承認は医的侵襲行為を理解してなされたものでない限り違法性
阻却事由とはならない。一方，現代医療は高度に専門化，抽象化し，患者の多
くは医的侵襲行為を十分に理解ができない。したがって患者の承諾は適切な状
況下の承諾ではないため違法性阻却事由とはならない。かかるジレンマを解消
するため医師による患者の適切な説明が重要な要件となる。この要件が医師の
説明義務である。

5　患者による医師の診察・治療行為の中止後の医師の債務

自己決定権の行使により，患者が医師の診断や治療の中止を求めた場合，患
者による診療契約の放棄とみることができるから，この医師は医療契約からの
債務から解放される。しかし，特殊なケースとして東京地判平1・3・3（判
タ702・212）は「患者が医師の治療を受けることをやめた後においても，患者は
なぜに受診をやめたのかをつきとめ，患者が適切な治療を続けているかどうか
を確認し，適切な助言をして，病状の悪化を防止すべき注意義務があった」と
して積極的助言義務を認める。

6　患者・医師関係における権利・義務（患者の義務（債務））

患者側の義務として診療報酬支払義務と医師が行う問診の際の患者側の情報
提供義務がそれである。以下においては後者の問診時の患者の情報提供義務に
ついて説明する。

7　患者の情報提供義務

　医療は医師を中心とした医療スタッフと円滑なコミュニケーションをとり診療行為に参加する作業である。それゆえかかる作業を有機的に機能させるためには，患者は自己に関する正確な情報を医師へ誠実に提供する義務がある。

　患者の情報提供義務に関して神戸地判平6・3・24（判時1525・115）は，「医療行為は，その性質上，医師と患者の信頼関係，共同関係を基礎として行われるものであるから，患者としても誠実にできる限り正確な情報を提供すべきであり，患者が誤った情報を提供した結果，医師が診断を誤ったとしても，医学常識に照らして容易にそれが誤った情報であることが判明する場合は別として，医師の注意義務が軽減されると解する」と判示して過失相殺を認めた。

Ⅲ　患者の有効な承諾を得るための医師の説明義務
——自己決定の問題

1　医師の説明義務

　医師の説明義務は，①患者の有効な承諾を得るための説明義務と②療養方法等の指示・指導としての説明義務とに大別される。本節では前者の説明義務を概説する。後者の説明義務に関しては後掲「Ⅳ　診療指導方法の指示等のための説明義務」において概観する。

　医師が説明すべき一般的内容は，①病気の種類・程度，②当該医療行為の性質と侵襲の方法・程度・範囲，③当該医療行為による治療の見込み，④当該医療行為に付随する危険，⑤当該医療行為以外の代替可能な医療行為の存否および当該代替医療行為によって生じる結果などである。しかし，病気の緊急性，重大性，患者の年齢，理解能力など様々な状況によって伝えるべき情報も，伝え方も変化する。

　本節は医師の説明義務をどのように，またどの程度説明すべきかについての判断基準を説明する。

第6章　日常生活のアクシデント

2　説明義務の一般的判断基準

　説明義務における説明項目はおおよそ一般化されている。しかし患者が意思を形成するに必要な説明内容あるいは程度は患者個人の特殊事情により種々異なる。そこで問題となるのはどの程度の説明ならば患者の意思形成に最低限度必要かが法的評価である。換言すれば説明義務違反に抵触するのか否かの一般的判断基準である。かかる一般的判断基準について今日，おおよそ三種の基準が存在している。①合理的医師基準説，②合理的患者基準説，そして③二重基準説がそれである。

　(1)　合理的医師基準説　　善良な管理者としての医師，あるいは合理的な医師ならば説明すると考えられる情報（医療水準上の情報）を説明するべきだという見解である。つまり，説明内容は患者の病状，患者の人格的態度，患者の理解能力，説明されるべき情報の影響力（危険性）などが判断基準となろう。このような判断基準を顧慮できる高度な医的専門知見を有した医師を基準として説明義務違反の有無を判断するとする見解である。

　本説を採用している最判昭56・6・19（判時1011・54）がある。「医師には手術の内容及びこれに伴う危険性を説明する義務があるが，そのほかに，患者の現症状とその原因，手術による改善の程度，手術をしない場合の具体的な予後内容，危険性について不確定要素がある場合にはその基礎となる症状把握の程度，その要素が発現した場合の準備状況についてまで説明する義務はない」と判示している。

　(2)　合理的患者基準説　　この説は，平均的ないし合理的な患者が最終決定権（自己決定）を行使するに際して，重要視すると思われる情報を医師が説明したかどうかで判断するとする説である。

　本説を採用している広島高判昭52・4・13（判時863・62）は「右副鼻腔炎は手術の時期を争うというようなものではなかったから，もし患者が手術に伴う危険を的確に認識していたら本件医師による手術を選択したか疑わしいのに，医師が本件のようなショック発現の可能性について事前に患者に説明することなく手術を施行しており，右手術は患者の有効な承諾なくしてなされた違法な

161

ものであった」と判示している（今日における通説）。

(3)　二重基準説　　二重基準説は上記した合理的医師基準説と合理的患者基準説の混合説である。すなわち，合理的な医師であるならば説明すると考える情報（医療水準上求められる情報）の説明だけでなく，さらに合理的患者がその説明にもとづいて最終決定権（自己決定権）を行使するに必要不可欠な情報について説明したかどうかで判断すべきであるとする。

二重基準説を採用している横浜地判昭58・6・24（判タ507・250）は「専門家たる病院側としては依頼者の種々の避妊方法の利害損失を十分検討して自由な意思に基づいて右手術を実施するか否かを決定するに必要な内容を依頼者に説明する信義則上の義務が存在すると解するのが相当である」と判示している。

Ⅳ　診療指導方法の指示等のための説明義務

1　患者の有効な承諾を得るための説明義務

「Ⅲ　患者の有効な承諾を得るための医師の説明義務」以外の説明義務として，①療養指導ないし保健指導の際の説明義務と②報告義務としての説明義務とに分けて考えられている。各説明義務に関して説明する。

2　療養指導ないし保健指導の際の説明義務

かかる説明義務の根拠は医師法23条である。同法23条は「医師は，診療をしたときは，本人又はその保護者に対し，療養の方法その他保健の向上に必要な事項の指導をしなければならない。」と規定する。患者の病状を改善させるためには病院内での治療行為と日常生活での療養が不可欠である。したがって，医師はたんに治療を処方するにとどまらず，生活指導などを通じて，患者の健康ないし保健の向上に貢献すべきであり，それにもとづく療養指導や保健指導の義務である。

3　診療録等に基づく顛末報告としての説明義務

診療録等に基づいて顛末を報告する義務が医師にはある。判例・通説によれ

ば，診療契約は準委任契約（民656条）と解されているから，受任者たる医師は受任した業務について顛末報告義務を負う。通常の医師の説明義務は治療前の説明義務と診療後の患者に対する顛末報告義務である。

V　インフォームド・コンセント

インフォームド・コンセントとは患者中心の医療における基本的な概念である。とくに，医療行為（投薬・手術・検査など）などに関して患者などが治療の内容についてよく説明を受け，それを十分理解した上で，患者自らの自由なる意思に基づいて医師など医療当事者と方針において合意することである。

インフォームド・コンセントの理念は1990年の日本医師会生命倫理懇談会において示されたものである。すなわち，患者の自己決定権を保障するシステムあるいは一連のプロセスである。そもそも医療行為とは患者の身体に対する侵襲行為である。それゆえ，患者は自己の身体に対するいかなる治療行為がなされるのかを理解し，そのうえで医師の適切な説明を受けて，患者自身の自己決定権に基づいた治療行為に対する同意を行わなければならない。このことがインフォームド・コンセント法理である。医療は高度化・専門化しているため患者の理解能力や決定能力を超えている。つまり，自己決定権，インフォームド・コンセントの連動が重要である。

第3節　製造物責任

製品の欠陥により損害を受けた場合，被害者はリコールができる

Case 6-3

携帯電話の充電中に突然，発火・爆発した。そのため火傷をした。また家具も損傷した。被害者は購入店ではなくメーカーに責任を問いたいのだが。

I　はじめに

ガスコンロに点火したところ元栓口付近から出火し，燃え広がった。それが

屋外のガスボンベに引火し爆発，その結果自宅が全焼したという事例において，被害者はかかる事件から生じた損害を誰に請求すればよいのだろうか。

　製造物は一般に，製造業者→卸売業者→小売業者という流通過程を経て，最後に消費者に至る。消費者が取得した製造物に「欠陥」があり，それによって生命・身体または財産に損害を生じた場合，被害者である消費者は製造業者・卸売業者・小売業者の誰に対してその損害の賠償を請求することができるのか。

　消費者が直接的接触をしたのは売買契約を締結した小売業者である。この場合，かかる契約を基礎としての契約責任（とりわけ，契約不適合責任や債務不履行責任）を追及できる。

① 　ガスコンロを販売した小売業者に対して契約不適合責任（改正民 562 〜 564 条）にもとづいて損害賠償責任を追及した場合，その賠償責任の範囲はガスコンロの購入代金程度にとどまり，焼失した家屋の損害や人命，健康に関する損害（「拡大損害」）の賠償には及ばない。

② 　債務不履行責任にもとづいて損害賠償責任を追及した場合，小売業者の過失の存否が問題となる。そうだとすれば，小売業者は製品の設計や製造に関与している訳ではないからかかる債務不履行責任を問うことはできない。

　製品の製造を手掛けた製造業者に契約責任による損害賠償責任を求めるとすれば，消費者と製造業者間には直接的な契約関係の存在が前提となる。しかし，消費者と製造業者間には直接的な契約関係がないのが普通であるから，契約責任の追及はむずかしい。

　契約関係のない場合で損害賠償責任を追及できるのが不法行為責任（民 709 条）である。不法行為の責任原理は「過失責任の原理」である。つまり，訴えをおこす原告側（被害者）が被告（製造業者／加害者）側の過失の立証をしなければならない。ところが，消費者の側で当該製品の瑕疵が被告の過失で発生したということを立証することは困難である。このような法状況下では，製造物により事故が生じた場合，損害賠償責任を問うことは困難である。

　そこで，契約関係という桎梏から解放されている不法行為責任の領域で新た

な考えのもとに制定されたのが製造物責任法である。つまり，消費者の側で製造業者の「過失」を立証しなくても，製造物の「欠陥」さえ立証できれば，それによって生じた損害の賠償を請求できるというものである。

Ⅱ　製造物の定義

製造物責任法は，製造物を「製造又は加工された動産」であると規定する（製造物2条）。かかる製造物は「製造」された，「加工」された，そして「動産」という要件を満たしたとき，製造物として製造物責任法の適用対象となる。

「製造」とは，一般的には，大量生産・大量消費される工業製品を中心とした，人為的な操作や処理がなされことを意味する。それゆえ，不動産，未加工農林畜水産物，電気，ソフトウェアといったものは「製造」概念に入らないため製造物責任法の適用対象外（たとえば，未加工農林畜水産物）となる。

「加工」とは，「動産を材料としてこれに工作を加え，その本質を保持させつつ新しい属性を付加し，価値を加えること」である。それゆえ，血液製剤および生産ワクチンは，血液またはウイルスなどに加工を施した製品であることからいずれも製造物に含まれる。

「動産」とは，民法85条の字義通りの「有体物」を意味する。したがって，無体物（電気，磁気など），無体財産権（特許権，著作権，ノウハウなど），さらにはサービス（修理・運送・医療など）も原則的に適用対象外である。また，造成宅地や建造物は不動産であるため，製造物責任法の適用はない。

動産としての中古品に欠陥がある場合，製造業者は製造物責任法の適用はない。なぜなら，従前の使用者の使用状況や改造・修理の状況などの介在により製造業者の製造時の製造物の状況が変化している可能性がある。

Ⅲ　製造物責任法にいう「欠陥」とは

製造物により生じる製造業者の損害賠償責任は，製造物責任法が施行以前は，不法行為責任上の製造業者の「過失」が責任根拠であった。製造物責任法施行以降は，製造業者の「物の性状である製造物の『欠陥』」が責任根拠である。

「過失」から「欠陥」へとの変遷である。この変遷は製造業者による「社会通念にしたがって合理的に期待される製品の安全性の欠如」という結果を，重視したからである。製造物責任法2条2項は，「当該製造物が通常有すべき安全性を欠いていることをいう」と規定している

　欠陥の種類は，一般に，次の3種類に分けて解されている。

①　設計上の欠陥——製造物の設計段階で十分な安全性に対する配慮がなされていなかったためにできあがった製品全体が安全性を欠く結果となった場合で，典型的には「さらに安全な代替設計」が可能であったと主張されうる場合。

②　製造物の欠陥——製造物の製造過程で粗悪な原材料が混入したり，製品の組み立ての不完全性により，製造物全体の安全性を欠く場合。

③　指示・警告上の欠陥——指示・警告が図画や仕様上不適切であったために安全性を欠く場合。

　以上，これらのうち，製造上の欠陥については，設計書・使用書による標準から逸脱（②の場合）しているかどうかで判断する「標準逸脱基準」による。設計上の欠陥と指示・警告上の欠陥（①の場合）は通常の消費者が期待すると考えられる安全性を備えているかどうかで欠陥を判断する「消費者期待基準」による。その他，欠陥を判断するに際して考慮すべき事情として，以下のことが規定されている（製造物責任法2条2項）。

　以下は，上記判断基準以外において，欠陥を判断する際の考慮されるべき判断因子である。

①　当該製造物の特性——これは製造物自体が有する固有の事情であり，立法者によると次のものが含まれる。「製造物の表示」（事故を防止するための表示），「製造物の効用・有用性」（危険との比較衡量），「価格効果」（同価格帯の製造物の安全性の水準，もしくは合理的な価格による代替設計），「被害発生の蓋然性とその程度」。「製造物の通常使用期間・耐用期間」など。

②　通常予見される使用態様——製造物の使用に関する事情であり，次のものが含まれる。「製造物の合理的に予期された使用」，「製造物の使用者に

第6章　日常生活のアクシデント

よる損害発生防止の可能性」など。

③　製造業者などが当該製造物を引き渡した時期——製造物を引き渡した時期における事情。「製造物が引き渡された時期」（引き渡された時点での社会が要請する安全性の程度，行政上の安全基準など，引渡し時点での社会通念），「技術的実現可能性」。など

④　その他の当該製造物にかかる事情——「製造物のばらつき状況」，「天災等の不可抗力の存在」などである。

Ⅳ　責任主体について

1　製 造 業 者

製造物の欠陥によって生命，身体，財産に損害を被った被害者に損害賠償義務を負う責任主体は製造業者である。製造物責任法2条3項は製造業者を「製造物を業として製造，加工又は輸入した者」と規定している。ただし，販売業者が製造物の設計や製造工程において詳細な指示を出し製造に大きく関与した場合は責任主体（実質的製造業者）とある。

製造物責任法2条3項は「輸入した者（輸入業者)」が責任主体となると規定している。法の趣旨からすれば海外の製造業者が責任主体となるべきである。訴訟や執行上，海外の製造業者に，損害賠償を直接求めることは困難である。それゆえ，第一義的に輸入業者に責任を問い，しかる後，輸入業者が求償を行えばよいという救済システムを採用した。

2　表示製造業者

製造物責任法は，「表示製造業者」を次のように規定している。「自ら当該製造物の製造業者として当該製造物にその氏名，商号，商標その他の表示（以下「氏名等の表示」という。）をした者」（製造物2条3項2号前段）および「当該製造物にその製造業者と誤認させるような氏名等の表示をした者」（同号後段）である。

前者は OEM（Original Equipment Manufacturing）製品に製造業者としての表

167

示をした者である。後者は製品に単にブランド名をつけて，製造業者と誤認させるような表示をつけた者である。

表示製造業者は実際に製造物を製造，加工または輸入していない。しかし，製造業者としての表示あるいは誤認させるような表示を製造物に付すことにより，消費者に対して不適切な信頼を付与したことから，製造物責任を負うとされた。たとえば，薬品などの販売において，製造元の氏名は表示せず，発売元が自社の名前で販売・広告したりするような場合である。

V　免責事由について

製造物責任法3条の要件が満たされると，原則的には製造業者等は欠陥のある製造物により生じた損害に対して責任を負うことになる。しかし，製造業者が抗弁となる事実を主張・立証し容認されれば損害賠償責任が免責される。その免責の事由とは①「開発危険の抗弁」と②「部品製造業者の抗弁」である。

「開発危険の抗弁」とは，製造物に欠陥があるが，製造業者等が当該製造物の引渡し時の科学・技術に関する知見によっても製造物の欠陥が認識できなかったということを主張・立証できれば損害賠償責任が否定されるという免責事由である（製造物4条1項）。換言すれば，引渡し時における科学・技術の水準で発見できなかった新製品に内在する欠陥は，新製品の開発にともなう不可避的な危険として免責するべきであるとする考え方である。

「部品製造業者の抗弁」とは，製造物に欠陥があったとしても，「当該製造物が他の製造物の部品又は原材料として使用された場合において，その欠陥が専ら当該他の製造物の製造業者が行った設計に関する指示に従ったことにより生じ，かつ，その欠陥が生じたことにつき過失がないこと」を証明することにより，製造物責任が否定されるという免責事由である（製造物4条2号）。

製造物責任法は製造物の欠陥に責任根拠を求めている。したがって，部品製造業者も部品に欠陥があれば損害賠償責任を負う（製造物3条）。しかし部品製造業者は完成品製造業者の下請負業者であるためその指示（仕様や規格）があればその指示に従うことになる（注文者—請負人関係）。その指示された仕様や

第6章　日常生活のアクシデント

規格が間違っており部品に欠陥が生じたときまで，注文者—請負人関係下にある部品製造業者が製造物責任を負うことは，衡平な責任分配ではない。製造物責任法は4条2項において「当該製造物が，他の製造物の部品または原材料として使用された場合において，その欠陥が専ら当該他の製造物の製造業者が行った設計に関する指示に従ったことにより生じ，かつ，その欠陥が生じたことにつき過失がないこと。」を証明したときは部品等の製造業者が製造物責任（Product liability＝PL）を免責するとした。

VI　責任追及期間の制限

損害賠償請求権を取得した被害者あるいは法定代理人がいつでも損害賠償請求を求めることができるとしたら，損害賠償請求の未行使期間が長期におよぶと損害賠償義務者の以降の取引が不安定になる。この弊害を回避するため，製造物責任法は損害賠償請求権の行使期間に制限を設けたのである。

製造物責任にもとづく損害賠償請求権の行使期間は2種類ある。①消滅時効と②除斥期間がそれである。消滅時効は損害および損害賠償義務者を知ったときから，3年間の不行使で消滅するというものであり，除斥期間は製造物を引き渡した時点から10年間の不行使で消滅させるものである（製造物5条）。さらに時効は中断ができ除斥期間には中断ができない。

不法行為上の民法724条2項（2020年以降）にも損害賠償請求権に関して消滅時効（5年間）と除斥期間（20年間）がある。製造物責任法の損害賠償請求権の消滅・除斥と不法行為上のそれの消滅・除斥は異なる。それぞれに法の消滅期間・除斥期間の長短の差は，製造物責任法が無過失責任を採用しているためである。

製造物責任法は医薬品や化学薬品などの場合，除斥期間の起算点に特例がある。製造物責任法5条3項（改正前5条2項）は「身体に蓄積した場合に人の健康を害することとなる物質による損害又は一定の潜伏期間が経過した後に症状が現れる損害については，その損害が生じた時から起算する」としている。

「身体に蓄積した場合に人の健康を害することとなる物質による損害（損害

169

蓄積）」とは，アスベストのような物質を起因とする損害である。また，「一定の潜伏期間が経過した後に症状が現れる損害（遅発損害）」とはホルモン剤のような物質を起因とする健康被害をいう。

Ⅶ　民法の規定の適用

製造物責任法に規定がなく民法に適用可能な規定があれば，それが適用される（製造物 6 条）。したがって被害者は製造物責任法にもとづく救済だけでなく，民法一般の規定にもとづいて損害の賠償請求をすることができる。

第4節　悪徳商法
大学生に「資格を取れば就職に有利」と言って高額で教材やセミナーを購入させる商売はひどいね

Case 6-4

SNS で知り合ったカッコいい男性とデートをすることになった。「僕は宝石の販売をしているのです。近々展示会をするので来ませんか。案内するよ。」と誘われた。当日，「そのネックレスはきみによく似合う。安くしておくから購入しなよ。」と強く勧められ断ることができずにクレジットで購入することになった。代金は 40% off の 30 万円で購入することになった。契約書にサインをしたのだがもらっていなかった。不安なのでこの契約を解除したい。できるか？

Ⅰ　は じ め に

店舗を構えて販売を行う形態を店舗販売，構えずに行う販売を無店舗販売と言う。店舗販売は，消費者が直接店舗を訪れ，自らの知識・経験に基づき適切な商品等を購入するのである。その場合，「買主をして注意せしめよ（caveat emptor）」のルールが原則的に機能する。

一方，無店舗販売の代表例として 1990 年代半ばに登場したインターネット通販は，市場規模を急速に発展し 2016 年には 15.1 兆円に達した。

無店舗販売には消費者や販売業者にとって魅力的な場所的・時間的利便性がある。この利便性が消費者のライフスタイルの変化に適合して市場規模を拡大した。しかし，問題も引き起こしている。①消費者の個人情報の流出，②不意打ち性の高い強引な勧誘や虚偽の説明による契約の締結，③支払い能力を超えた過剰な与信，④インターネットサイトの商品画像，購入時の受けた説明と実物の商品・価格，契約条件の相違，などがそれである。

このような無店舗販売によるトラブルは民法により救済する。しかし，消費者にとってあまりにも時間的かつ経済的に不利な点が存在するため，即効性をもった救済方法ではなかった。

Ⅱ　特 定 商 取 引

高度経済成長期の後半，無責任かつ不公正な悪徳業者の舞台になったのが訪問販売であった。消費者の無知を良いことに無理矢理高額な契約を押しつけるものであった。

訪問販売の問題はシステムに販売業者自身も不慣れであり，業界内の倫理も確立されていない下で発生した。

そこから生じるトラブルを処理するために，1976（昭和51）年に「訪問販売等に関する法律（以下，訪問販売法と略称する）」が制定された。販売商品を指定，それを本法の規制対象として不公正な訪問販売を規制しようとした。2002（平成14）年に訪問販売法は特定商取引法と改称した。2009（平成21）年にはクレジット加盟店におけるクレジットカード番号の漏洩，不正使用による被害の増加する中で，安全・安心なクレジットカード利用環境を実現するための必要な措置を講ずるため割賦販売法が改正され，それとともに特定商取引法の部分改正がなされた。2012（平成24）年には訪問購入（貴金属などの買取業者が個人宅を訪問し強引な訪問買取を行う）に関する規制が，特定商取引法の六つの類型（訪問販売，通信販売，電話勧誘販売，連鎖販売取引，特定継承的役務提供，業務提供誘引販売取引）に新たな類型として追加された。

171

Ⅲ　訪　問　販　売

1　訪問販売の定義

　「訪問販売」は 1976（昭和 51）年の「特定商取引に関する法律（以下，特定商取引法と略称する）によって規定されている。販売業者あるいは役務（サービス）提供者による顧客との取引を意味する。そして取引場所によって，一般的な訪問販売と特殊な訪問販売に分ける。

　一般的な訪問販売は「販売業者又は役務の提供の事業を営む者（以下「役務提供事業者」という。）が営業所，代理店その他の主務省令で定める場所（以下「営業所等」という。）以外の場所において，売買契約の申込みを受け，若しくは売買契約を締結して行う商品若しくは特定権利の販売又は役務を有償で提供する契約（以下「役務提供契約」という。）の申込みを受け，若しくは役務提供契約を締結して行う役務の提供」(特定商取引 2 条 1 項 1 号) と規定され，営業所や代理店等以外の場所で契約を結んだ場合である。

　特殊な訪問販売は「販売業者又は役務提供事業者が，営業所等において，営業所等以外の場所において呼び止めて営業所等に同行させた者その他政令で定める方法により誘引した者（以下「特定顧客」という。）から売買契約の申込みを受け，若しくは特定顧客と売買契約を締結して行う商品若しくは特定権利の販売又は特定顧客から役務提供契約の申込みを受け，若しくは特定顧客と役務提供契約を締結して行う役務の提供」と規定し，営業所や代理店以外で顧客を勧誘して営業所や代理店等で契約を結んだ取引を言う (特定商取引 2 条 1 項 2 号)。

　前者は消費者の住居にセールスマンが訪問して契約を結ぶ取引である。後者は展示場所を借りて客を勧誘し，その後営業所や代理店等で契約を結ぶ取引である。

　特定商取引法が 2009（平成 21）年に改正されるまでは「取引」の対象が制限的であっため消費者被害を未然に防止しにくかった。指定商品，指定権利，指定役務のみが救済の対象となり，それ以外は救済から排除されていたのである。特定商品のトラブルは特定の販売形態において発生する。したがって，2009 年

に法改正がなされ,「指定商品」と「指定役務」の規制を廃止し消費者被害の未然の防止を企図した。

2　訪問販売における規制

⑴　はじめに　　訪問販売において,消費者に誤った取引情報を与えないために,特定商取引法3条は訪問販売を行う際,事業者の氏名,商品・権利・役務の内容を消費者に伝えることを求めている。

さらに特定商取引法3条の2は,取引方式として執拗な勧誘,具体的は「契約の締結意思のないことを明確にしている消費者」に対しては勧誘をしてはいけないとする。

⑵　氏名および商品の明示　　訪問販売業者が営業所等以外で訪問販売を試みる場合,消費者へ①事業者の氏名や勧誘目的など,②契約締結について勧誘する目的があること,③販売しようとする商品・権利・役務の種類を告げる義務がある（特定商取引3条）。

それは消費者に「今勧誘されている」ということ,「誰と契約をしようとしているのか」,「いかなる内容の契約をしようとしているのか」という認識をもたせるためである。

また,街頭や展示会などで勧誘するのが常であるから消費者側の勧誘を受ける意思を確認しなければならない。消費者が契約締結の意思を有していなことを示した場合,勧誘の継続や再度勧誘をしてはいけない（特定商取引3条の2）。

⑶　書面交付義務　　訪問販売事業者に対して,契約の締結の際,重要事項を記載した書面を交付する義務が課されている（特定商取引4条・5条）。記載事項は,①書面の内容を十分に読むべき旨,②商品の種類,③商品や権利の販売価格,役務の対価,④代金・対価の支払い時期および方法,⑤商品の引渡時期,権利の移転時期,役務の提供時期,⑥クーリング・オフ（cooling off）に関する事項などである。つまり,営業所以外での不意打ち的な勧誘行為を勧誘開始段階で防止するためである。

⑷　訪問販売におけるクーリング・オフの制度　　訪問販売による契約は消

費者が受動的な形で契約を締結するケースが多く，契約の締結において消費者は自己の意思が不明確な状況で契約を締結している可能性さえある。

訪問販売事業者の商品や販売などに関した知識や経験は消費者のそれを大きく上回っているため消費者側に受動的な契約の締結を強いている。

このような不意打ち的な勧誘による受動的な契約は衡平な取引とは言えない。それ故，締結した契約内容の慎重な再吟味の期間を付与するための制度としてクーリング・オフの制度を設けたのである。

(5) 訪問販売におけるクーリング・オフの要件　訪問販売により消費者が契約を申し込んだり，締結した場合，消費者は契約の申込み，締結のための書面を受け取った日を含めて8日間以内であれば，無条件で契約の解除（申込みの撤回）ができる。

消費者がクーリング・オフをすると，その契約ははじめからなかったことになり，支払った代金は全額返金され，違約金等も請求されない。さらに，商品等を受け取っている場合は，送料は販売会社の負担で引取りの請求ができる。

クーリング・オフの適用除外商品として，①契約の締結後，直ちに行われることが通例であるサービスの場合，飲食店で飲食，あんま・マッサージ・指圧，カラオケボックスでの施設・設備の利用。②自動車の売買・リース。③電気・都市ガス・熱の供給，葬儀など。④健康食品，防虫剤・殺虫剤，化粧品・毛髪用材・石鹸・浴用剤・合成洗剤・洗浄剤など，また⑤千円未満の現金取引の場合などである。

なお，クーリング・オフを行う際には，後々のトラブルを回避するため内容証明郵便，配達記録郵便，書留で通知すれば確実である。

(6) 過量販売規制　消費者が，訪問販売や電話勧誘販売により日常生活における必要量を著しく超えて，商品や役務を購入する契約を締結した場合，消費者はその契約締結後1年以内ならば，契約の解除をすることができる（特定商取引9条の2・24条の2）。消費者にこのような契約を締結することにつき特別の事情があったことを事業者が認証した場合は例外である。

Ⅳ　通　信　販　売

1　通信販売の定義

「通信販売」とは，販売業者または役務提供事業者が消費者に商品，権利などの販売や役務の提供などの情報を郵便等で送り，その結果，消費者の申込みを受け締結した売買契約や役務提供契約に基づき商品，権利，役務の販売・提供することを業とするものである（特定商取引2条2項）。

商品，権利の販売，役務の提供に関する情報の提供方法は広告である。広告には新聞や雑誌，テレビ，インターネット上のホームページによる場合と直接消費者へ行うダイレクトメールやチラシ等の場合がある。広告によって提供された情報を見た消費者が，郵便や電話，ファクシミリ，インターネット等で購入の申込みを行い，それを業者が受けて契約の締結を行う。

訪問販売・電話勧誘販売・特定継続的役務提供・訪問購入（8日間以内），連鎖販売取引・業務提供誘引販売取引（20日間以内）にはクーリング・オフの制度がある。しかし，通信販売にはこの制度に関する規定はない。通信販売は不意打ち的な販売ではないため，つまり自分の意思で冷静に判断し契約の申し込みをしたと考えられるためである。

2　通信販売における規制

（1）　はじめに　　通信販売には消費者にとってメリットとデメリットがある。メリットは店舗に出向くことがないので交通費がいらず，自宅で在庫や納期の確認，注文ができるため時間の節約ができる。価格の比較が机上でできるため，最安値の店舗を見つけやすい。一方，デメリットは現物を実際に見たり，手で触れたりして確認できない。送金しても本当に商品が届くか不安（代金の先払いが条件）などである。このようなデメリットを可能な限り排除するため特商法は次のような規制を設けた。

（2）　広告規制　　通信販売は，販売業者等と消費者との取引が非対面で隔地者間取引としてなされるところに特徴がある。それゆえ消費者は契約締結の判

断や契約自体の必要性の判断の際，広告などに依拠することになる。広告などで提供される商品の内容，販売条件・契約条件などの信憑性を可能な限り高めるため，広告に対する積極的な規制を設けた。

　販売業者等が通信販売の商品・特定権利の販売条件または役務の提供条件について広告する場合は次の事項を表示しなければならない（特定商取引11条）。①販売価格・役務の対価，②代金・対価の支払い時期・方法，③商品の引渡時期・権利の移転時期，役務の提供時期，④返品・権利の返還についての特約，⑤省令で定める事項などである。

　通信販売は返品トラブルが比較的多いため，特定商取引法は返品特約を広告で表示していない場合，送料を消費者が負担すれば商品引渡から8日間以内なら返品することができるとしている（特定商取引15条の2）。

　(3)　誇大広告の禁止　　通信販売では，消費者にとり広告は唯一の情報源である。商品の性能や提供役務の内容，条件等につき事実に反する表示，実際の商品等より優良あるいは有利であると誤認させるような表示を防止するため，虚偽・誇大広告を禁止するとしている（特定商取引12条）。

　(4)　前払い式通信販売における通知義務　　前払式通信販売は，契約成立後，顧客が商品の引渡，権利の移転，役務の提供を受ける前に代金の全部あるいは一部を前払いするシステムである。顧客は通信販売業者が債務の履行をするまで不安定な立場に立つことになる。この不安定な取引関係を安定的な関係にするため，特定商取引法は通信販売業者に承諾通知義務を課し，書面による送付を求めている。

　書面の記載内容は，商品の発送，権利の転移，役務の提供に時間がかかるようなときは，その申込みの許諾，代金・対価を受領した旨商品の引渡時期等である（特定商取引13条）。

　(5)　顧客の意に反して契約の申込みをさせようとする行為の禁止　　特定商取引法は14条で，インターネット通販において，①あるボタンをクリックすれば，それが有料の申込みとなることを消費者が容易に認識できるように表示していないこと。②申込みをする際，消費者が申込み内容を容易に確認し，か

つ，訂正できるように措置していないこと。これらを「顧客の意に反して売買契約等の申込みをさせようとする行為」として禁止し，行政処分の対象としている。

V　電　話　勧　誘

1　電話勧誘販売の意義

販売業者が消費者に対して電話をかけ，資格取得のための講座を勧誘し，勧誘によって契約を締結する販売形態である。

電話勧誘は電話という通信手段で申込みを受けるという点で通信販売と類似した販売形態である。それ故，電話による勧誘であるため，消費者が予測もしない状況下で契約締結に至るという特徴がある。電話勧誘による契約交渉は電話を受けた消費者と勧誘者の二者間だけで展開する。勧誘手段は通信販売的形態をとりながらその交渉過程は訪問販売に類似している。

自宅や勤務先のような相手方が出やすい場所へ直接勧誘の電話を掛け執拗・強引に契約の締結を迫る傾向がある。とくに悪質性が高く二次被害，たとえば資格取得詐欺の二次被害勧誘，資格通信講座の継続断念によるも追加料金の請求が起こりやすいのが電話勧誘の特徴である。

2　電話勧誘販売の規制

電話勧誘販売の規制は商品（英会話教材や百科事典など）・権利（リゾート施設などの利用会員権など）・役務（結婚情報サービスなど）に限られている。

電話勧誘販売業者は勧誘販売を行う際に，勧誘先の相手方である消費者に対して以下のような事項を告げなければならない。①販売業者の氏名や名称，②勧誘業者の氏名，③販売しようとする商品・権利・役務の種類，そして④契約の締結について勧誘する目的で電話をしていることがそれである（特定商取引16条）。

そして消費者に対してかかる勧誘を受ける意思が存在するか否かを確認しなければならない。一旦，消費者が勧誘を受けない，あるいは契約をしない意思

177

表示を示した場合，勧誘・契約の継続を止まねばならない。さらに，後日改めての訪問勧誘をしてはいけない（特定商取引17条）。執拗な電話勧誘を防ぐことに目的がある。

電話勧誘販売業者が電話勧誘の結果，消費者から契約の申込みを受けた場合，「遅滞なく」申込み内容を記載した書面を交付すること，また申込みと同時に契約締結に至る場合は契約書面のみの交付が義務付けられている（特定商取引18条）。それは電話勧誘は対面交渉が欠けているためである。

特定商取引法18条によれば，書面の記載内容は①商品の種類，権利，役務の種類（特定法商取引18条の1），②商品，権利の代金や役務の対価（特定商取引18の2），③代金，対価の支払い方法や支払い時期（特定商取引18条の3），④商品の引渡時期や権利の移転時期，役務の提供時期（特定商取引18条の4），⑤クーリング・オフ（申込みの撤回，契約の解除）に関する事項（特定商取引18条の5）などである。

3　電話勧誘販売におけるクーリング・オフの制度

電話勧誘販売のクーリング・オフ期間は契約締結後に交付される法定書面を受け取った日を含めて8日間である。クーリング・オフは必ず証拠として書面にて行うこと。たとえば送付方法契約申込みの撤回，あるいは契約の解除を内容証明郵便，特定記録郵便，簡易書留などである。現金払いの場合は販売会社へ，クレジット払いの場合はクレジット会社へ通知する。

クーリング・オフを適用できないケースは①販売条件の交渉が長期に渡る取引，自動車販売など。②ガス，電気，熱の供給のような契約締結後，ただちに供給がない場合，提供を受ける者の不利益が生じるケース。③健康食品・化粧品および履物などの消耗品を使用，あるいは一部を消費した場合。さらに④3,000円未満の商品を受け取り，同時に代金を全額支払った場合などである。

第6章　日常生活のアクシデント

VI　連鎖販売取引（マルチ商法）

1　連鎖販売取引の定義

　連鎖販売取引とは，いわゆるマルチ商法のことを言う。その内容は特定商取引法33条に規定されている。大略は，表面的には事業者がある消費者を販売組織の会員として取り込み，販売に従事させるシステムである。この取引の悪徳性は，会員が消費者を新たに勧誘することによって特定の利益（紹介料，販売マージン，ボーナス等）を得ることができるということを告げられている点である。しかし，実質的には新会員に特定の負担（入会金，商品購入費，研修費等の名目で金銭的な負担）を課す制度である。つまり本来の業務（商品の引渡しや役務の提供）による利得が中心ではなく，新会員から特定の負担を徴収することによって利得を得るところに特徴がある。

2　連鎖販売取引における規制

　連鎖販売取引は販売組織の会員が新たな会員を勧誘し，その会員がさらに新たな会員を入会させ，その繰り返しにより販売網を拡大していく商法である。たとえば，一人の会員が一日に3人の子会員を作るとする。17日目には会員総数は約1億3千万人に達する。

　連鎖販売取引は，消費者への商品，権利，役務の販売が先行し，その後，その消費者を会員とするべく勧誘する。商品等の販売はまず家族・友人といった身近な生活領域に属する人たちを対象とするため，会員勧誘もその延長線上になる。したがって，組織の破綻は経済関係・人間関係の破綻を同時にもたらす悲劇的結末を向かえる。

　そこで特定商取引法は，身近な人たちの経済的関係や人間関係の破綻を避けるため，実質的には禁止に近い，厳しい規定を置いている。特定商取引法33条の2は「その勧誘に先立つて，その相手方（消費者）に対し，統括者，勧誘者又は一般連鎖販売業者の氏名又は名称（勧誘者又は一般連鎖販売業者にあつては，その連鎖販売業に係る統括者の氏名又は名称を含む。），特定負担を伴う取引に

179

ついての契約の締結について勧誘をする目的である旨及び当該勧誘に係る商品又は役務の種類を明らかにしなければならない」と規定している。

さらに勧誘に際しての禁止行為は「①不実告知，②重要事項の故意の不告知（一般連鎖販売業者を除く。），③威迫・困惑，④販売目的を隠して公衆の出入りしない場所に誘い込んだ上での勧誘（特定商取引34条）」である。また消費者の著しい誤認を生じさせないように勧誘の際の誇大広告も禁止している（特定商取引36条）。

連鎖販売取引におけるクーリング・オフの期間は，他の場合よりも長く，契約書面を受け取った日から20日以内である。ただし連鎖販売取引業者がうそを言ったり，脅したりしてクーリング・オフを妨害した場合，その妨害が事業者からの書面と説明により解消されるまで，いつでもクーリング・オフはできる（特定商取引40条）。

Ⅶ　新たな悪徳事件

近代，新たな様相を帯びた悪徳事件が社会を賑わしている。特に耳目を集めているのが以下の2つの事件である。

1つ目は，ある特定の宗教団体に所属する信者に対して法外な布施と称した宗教・教義上の寄付を求める事件である。

2つ目は，株式投資を勧誘するため，SNSなどを利用して著名経済専門家の名前を詐称して利得を上げる事件である。

このような新規の事件に対して，早急に法的救済・規制措置を立法課題として検討されるべきである。

第7章 家族と法

第1節 夫婦関係
婚姻から離婚まで

Ⅰ 婚姻の成立

1 婚姻とは

　男女が結婚して夫婦になることを法的には婚姻と呼ぶ。婚姻により法的な夫婦となった二人は互いに権利と義務の関係に入るが，夫婦関係に問題が生じない限り，このことを意識する必要はないであろう。戦前の家制度の下では，男女が婚姻するには戸主の同意を得る必要があり（明民750条1項），婚姻により夫婦の一方（通常は妻）は他方の家に入り（明民788条），妻は無能力とされた（明民14条他）。これに対して，現在，婚姻は男女の合意のみに基づき成立し（憲24条1項），個人の尊厳と両性の本質的平等が夫婦関係における基礎的原理となっている（憲24条2項，民2条）。

2 成立要件

Case 7-1

　夫婦でないAとBは，両者の間に生まれた子Cに嫡出子の身分を与える目的で，直ちに離婚することを前提に婚姻することはできるか。

　婚姻の成立には，形式的要件と実質的要件の双方が満たされる必要がある。形式的要件とは，婚姻届を提出してこれが受理されることである（民739条1項）。実質的要件としては，婚姻障害が存在しないこと，および，婚姻意思が存在す

181

ることが求められる。婚姻障害としては，婚姻適齢，重婚の禁止，近親婚の禁止が問題となる（民731条〜737条参照）。

婚姻をする意思がないときには婚姻は無効とされること（民742条）の反対解釈として，有効な婚姻には当事者間の婚姻意思が必要となる。婚姻意思とは，「真に社会観念上夫婦であると認められる関係の設定を欲する効果意思」（実質的意思）であるとされ，単に婚姻届出をする意思（形式的意思）では足りない。判例（最判昭44・10・31民集23・10・1894）は，Case 7-1のような事件において，婚姻の届出自体について当事者間に意思の合致がある場合でも，それが，単に他の目的を達するための便法として仮託されたものにすぎないものであり，真に夫婦関係の設定を欲する効果意思がなかった場合には，婚姻はその効力を生じないとした。従って，Case 7-1のような場合には婚姻は無効とされる。他方で，判例は臨終婚を有効としており（最判昭44・4・3民集23・4・709），社会観念上夫婦という言葉の意味が問題となる。

婚姻意思の存在は，婚姻届の作成時だけでなく，その届出が受理されて婚姻が成立する時点においても求められる。つまり，届書の作成時には婚姻意思が存在したが届出までに翻意した場合，婚姻は無効である。判例は，婚姻届作成時に存在した婚姻意思が届出時には当事者の昏睡により失われ，届出の1時間後にその者が死亡したという事案において，「届出書受理以前に翻意するなど婚姻の意思を失う特段の事情のないかぎり，右届書の受理によって，本件婚姻は，有効に成立したものと解すべき」とした（上記最判昭44・4・3）。

II 婚姻の効果

婚姻が成立すると，その効力として，①夫婦同氏（民750条。次節参照），②同居協力扶助義務（民752条），③夫婦間の契約取消権（民754条），④貞操義務が生じる。また，夫婦の一方と他方の3親等内の血族との間に親族関係が発生する（民725条1項3号。たとえば，夫と妻の両親は親族関係にある）。

夫婦は，同居し，互いに協力し扶助する義務を負う（民752条）。これらは夫婦関係の本質的義務であり，これらを排除する合意は認められない。同じ場所

第7章　家族と法

に住んでいても，家庭内別居のような場合には同居と認められないとされる。病気による入院や単身赴任のように，正当な理由がある別居は認められる。協力とは，肉体的・精神的に協力しあうことであり，扶助とは，経済的に協力しあうことである。正当な理由なく同居・協力・扶助を拒むと，悪意の遺棄として離婚原因となる（民770条1項2号）。

　未成年者が婚姻をしたときは，これによって成年に達したものとみなされる（成年擬制：民753条）。夫婦に対する外部からの干渉を排除して婚姻生活の独立を保障するためである。成年擬制により，その者は親権から解放され，同意を得ることなく自ら契約等の法律行為を行えるようになる。

　夫婦間の契約は，婚姻中，いつでも夫婦の一方から取り消すことができる（民754条）。その根拠として，夫婦関係に法による強制が介入すると家庭の平和が害されるという点が挙げられることが多い（「法は家庭に入らず」と呼ばれる）。夫婦関係の破綻後は，本条による契約の取消しは認められない（最判昭42・2・2民集21・1・88は，契約時には破綻していなかったが，取消し時には破綻していた事案においても，取消しを認めなかった）。

　貞操義務とは，夫婦は互いに配偶者以外の異性と性的関係を持ってはならないという義務であり，一夫一婦制がその根拠である。不貞行為は離婚原因となる（民770条1項1号。なお，同性愛行為は不貞行為とはされず，同5号で処理される）。判例は，貞操義務を違反された一方配偶者による不貞行為の相手方に対する不法行為に基づく損害賠償請求（民709条）を認めるが（最判昭54・3・30民集33・2・303），これには学説の批判が強い。

183

Ⅲ　夫婦の財産関係

Case 7–2

　Ａ男は会社員であり，専業主婦の妻Ｂがいる。このほど，Ａは不動産を購入し，日頃の妻の協力に報いるために不動産の持分２分の１を妻名義で登記した。

　夫婦は，共同生活の過程において様々な財産を取得し，あるいは，その取得のために費用を支出する。このような夫婦間の財産関係や夫婦と第三者間の取引関係を規律するのが夫婦財産制である。夫婦財産制は，夫婦財産契約と法定財産制に分かれる（民755条）。日本では夫婦財産契約が結ばれることは極めて稀である（以下の記述は法定財産制に関する）。

　夫婦の財産については別産制が採用されており，夫婦の一方が婚姻前から有する財産および婚姻中自己の名で得た財産はその者の特有財産（単独で有する財産）である（民762条1項）。夫婦のいずれに属するか明らかでない財産は，夫婦の共有に属するものと推定される（同2項）。婚姻中自己の名で得た財産とは，たとえば，夫婦の一方が労働して得た賃金，贈与された財産，相続した財産等である。判例によると，（Case 7-2のように）夫の所得で購入した不動産を妻名義にしても，それはあくまで夫の特有財産である（最判昭34・7・14民集13・7・1023）。また，夫婦別産制では専業主婦世帯の妻が婚姻中に財産を築くことが困難となるが，判例は，「配偶者の一方の財産取得に対しては他方が常に協力寄与するものであるとしても，民法には，別に財産分与請求権，相続権ないし扶養請求権等の権利が規定されており，右夫婦相互の協力，寄与に対しては，これらの権利を行使することにより，結局において夫婦間に実質上の不平等が生じないよう立法上の配慮がなされている」として，民法762条1項の違憲性を否定した（最判昭36・9・6民集15・8・2047）。これに対して，学説では，婚姻中から夫婦財産の共有を認めるような解釈が試みられている。

　夫婦（とその未成熟子）が生活を営むために必要な一切の費用のことを婚姻費用と呼ぶ。たとえば，衣食住の費用，医療費，養育費，交際費，娯楽費等で

184

ある。婚姻費用の分担については、夫婦の資産、収入その他一切の事情が考慮される（民760条）。分担の方法は金銭に限られず、一方の負担が家事労働でもかまわない。負担の方法や額は夫婦の協議により定められるが、協議がまとまらなければ、家庭裁判所の調停や審判により決定される。

夫婦の一方が日常家事に関して債務を負担したときは、夫婦は連帯して責任を負う（民761条）。夫婦生活に必要な費用はその双方に負担させるべきであるからであり、これにより、夫婦の一方と取引した者が保護されることになる。日常家事債務とは、夫婦の日常生活のために必要な経費を支払う債務のことである。日常家事債務の具体的な範囲は、「個々の夫婦の社会的地位、職業、資産、収入等によって異なり、また、その夫婦の共同生活の存する地域社会の慣習によっても異なる」だけでなく、「さらに客観的に、その法律行為の種類、性質等をも充分に考慮して判断すべき」とされる（最判昭44・12・18民集23・12・2476）。

IV 離 婚

Case 7-3

夫Aは、自己の不倫が原因で長期にわたり別居を続けている妻Bと離婚して、不倫関係にあるCと婚姻したいと考えている。Bが協議離婚に応じてくれない場合に、不倫の当の本人であるAによる離婚請求は認められるか。

離婚を前提に夫婦になる男女はいないだろうが、様々な理由から婚姻生活の継続が困難になり、離婚する夫婦は少なくない。厚生労働省の「平成30年（2018）人口動態統計の年間推計」によると、2018年の推計では20万7千組もの夫婦が離婚している。離婚の方法としては、協議離婚、調停離婚、審判離婚、裁判離婚がある。離婚する夫婦のほとんどは協議により離婚しており、裁判離婚は1％程度にすぎない。

わが国では極めて簡単に離婚が認められ、夫婦は協議により離婚することができる（民763条）。協議離婚には、要件として、夫婦間での離婚意思の合致と離婚の届出が必要となる。離婚においては、生活保護の受給（最判昭57・3・26

判時 1041・66) や債権者による差押えの妨害 (最判昭 58・12・19 民集 37・10・1532：夫の財産を財産分与として妻に移転) を目的とする便法としての離婚も有効とされている。

協議も調停も成立せず，審判もされなかった (あるいは審判が異議申立てにより失効した) 場合には，離婚訴訟を提起することになる。裁判離婚では，民法 770 条 1 項各号の定める離婚原因が存在する場合にのみ離婚が認められる。離婚原因としては，①不貞行為，②悪意の遺棄，③3 年以上の生死不明，④回復見込みのない強度の精神病，⑤その他婚姻を継続しがたい重大な事由，が存在する。①～④を具体的離婚原因，⑤を抽象的離婚原因と呼ぶ。

Case 7-3 において，不貞行為をした本人である A の側から，自己の不貞行為を理由として離婚を求めることはできない。では，A が，婚姻を継続しがたい重大な事由の存在を理由に離婚の訴えを提起した場合に離婚は認められるか。古い判例では，A のような有責配偶者からの離婚請求は認められていなかったが (最判昭 27・2・19 民集 6・2・110 「踏んだり蹴ったり判決」)，その後，条件付きで有責配偶者からの離婚請求であっても認められようになっている (最大判昭 62・9・2 民集 41・6・1423)。すなわち，夫婦の別居が両当事者の年齢および同居期間との対比において相当の長期間におよび，その間に未成熟の子が存在しない場合には，相手方配偶者が離婚により精神的・社会的・経済的に極めて苛酷な状態におかれる等離婚請求を容認することが著しく社会正義に反するといえるような特段の事情の認められない限り，有責配偶者からの離婚請求も認められる。

離婚の成立により夫婦関係は終了し，両者間の権利義務は消滅する。婚姻の際に氏を改めた配偶者は婚姻前の氏に復する (離婚復氏：民 767 条 1 項)。婚姻中の氏を使用し続けたい場合には 3 ヵ月以内の届出が必要である (婚氏続称：同 2 項)。離婚により姻族関係も当然に終了する (民 728 条 1 項)。未成年の子がいる場合，夫婦 (父母) の一方を離婚後の親権者に定める必要があるが (単独親権：民 819 条 1 項)，夫婦は離婚後も子の養育費を分担する義務を負う。とはいえ，協議離婚に際して養育費に関して取決めがなされることは多くないとされ (民

766条1項参照），母子家庭の貧困は社会問題にもなっている。

　離婚の際には，婚姻中に築かれた夫婦財産の清算が必要となり，財産分与が行われる（民768条）。財産分与には，①清算的要素，②扶養的要素，③慰謝料的要素の三要素が含まれるとされる。①は婚姻中に築いた夫婦の共有財産を分割するものである。②は生活に困窮する配偶者の生計維持のための扶養である（母子世帯の平均年収は父子世帯に比べて非常に低い）。③は離婚による精神的苦痛に対する慰謝料である（有責離婚である場合に限られない）。今日の家庭裁判所実務では，いわゆる2分の1ルールが採用されており，分与される財産の額は原則として半分とされる。

V　婚約／内縁

　「将来婚姻して夫婦になろう」という男女間での誠心誠意をもってする合意を婚約と呼ぶ。婚約に際しては婚約指輪の交換や結納が行われることが少なくないが，いずれも婚約成立を証明するための証拠であるにすぎない。婚約した男女は，誠実に交際し，婚姻が成立するよう努める義務を負うが，最終的には当事者の自由な意思が尊重される必要があるから，裁判により強制的に婚姻を成立させることはできない。ただし，正当な事由なく婚約を不当に破棄した者には損害賠償責任が発生する（最判昭38・9・5民集17・8・942：不法行為責任，最判昭38・12・20民集17・12・1708：債務不履行責任）。

　婚姻届は提出されていないが，男女が社会観念上夫婦と認められる共同生活を送っている関係を内縁と呼ぶ。戦前は戸主の同意を得ることができないために内縁関係を余儀なくされることもあったようであるが，家制度の存在しない現在では，婚姻障害があって婚姻できない場合を除けば，夫婦同氏を受け入れられないために内縁関係を余儀なくされる（または選択する）場合がある程度とされる。内縁関係は婚姻に準じた関係とされ，内縁の夫婦にも婚姻夫婦と同様の一定の法的保護が与えられる。ただし，戸籍と関係する婚姻の効果は認められず，具体的には，配偶者相続権や子の嫡出性，姻族関係の発生等は内縁関係には準用されない。

第2節 氏 の 決 定

夫婦の同氏と別氏

I 氏の取得と変動

> **Case 7-4**
>
> 　佐藤Ａ子と鈴木Ｂ男は婚姻することとなった。
> ① 　婚姻後の二人は，どのような氏を名乗るか。
> ② 　婚姻したＡ子とＢ男はその後離婚することとなった。離婚後の二人はどの
> 　ような氏を名乗るか。離婚ではなく死別の場合はどうか。

　「佐藤」や「鈴木」といった氏（姓や名字も同義）は，戦前の家制度の下では「家の呼称」とされており，同じ家に属している家人は戸主と同一の氏を称した。戦後，家制度は廃止されたが，氏は残されている。現代社会においては，氏は「個人の呼称」であり，名と一体となって，人の同一性を明らかにするものとされている。このような捉え方は，現行憲法13条や24条の掲げる個人の尊重や尊厳の理念とも合致する。

　人の氏は原初的には民法790条により定まる。すなわち，嫡出である子は父母の氏を称し（1項），嫡出でない子は母の氏を称する（2項）（親子同氏の原則）。嫡出子とは，婚姻している夫婦から生まれた子のことである（後述）。

　以上のようにして取得された氏が別の氏に代わることがある。一つは，法律上これが当然に生じる場合であり，婚姻（民750条），離婚（民767条1項・771条），養子縁組（民810条），離縁（民816条1項）などが挙げられる。養子縁組を例にすると，佐藤Ａ子が山田Ｃ男の養子になると，Ａ子の氏は当然に「山田」に代わり，両者の離縁により，Ａ子の氏は「佐藤」に戻ることになる。他方で，氏の変動が意思表示により生じることもある。夫婦の一方の死亡時に生存配偶者が婚姻前の氏に復する場合（民751条1項），離婚後に婚姻時の氏を称する場合（767条2項）などがこれに該当する。

第7章　家族と法

Ⅱ　夫婦の氏

1　夫婦同氏

　民法750条によれば，夫婦は，婚姻の際に定めるところに従い，夫又は妻の氏を称する（夫婦同氏の原則）。したがって，冒頭のCase 7-4では，婚姻する佐藤A子と鈴木B男は，「佐藤」または「鈴木」の氏から一方を婚氏として選択することになる。条文を形式的に見れば，選択するのは夫の氏でも妻の氏でも構わないはずであるが，現実には，夫婦の9割以上が夫の氏を選択している。そうすると，A子も，婚姻により「鈴木A子」を称することになろうか。夫の氏でも妻の氏でもない第三の氏を選択することはできない。

　夫婦同氏の原則は，婚姻が継続する限り，他の原則に優先する。例えば，Case 7-4のA子・B男夫婦が夫の氏「鈴木」を称している場合において，①A子が山田C男の養子となっても，A子の氏は「鈴木」のままであるのに対して，②B男が山田C男の養子となったときには，B男の氏が「山田」に代わり，夫婦同氏の原則により，A子の氏も「山田」に代わる。

　すでに述べたように，夫婦が離婚すると，婚姻によって氏を改めた者は，婚姻前の氏に復する（民767条1項・771条）。婚姻に際して夫の氏「鈴木」を選択したA子がB男と離婚すると，A子の氏は婚姻前の「佐藤」に復する。もっとも，離婚による復氏が生活に支障をきたすことがあり得るので（たとえば，A子とB男の間に子が生まれた後に両者が離婚すると，A子の氏と子の氏（「鈴木」）が異なることを想定せよ），離婚後に婚姻中の氏を称し続けることも可能である（民767条2項）。

2　夫婦別氏の可能性

　戦前の家制度においては，同じ家に所属する者はその家の氏を名乗り（明民746条），かつ，夫婦は同じ家に所属したから（明民788条），夫婦の氏は同じものとなった。これに対して，家制度がすでに存在しない現在において，なぜ夫婦は常に同一の氏を名乗らなければならないのだろうか。夫婦が氏の選択において

形式的には平等であるとしても，現実には，9割以上の夫婦が夫の氏を選択して（させられて？）いる。もし，あるカップルが同氏を受け入れられないのであれば，そのカップルが法的な夫婦になることはできない。婚姻による氏の変更が，生活上の様々な不都合や不利益をもたらすことも容易に想像できる。そもそも，氏名は個人の人格の象徴であり，人格権の一内容であるとされている。このような視点から，選択的夫婦別氏制度の立法が提案されている（平成8（1996）年民法改正要綱）。この制度の下では，夫婦の氏が異なる場合の子の氏が問題になるが，婚姻の際に届け出た父または母の氏によるとされている。

　最高裁は，近時，次のように述べて，夫婦同氏制度の合憲性を認めた（最大判平27・12・16民集69・8・2586）。「氏は，家族の呼称としての意義があるところ，……家族は社会の自然かつ基礎的な集団単位と捉えられ，その呼称を一つに定めることには合理性が認められる。」「婚姻によって氏を改める者にとって，そのことによりいわゆるアイデンティティの喪失感を抱いたり，婚姻前の氏を使用する中で形成してきた個人の社会的な信用，評価，名誉感情等を維持することが困難になったりするなどの不利益を受ける場合があることは否定できない。」「しかし，夫婦同氏制は，婚姻前の氏を通称として使用することまで許さないというものではなく，近時，婚姻前の氏を通称として使用することが社会的に広まっているところ，上記の不利益は，このような氏の通称使用が広まることにより一定程度は緩和され得るものである」。

Ⅲ　子　の　氏

Case 7–5

鈴木Ａ子・Ｂ男夫婦には，未成年の子であるＣ男が存在する。

① 夫婦が離婚し，「佐藤」に復氏したＡ子がＣ男の親権者となった場合，Ｃ男の氏はどうなるか。

② 養子縁組によりＡ子とＢ男の氏が「田中」に代わる場合，Ｃ男の氏はどうなるか。

嫡出子は両親の氏を称する（民790条1項）。たとえば，鈴木夫妻の子Cは「鈴木」という氏を取得する。その後，何らかの理由により，子が出生により取得した氏と，父母の一方または両方の氏が異なることになっても，子の氏が当然に代わることはない。例えば，Case 7-5 の①では，離婚により，親権者であるA子の氏は「佐藤」に復氏するが，C男の氏は「鈴木」のままである。また，②でも，養子縁組により夫婦（父母）の氏が「鈴木」から「田中」に代わるが（上述），子であるC男の氏は「鈴木」のままである。いずれの場合にも，子供の生活に支障が生じかねないから，子の氏と父または母の氏が異なる場合には，子は，家庭裁判所の許可を得て，届け出ることによって，父または母の氏に変更することができる（民791条）。

Ⅳ　名

Case 7-6

生まれた子に「悪魔」という名前をつけることは認められるか。

氏と名は，一体となって人の同一性を明らかにするものである。氏の取得については民法790条の規定があるのに対して，名の取得（命名）については条文上の根拠が存在しない。戸籍法は父母等に出生届の届出義務を課しており（戸52条・56条），出生届には子の名を記載する欄があるとはいえ，命名権とは無関係である。命名権については，親権者に親権の内容としての命名権があるとする見解（通説）や，出生した子自身が命名権者であり，親権者はそれを代行するにすぎないという見解が主張されている。

Case 7-6 のような事件が実際に社会を賑わせたことがあり，裁判所は次のように述べている（東京家八王子支審平6・1・31判時1486・56「悪魔ちゃん事件」）。すなわち，「名は極めて社会的な働きをしており，公共の福祉にも係るものである。従って，社会通念に照らして明白に不適当な名や一般の常識から著しく逸脱したと思われる名は，戸籍法上使用を許されない場合があるというべきである。……本件「悪魔」の命名は，本件出生子の立場から見れば，命名権の

濫用であって，前記の，例外的に名としてその行使を許されない場合，といわざるを得ない」。

正当な事由があれば，家庭裁判所の許可を得て，名を変更することができる（戸107条の2）。名の変更は，氏の変更に比べて，認められやすいとされている。

V 戸 籍

人の一生における身分関係の変動を公証する制度として戸籍制度が存在する。戸籍は，市町村の区域内に本籍を定める夫婦およびこれと氏を同じくする子ごとに編製される（戸6条1項）。戸籍には，氏名，出生の年月日，戸籍に入った原因とその年月日，実父母の氏名および実父母との続柄，夫婦については夫または妻である旨などが記載される（戸13条）。

戸籍に関しては，①夫婦同籍の原則，②親子同籍の原則，③同氏同籍の原則がある。たとえば，AB夫婦から出生した子CはABの戸籍に入り，その後，CとDがCの氏を選択して婚姻すると，Cを戸籍筆頭者とするCDの戸籍が新たに編成され（戸16条），CはABの戸籍から除籍される（戸23条）。この他に，④三代戸籍禁止という原則もあり，親子三代が同じ戸籍に入ることはない。例えば，AB夫婦の未婚の子Cが子D（ABの孫）を生むと，Cを戸籍筆頭者とする新たな戸籍が編成され，Dはその戸籍に入る（CはABの戸籍から除籍される）。

戸籍の記載は届出，報告，申請等に基づいて行われる（戸15条）。届出は，創設的届出と報告的届出に分けられる。創設的届出とは，その届出によってはじめて身分関係に変動が生じるものであり，婚姻届や認知届が該当する。これに対して，報告的届出とは，すでに生じた身分関係の変動を事後的に報告するものである。

第7章 家族と法

第3節 子の嫡出性

誰が子の親になるのか

I 法律上の親子

　親子関係は，法律上，自然的な血縁関係に基づく実親子関係と，法的に擬制された親子関係である養親子関係に分かれる。法的な親子関係が成立することにより，親子の間に権利義務の関係が発生する。

　実親子関係は，母子関係と父子関係に分けられる。まず，母子の関係が決定し，その後，父子の関係が決定する。母子関係は，「分娩の事実」により決まる。つまり，母子間の自然的な血縁関係がそのまま法的な母子関係となる（後述のように，生殖補助医療の発達による問題が生じている）。これに対して，父子関係は，母子関係の決定を前提に，母の婚姻を基準に決定される（「母は明らかなり。父は婚姻の示すところの者なり。」という古代ローマの法格言がある）。というのも，父子関係については，分娩のような客観的に明らかな事実が存在しないからである。婚姻している母から生まれた子を嫡出子，婚姻していない母から生まれた子を非嫡出子と呼ぶ。嫡出子については，子の母の夫が，子の一応の父とされる（嫡出推定：民772条）。非嫡出子については，婚姻を基準にして父を決定することができないため，認知により法的な父が決定する（民779条）。

　養子縁組は，当事者の合意と届出により成立する普通養子縁組と，家庭裁判所の審判により成立する特別養子縁組に分かれる。普通養子縁組では実方（自然血族関係にある親族）との親族関係が継続し，協議による離縁が認められる（民812条）のに対して，特別養子縁組では実方との親族関係が終了し（民817条の9），離縁は家庭裁判所の関与の下で極めて制限的にのみ認められるにすぎない（民817条の10）。特別養子縁組制度は「子のための養子」とも呼ばれ，実親子関係に近い関係を子に提供しようとするものである。

193

II 嫡 出 子

1 推定される嫡出子

　婚姻中の妻が懐胎した子は，妻の夫の子と推定される（民772条1項）。科学が高度に発達した現代においては妊娠の有無を容易に判断できるが，民法が制定された当時は，婚姻中の懐胎（妊娠）かどうかを判断することは容易ではなかった。そこで，民法は，子が生まれた時点から遡って婚姻中の懐胎かを判断するという手法を採る（同2項）。すなわち，①婚姻成立の日から200日経過した後に生まれた子，②離婚等による婚姻解消または婚姻取消しの日から300日以内に生まれた子は，婚姻中に懐胎したものと推定され，その結果，夫の子と推定される。772条の1項と2項の両方の要件に当てはまる子のことを，「（嫡出）推定される嫡出子」と呼ぶ。

　推定される嫡出子であっても，子が母の夫の子でない場合はあり得る。この場合，夫は，嫡出否認の訴えにより，父子関係を否定できる（民774条）。嫡出親子関係を早期に安定させるため，訴えを提起できるのは，子の出生を知ったときから1年以内に限られる（民777条）。また，夫は，子の出生後に子が嫡出であることを承認すると，否認権を失う（民776条）。出生の届出や子の命名は承認に該当しないとされている。

2 推定されない嫡出子

　男女が婚姻して夫婦となって200日を経過する前に子が生まれることもある。特に，戦前は，男女が挙式した後も，内縁の妻が妊娠や出産をするまでは婚姻届を提出しないことが少なくなかったとされる。このような場合，形式的には民法774条2項の要件が満たされていないから嫡出推定はされないが，子は嫡出子となる。このことは，子が未熟児として生まれたような場合に限られず，男女が夫婦になる前に長期の同棲を経ていた場合や，いわゆる「できちゃった婚」「授かり婚」の場合にも妥当する（そもそも，戸籍事務管掌者に実態を調べる権限はない）。この場合に子の嫡出性を争うには，嫡出否認の訴えではなく，親

第7章　家族と法

子関係不存在確認の訴えによることになる。

3　推定の及ばない子

　婚姻成立から200日経過後に妻が子を生んだけれども，その子が夫婦の性交渉によって懐胎されたのではないことがある。たとえば，夫が長期にわたり海外に単身赴任していた場合や服役中であった場合には，生まれた子が夫の子である可能性はない。これらの場合には嫡出推定は働かず，子は「推定の及ばない子」とされ，父子関係の否定は「親子関係不存在確認の訴え」による。嫡出推定制度は，一夫一婦制を前提としている。つまり，婚姻中の夫婦は排他的な性交渉を持つから，生まれた子の父は夫である可能性が高いことを前提としている。それゆえ，夫婦の性交渉が客観的にあり得なかったのであれば，嫡出推定制度を適用するための前提が欠けているのである。

　では，①同居しているが，夫が生殖不能である夫婦から子が生まれた場合や，②父子の血液型が一致しなかった場合に嫡出推定は働くか。判例（最判平26・7・17民集68・6・547）や通説は，推定の及ばない子の範囲を，夫婦生活を外観的に見て妻が夫の子を生むことがあり得ない場合に限定する（外観説）。この立場からは，①や②の場合にも嫡出推定が及ぶことになる。これに対して，DNA鑑定や血液型の一致といった実質を重視する血縁説も主張されている（下級審レベルでは，外観説によらないものも少なくない）。血縁説に立てば，①や②の場合に推定は及ばないことになろう。

Ⅲ　非 嫡 出 子

1　認知による親子関係の成立

　婚姻していない男女から生まれた子は，非嫡出子（嫡出でない子）となる。非嫡出子について，民法は「父又は母がこれを認知することができる」（民779条）と定める。もっとも，母子関係は，分娩という客観的な事実によって定まるから（最判昭37・4・27民集16・7・1247），母の認知は問題にならない（棄児の場合には母の認知の可能性があるとされる）。以下の記述も父の認知にのみ関わる。認

195

知の方法として，父が自らの意思で非嫡出子を認知する任意認知（民779条），および，非嫡出子が認知しない父に対して認知を求める裁判認知（民787条）がある。

2　任　意　認　知

父が未成年者や成年被後見人であるときにも，意思能力があれば，法定代理人の同意なく認知できる（民780条）。本人に代わって法定代理人が認知することは認められない。任意認知は，認知届の提出（民781条1項）以外に，遺言によって行うこともできる（同2項）。

被認知者は，認知されていない非嫡出子である。子から扶養を受けることを目的とするような身勝手な認知を防ぐため，成年の子を認知するためにはその者の承諾が必要である（民782条）。この他に，胎児を認知する場合には母の承諾（民783条1項），死亡した子（被認知者）に成年である直系卑属がいる場合には，その者の承諾が必要である（同2項）。

認知による法的親子関係の成立は血縁関係の存在を前提としており，血縁関係のない者による認知は無効であるが，真の父から認知されていない子を他人があえて認知することがある。たとえば，Aが非嫡出子Bを生んだ後で（Bの血縁上の父でない）Cと婚姻した場合に，CがBを認知することがある。このような認知を好意認知と呼ぶ。問題は，Cが認知の無効（民786条）を主張できるかである（AとCが離婚するとこのような問題が生じる）。最高裁（最判平26・1・14民集68・1・1）は，概ね次のように述べて，血縁上の父子関係がないことを知りながら認知した者による無効主張を認めた。すなわち，血縁上の父子関係がないにもかかわらずされた認知は無効というべきであり，自らの意思で認知したことを重視して認知者自身による無効の主張を一切許さないと解することは相当でなく，また，血縁上の父子関係がないにもかかわらずされた認知については，認知を受けた子の保護の観点からみても，あえて認知者自身による無効の主張を一律に制限すべき理由に乏しい。

第7章　家族と法

3　裁判認知

　父が任意に子を認知しない場合，子が父子関係の成立を裁判で求めることができる（民787条）。裁判認知の原告となるのは，子，その直系卑属またはこれらの者の法定代理人である。裁判認知は，死後3年という制限はあるが，父の死後であっても認められる（民787条ただし書）

　裁判認知においては，間接的な事実を総合して父子関係の存在を推認するという方法で認知請求を求めるほかない（母子関係における分娩のような客観的に明確な事実が存在しない）。判例（最判昭32・6・21民集11・6・1125）によると，母が原告（子）を懐胎したと認められる期間中，被告（父とされる者）と継続的に情交を結んだ事実があり，かつ，被告以外の男と情交関係のあった事情が認められず，血液型の検査の結果によっても，被告と原告との間には血液型の上の背馳がない場合には，特段の事情がない限り，原告が被告の子であるという事実の証明が認められる。現在，DNA鑑定が導入されるようになっているが，究極の個人情報ともいえるDNAは人のプライバシーに関わるものであり，鑑定の是非等の多くの問題を巡って議論が続けられている。

4　準　　　正

　非嫡出子に嫡出子の身分を取得させる制度を準正という。準正は婚姻準正（民789条1項）と認知準正（同2項）に分かれる。前者は，母が非嫡出子を生み，父がその子を認知した後で，父母が婚姻した場合（認知が婚姻に先行）であり，後者は，母が非嫡出子を生み，父母が婚姻した後で，父がその子を認知した場合（婚姻が認知に先行）である。学説上，婚姻準正の効果も認知準正の効果も婚姻のときから生じるとされている。

Ⅳ　生殖補助医療

　科学技術の高度な進歩により，不妊症のために子を持つことができない夫婦であっても，子を持てる可能性が拡がってきている。生殖を補助することを目的として行われる医療のことを生殖補助医療と呼び，具体的には，人工授精，

197

体外受精，代理懐胎等がある。生殖補助医療を巡っては，親子関係の決定に関わる様々な問題が生じているという現状にある。あらかじめ，嫡出子については，分娩者が母であり，母の夫が父になるという民法の枠組みを今一度確認しておきたい。

1　人　工　授　精

　人工授精（Artificial Insemination）とは，男性の精子を女性の子宮に器具を用いて人工的に注入する手法である。人工授精は，夫（Husband）の精子を用いる場合（AIH）と，第三者（Donor）から提供された精子を用いる場合（AID）に分かれる。

　AIH では夫の精子で妻が妊娠して妻が子を出産するから，子の法的地位に問題はあまり生じない。つまり，出生した子は夫婦の嫡出子である。なお，凍結保存された夫の精子を用いて夫の死後に生まれた子について，最高裁は，死後懐胎子と死亡した父の親子関係を否定した上で，立法によって解決される問題としている（最判平 18・9・4 民集 60・7・2563）。

　これに対して，AID では問題が生じる。というのも，AID では第三者の精子が用いられるので，「生まれた子」と「母の夫」との間には血縁関係が存在しないからである。通説は，夫の同意の下で AID により生まれた子には嫡出推定が及び，夫＝父は嫡出否認権を失うとする。

2　体　外　受　精

　体外受精とは，女性から卵子を取り出し，体外で精子と受精させて受精卵を作り，受精卵または胚を女性（ここでは妻を想定する）の子宮に移植するという手法である。婚姻夫婦で体外受精が行われる場合には，生まれた子が夫婦の嫡出子となることに問題はない。もっとも，体外受精では，精子または卵子の一方，さらには，双方について第三者からの提供を受けることが可能である。そのため，一方のみの提供を受けた場合には，生まれた子は少なくとも夫婦の一方とは血縁関係を有するとはいえ，双方の提供を受けた場合には，生まれた子

第7章　家族と法

と夫婦の間に血縁関係がそもそも存在しないという問題が生じることになる。

3　代理懐胎

　代理懐胎とは，子を希望する夫婦の妻が，たとえば子宮摘出により，妊娠・分娩できない場合に，第三者女性に代わりに妊娠・分娩してもらい，生まれた子を夫婦が引き取るという手法である。代理懐胎には，依頼者である夫の精子を第三者女性に注入するもの（代理母出産）と，依頼者夫婦の受精卵を第三者女性に移植するもの（借り腹出産）に分かれる。民法の原則からすれば，生まれた子の母になるのは出産した第三者女性である（最決平19・2・23民集61・2・619参照）。そして，その女性に夫がいれば，嫡出推定により，その夫が父となることになろう。ところが，生まれた子の法的な父母になることを望んでいるのは依頼者夫婦である。

第4節　親　　　権
親子の権利義務

I　親　権　と　は

　生まれたばかりの子が一人で生きていくことはできず，庇護を必要とする。民法は，子を庇護する役割を親権という形で子の親に与えている。親権という語はその語感からして，親が子に対して一方的に行使できる権利かのような印象を与えがちであり，かつては実際にそうであったが，現在，親権とは，子を養育するための親の権利・義務であるとともに，適切な養育を受けるための子の権利・義務でもあると理解されている。

　未成年者は，父母の親権に服するとされているが（民818条1項），子の身分によって親権者は異なる。嫡出子の親権者は，父母の婚姻中は，その双方である（共同親権：民818条3項本文）。親権喪失等の理由で，父母の一方が親権を行うことができないときには，他の一方が行う（同ただし書）。これに対して，父母の離婚後は，父母の一方のみが親権者となる（単独親権：民819条1項・2項）。

199

非嫡出子の親権者は，原則として，母である（民819条4項）。養子の親権者は養親である（民818条2項）。嫡出子の父母の双方が死亡した場合のように，親権を行う者がいないときには，未成年後見が開始する（民838条1号）。

　親権に服していた未成年者が成年者（民4条）になると，親権は当然に終了する。未成年者が婚姻により成年擬制された場合も同様である（民753条）。親権の終了後，親権者だった者は，財産の管理の計算（民828条）等の義務を負う。

Ⅱ　親 権 の 内 容

　親権の内容は，身上監護権と財産管理権に分かれる。

1　身 上 監 護 権

　親権者は，子の利益のために子の監護および教育をする権利を有し，義務を負う（民820条）。条文上，監護（子を成長させるために必要な一切のことが含まれる）と教育が区別されているが，両者は不可分であり，厳密な区別の必要性もないとされる。身上監護権の具体的内容として，居所指定権（民821条），懲戒権（民822条），職業許可権（民823条）が規定されている。

　親権者は，子の居所を指定することができる（民821条）。たとえば，父母の離婚後に父が親権者，母が監護者（民766条1項）となった場合には，親権者である父が，母の居所を子の居所と定めたことになる。

　親権者は，監護教育に必要な範囲内で，その子を懲戒することができる（民822条）。とはいえ，「躾」の名の下での子に対する過度の懲戒は虐待に該当し，場合によっては刑法上の犯罪である（児童虐待防止2条，14条参照）。

　子は，親権者の許可を得なければ，職業を営むことができない（民823条）。職業は，営利を目的とする営業（民6条1項）よりも広い概念とされ，アルバイトやボランティア活動も含まれる。

　親権者は，子の身分行為の代理権を有することがある。例として，認知の訴え（民787条），15歳未満の子の養子縁組（民797条）等が挙げられる。ちなみに，未成年者の婚姻については父母の同意が必要とされるが（民737条），この父母

200

第7章 家族と法

は親権者でなくてもよいとされる。

　離婚後に父または母が子と別居している場合には，その親は子と面会交流できる（民766条1項）。面会交流の法的性質は争われており，親の権利とするものから子の権利とするものまで様々な見解が主張されるが，最も優先されるべきは子の利益である。したがって，子に悪影響を及ぼすような場合には面会交流は認められない。

2　財産管理権

Case 7-7

　親権者Ａは以下の債務の担保のために，子Ｂを代理して，Ｂ所有不動産に抵当権を設定した。Ａの抵当権設定行為は有効といえるか。

①　Ｂの学費に充てる目的で「Ａ名義」で借金した場合。

②　Ａが自分で費消する目的で「Ｂ名義」で借金した場合。

　親権者は，子の財産を管理し，かつ，その財産に関する法律行為についてその子を代表する（民824条）。財産の管理とは財産の保存・利用・改良・処分行為のことであり，代表とは包括的な代理権のことである。未成年者に意思能力がある場合には，未成年者は親権者の同意を得て自ら契約等の法律行為を行うことができる（民5条1項）。未成年後見人が善管注意義務を負うのに対して（民869条），親である親権者は，自己のためにすると同一の注意をしなければならないにすぎない（民827条）。

　親権者と子の利益相反行為については，親権者は，その子のために特別代理人を選任することを家庭裁判所に請求しなければならない（自己契約型：民826条1項）。この場合の利益相反行為とは，法定代理権の行使により，親権者に利益が生じ，子に不利益が生じるような行為である。利益相反行為に際して特別代理人が選任されなかった場合には，当該行為は無権代理行為となる。利益相反行為の単純な例としては，未成年者所有の不動産を親権者が購入することが挙げられる。売買契約において，買主＝親権者はより低い価格で購入すること

を望み，売主＝子はより高い価格で売却することを望むから，両者の利益は相反する。現実に問題となるのは，親権者の債務につき子を保証人にするような事例である。利益相反性の判断について，判例・通説は，いわゆる外形説を採る。すなわち，「利益相反行為に該当するかどうかは，親権者が子を代理してなした行為自体を外形的客観的に考察して判定すべきであって，当該代理行為をなすについての親権者の動機，意図をもつて判定すべきでない」（最判昭42・4・18民集21・3・671）。したがって，Case 7-7の，Bの抵当権設定行為は，①では利益相反行為に該当する（抵当権：親権者の債務を担保）のに対して，②では利益相反行為に該当しない（抵当権：子の債務を担保）。学説では，行為の目的等の実質を考慮すべきとする実質説も有力である。

Case 7-8

　Zが死亡し，親権者Aと二人の子B・Cが相続人となった。Aが，Bを代理して相続放棄することは認められるか。

　利益相反行為は，親権者が数人の子に対して同時に親権を行う場合においても問題となる（双方代理型：民826条2項）。Case 7-8のような場合が典型例である。A・B・Cの全員が相続放棄（B・CについてはAの代理による）する場合には，利益相反行為にならないとされる。これに対して，A自身は相続放棄することなく，B・Cのみを相続放棄させる場合（Aの相続分が増加する）や，Bは相続放棄させてCは相続放棄させない場合（Cの相続分が増加する）には利益相反行為となる。

Ⅲ　親権の喪失・停止等

　親権は子の福祉のために存在する制度であり，親権者が親権を適切に行使しない（できない）場合に，その者に親権を行使させ続けることは妥当でない。そこで，親権の喪失・停止の制度が設けられている。

　父または母による虐待または悪意の遺棄があるときその他父または母による親権の行使が著しく困難または不適当であることにより子の利益を著しく害す

るときは，家庭裁判所は申立てにより，その父または母について親権喪失の審判をすることができる（民834条）。

　父または母による親権の行使が困難または不適当であることにより子の利益を害するときは，家庭裁判所は申立てにより，その父または母について，親権停止の審判をすることができる（民834条の2第1項）。親権停止の審判が行われる場合，一切の事情の考慮の下で，2年を超えない範囲内で親権を停止する期間が定められる（同2項）。

　親権の喪失と停止は，親権が包括的に喪失・停止される制度である。これらの他に，親権者の財産管理権のみを失わせる管理権喪失の制度も設けられている（民835条）。

Ⅳ　扶　　　養

　夫婦は協力と扶助の義務を負い，親は未成年の子を扶養する。これらの扶養関係は，それらの身分関係の本質的要素といえる。民法は，これ以外に，直系血族および兄弟姉妹の相互扶養義務を定める（民877条1項。なお，民730条は法的義務を定めるものではない［通説］）。特別な事情がある場合には，3親等内の親族間においても扶養義務が生じ得る（同2項）。扶養とは，一人では生活を維持することができない者を支援するということである。扶養は，民法の定めるような私的扶養と生活保護のような公的扶養に分かれる。両者では私的扶養が優先し，公的扶養は補充的なものとされている（生保4条2項）。

　扶養義務は，生活扶助義務と生活保持義務に区別される（二分論を批判する見解もある）。生活扶助義務では，相手が最低限度の生活を維持できず，かつ，自らが相応の生活をした上で余力がある場合にのみ扶養する義務があるのに対して，生活保持義務では，自らの生活水準を切り下げてでも，相手に自らと同じ水準の生活をさせる義務がある。子による親の扶養では生活扶助義務が生じ（本来，親には自活が求められる），夫婦間での扶養や親による子の扶養では生活保持義務が生じる。扶養義務者や扶養権利者が複数いる場合の扶養・被扶養の順序や扶養の程度・方法については，当事者が協議で定めることが原則である

203

が，当事者間の協議が調わないときは，家庭裁判所が定める（民878条・880条）。

第5節　相　　続

財産の承継

I　相続とは

　人は死亡により権利能力を失い，死者の財産は一定の者に承継される。死者の財産を承継させる制度として，法定相続制度と遺言制度が存在する。

　相続制度が存在するが故に，多くの財産を有する者の子とそうでない子にはすでに出生時から不平等が存在する。法定相続制度の根拠は多角的に説明されており，①夫婦の一方が死亡した場合における遺産の共有持分の清算，②被相続人の意思の推定，③遺族の生活保障等が挙げられる。また，相続税は富の再配分の機能を果たしている。遺言制度は，自己の財産処分の自由から説明されることが多い。

II　相続人と相続財産

　相続が開始すると（民882条），被相続人の相続財産は相続人に承継される。相続人となり得るのは，被相続人の一定範囲の血族（民887条・889条）と被相続人の配偶者（民890条）である。相続人は，被相続人の死亡時に存在していなければならない（同時存在の原則）。従って，親子が飛行機事故に遭遇して死亡した場合（民32条の2参照）のように，互いに相続権を持つ者同士が同時に死亡した場合には，互いに相手を相続することはできない。

1　相　続　人

　血族相続人には順位が定められており，先順位の相続人がいない場合（先順位者の死亡や相続欠格等も含まれる）にはじめて，後順位の相続人が相続権を得る。第1順位の相続人は被相続人の子である。子は嫡出子に限られず，非嫡出子も含まれる。子が相続開始時には胎児であった場合にも（その後生きて生まれ

てきた場合には）相続権が認められる（民886条）。普通養子は実親と養親の双方の相続人となる。なお，被相続人の再婚相手の連れ子は，養子縁組をしない限り被相続人の1親等の姻族にすぎないから，相続権を有しない。第2順位の相続人は被相続人の直系尊属（父母等），第3順位の相続人は被相続人の兄弟姉妹である。

　被相続人の配偶者は常に相続人となる。死別による夫婦関係の解消の場合には，配偶者相続権が夫婦財産の清算機能を果たすことになる（離婚の場合には財産分与がこの機能を果たしている）。配偶者の他に血族相続人がいれば，双方が相続人となる。配偶者とは法律婚の配偶者に限定され，内縁の配偶者は含まれない。したがって，内縁の配偶者が被相続人の財産を得るためには，死因贈与や遺贈を受けることが必要である。

　法定相続制度の下では，財産は親から子へ，子から孫へと承継される。しかし，もし子が親よりも先に死亡していた場合には，親の財産が孫（親より先に死亡した子の子）へと承継されないことになる。しかし，子の死亡という偶然の事情により，本来承継できたはずの財産を孫が承継できないことは不公平といえる。そこで，代襲相続制度が設けられている（民887条2項・889条2項）。代襲相続とは，相続人となるべき者が死亡等により相続権を失った場合には，その者の子が直接に被相続人から相続できるという制度である。代襲相続人となり得るのは，被相続人の子の子（被相続人の孫），および，被相続人の兄弟姉妹の子（被相続人の甥・姪）である。代襲者が被相続人の子の子である場合にのみ，再代襲が認められる（民887条3項）。

　法律上相続権を持つ者であっても，一定の場合には相続権を失う（相続欠格：民891条各号）。また，被相続人は，相続人となるべき者による虐待等を理由として，家庭裁判所の関与の下で，その者の相続権を奪うこともできる（相続廃除：民892条・893条）。

2　法 定 相 続 分

　相続人が複数いる場合に各相続人が財産を相続する割合のことを相続分とい

図表 7-1　法定相続分

血族相続人	配偶者の相続分	血族相続人の相続分
子	1／2	1／2
直系尊属	2／3	1／3
兄弟姉妹	3／4	1／4

う。各相続人の相続分は，第一に，被相続人の遺言における指定により定まるが（民902条），指定されていなかった場合には，民法の規定により定まる（法定相続分：民900条）。相続人が配偶者と血族相続人の双方であるときには，法定相続分は図表7-1のようになる。

　同順位の血族相続人が複数いる場合には，それらの者は等しい割合で相続する（均分相続：民900条4号）。たとえば，Aの相続人として配偶者Bと二人の子C・Dがいる場合には，Bの相続分は1／2，CとDの相続分はそれぞれ1／4となる。同じ事例で，Cに二人の子E・Fがおり，CがAの死亡前にすでに死亡していた場合，EとFがCを代襲相続し，それぞれの相続分は1／8となる。

　相続人は，相続開始から遺産分割がなされるまでの間に，相続分を第三者に譲渡することができる（民905条）。相続分の譲受人は，相続人と同じ地位を得る。この場合，相続人でなかった者が遺産分割に参加することになるから，その防止のために，他の共同相続人には，譲渡の価額等を譲受人に償還することで，相続分を取り戻すことが認められる。

3　相続財産

Case 7-9

　Aが死亡しBが相続人となった。Aのめぼしい財産は不動産（評価額：3,000万円）のみであり，他方で，Aは5,000万円の借金を抱えていた。Aの借金に対して責任を負いたくないBが責任を免れる方法はないか。

第7章　家族と法

　相続人は，相続開始の時から，被相続人の一身専属権を除いて，被相続人の財産に属した一切の権利義務を承継する（包括承継：民896条）。したがって，不動産のような積極財産だけでなく，借金のような消極財産も相続財産に含まれることになる。一身専属権とは，被相続人個人と強く結びついている権利義務のことであり，具体的には，使用貸借の借主の地位（民599条），委任者・受任者の地位（民653条），扶養を受ける権利等がある。

　被相続人を被保険者とする死亡保険金について，特定の相続人が受取人に指定されていた場合には，死亡保険金は契約に基づいてその特定の者に取得されるのであり，相続財産には含まれない。「相続人」が受取人とされている場合にも，相続人となった者が契約に基づいて取得するものとされる（相続人が複数いる場合には法定相続分で分割される）。同様に，死亡退職金や遺族給付も相続財産には含まれないとされる。

　被相続人の積極財産と消極財産は，共に，当然に包括的に相続人に帰属するが，相続人には，相続する自由と相続しない自由が保障されている。具体的には，相続人は，相続の「単純承認」「限定承認」「放棄」を選択することができる。相続の単純承認により，被相続人の相続財産のすべてが包括的に確定的に承継される（民920条）。これに対して，限定承認とは，積極財産の限度でのみ，消極財産の責任を負うという条件付きの承認である（民922条）。相続放棄が行われると，放棄した者は最初から相続人でなかったものとして扱われる（民939条）。相続人が相続開始を知ったときから3ヵ月以内に限定承認も相続放棄もしなかった等の一定の場合には，単純承認したものとみなされる（民921条：法定単純承認）。Case 7-9のBは，限定承認すれば，3,000万円の限度で借金に対する責任を負えばよく，相続放棄すれば，不動産を取得できない代わりに，借金に対する責任を負う必要もない。

Ⅲ　遺産の共有と分割

1　遺産共有

　相続財産は，遺産分割が行われるまでの間は，相続人全員の共有となる（民

898条)。たとえば，不動産を所有する者が死亡し，子Ａ・Ｂが相続人だったとすると，遺産分割が行われるまで，この不動産はＡとＢの共有（持分各2分の1）となる。現金も，他の動産，不動産とともに相続人の共有財産になるとされている（最判平4・4・10家月44・8・16）。遺産の共有については，持分の処分が認められない合有であるとする見解もあるが，判例は，相続財産の共有は民法249条以下の共有と異ならないとする（最判昭30・5・31民集9・6・793）。とはいえ，遺産共有の解消のために相続人が個々の相続財産の共有物分割請求を行うことはできず，遺産全体の遺産分割手続が必要とされる。分割前の遺産の管理については，物権法の共有に関する規定によると解されている。

金銭債権（債務）のような可分債権（債務）が共同相続された場合，それらは，共同相続人間で当然に分割相続される。もっとも，最高裁は，近時，共同相続された普通預金債権，通常貯金債権および定期貯金債権については，「相続開始と同時に当然に相続分に応じて分割されることはなく，遺産分割の対象となる」と判示した（最大決平28・12・19民集70・8・2121）。

2　遺産分割

遺産共有は遺産分割が行われるまでの暫定的な状態であり，遺産分割が行われることで，個々の相続財産の最終的な帰属先が確定する。遺産分割の方法としては，遺言による遺産分割方法の指定（民908条）と相続人による遺産分割協議（民907条1項）がある。遺産分割では相続人の意思が尊重され，相続人全員の協議により合意が成立した場合には，遺言による指定や法定相続分とは異なっていても，合意の結果が優先する。遺産分割協議が調わない場合には，家庭裁判所の審判が行われる（民907条2項）。遺産分割は，相続開始の時にさかのぼってその効力を生ずる（民909条本文）。ただし，分割前に登場した第三者との関係では遡及効が及ばない（同ただし書）。この第三者に該当するためには，いわゆる権利保護資格要件としての登記を備えることが必要とされている。

遺産を分割する具体的な方法としては，現物分割，換価分割，代償分割等がある。現物分割とは，たとえば一つの土地を分筆して相続人で分け合う方法で

あり，原則とされる。換価分割とは，遺産を売却することで金銭に換えて，その金銭を分け合う方法である。代償分割とは，現物を特定の相続人が取得し，その代わりに，他の相続人には相続分に応じた金銭を支払う方法である。

平成 30 年相続法改正により配偶者居住権が新たに創設され，2020 年 4 月 1 日から施行される（民 1028 条以下）。これは，被相続人が所有する建物に配偶者が居住していた場合に，遺産分割において配偶者が配偶者居住権を取得することで（遺贈によることも可能である），終身または一定期間，その建物に無償で居住できるというものである。また，配偶者短期居住権も同時に設けられ，被相続人が所有する建物に居住していた配偶者は，相続開始等の一定の時から 6 ヵ月間，その建物を無償で使用できる（民 1037 条以下）。

Ⅳ　遺　　　言

人は，その生前には，契約等の法律行為を用いて自己の法律関係を自由に形成する自由を持つ（法律行為自由の原則）。この自由は，遺言自由の原則という形で，人の死後も保障される。遺言は相手方のいない単独行為であり，遺言者の死亡時から効力を生ずる（民 985 条）。（意思能力を有する）15 歳以上の者であれば，単独で遺言を行える（民 961 条）。遺言には，その効力発生時には遺言者がすでに存在しないという問題があるから，遺言が遺言者の真意によってなされたことを担保するために，厳格な方式が求められている（要式行為：民 960 条）。また，遺言は遺言者の意思を一方的に実現させるものであるから，遺言で定めることができる事項は法定の遺言事項に限られる。遺言者は，一度行った遺言の全部または一部を，遺言の方式に従って自由に撤回することができる（民 1022 条）。

遺言の方式は普通方式と特別方式に分かれる（民 967 条以下。図表 7-2 を参照）。最も簡単に行える遺言は自筆証書遺言であり，遺言者が，遺言の全文，日付および氏名を自書し，これに押印することで成立する（民 968 条 1 項）。なお，財産目録については自書が不要であるが，偽造等の防止のために目録の各ページへの署名押印が必要である（民 968 条 2 項）。日付が必要とされるのは，複数の遺言

図表 7-2　遺言の方式

遺言の方式	普通方式	自筆証書遺言 公正証書遺言 秘密証書遺言	
	特別方式	危急時遺言	一般危急時遺言 難船危急時遺言
		隔絶地遺言	一般隔絶地遺言 船舶隔絶地遺言

書が存在した場合にその作成の先後関係を明らかにするためである。複数の矛盾する遺言書があった場合には，後の遺言で前の遺言が撤回されたとみなされる（民1023条1項）。二人以上の者が同一の証書で遺言することはできない（共同遺言の禁止：民975条）。

　遺言による財産処分のことを遺贈と呼ぶ。遺贈は特定遺贈と包括遺贈に分かれる（民964条）。前者は，対象を特定して遺贈するものであるのに対して，後者は，対象を特定せずに一定割合（例：3分の1）または全部を指定することによって行われる遺贈である。遺贈の相手方（受遺者）が相続人である必要はなく，自然人でも法人でもよいとされる。包括受遺者は相続人と同様の地位を取得する（民990条）。もっとも，包括受遺者に遺留分権はなく，包括受遺者の代襲制度も存在しないといった相続人との違いもある。受遺者には遺贈を放棄することも認められる（民986条1項）。なお，相続人の一人に対して，たとえば「5分の1を与える」という遺言がされた場合には，それは遺贈なのか，あるいは相続分の指定なのかという遺言の解釈の問題が生じることになる。遺言者は，遺言により，遺産分割方法を指定する（または第三者に委託する）こともできる（民908条）。

V　遺　留　分

　被相続人の遺言による財産処分の自由は，遺留分制度により，被相続人の配偶者・子・直系尊属（遺留分権利者）との関係では一定の制限を受ける。これらの者の潜在的持分の清算や生活の保障のためである（もっとも，現在では，相

続開始時には被相続人の子は十分な財産を有していることが多い)。

　遺留分権利者全員の遺留分率は，直系尊属のみが相続人であるときは，被相続人の財産の3分の1，それ以外の場合は，被相続人の財産の2分の1である（民1042条)。全員の遺留分率に個々の遺留分権利者の法定相続分を乗ずることで，各遺留分権利者の個別的な遺留分率が算定される。遺留分算定の基礎となる財産（民1043条)にこの個別的な遺留分率を乗じたものが，各遺留分権利者の具体的な遺留分額となる。

　遺留分が侵害された場合，つまり，遺留分権利者が被相続人から実際に得た財産の価額が遺留分額に満たない場合，遺留分権利者は，受遺者等に対して遺留分侵害額に相当する金銭の支払を請求できる（民1046条1項)。平成30年改正前は，遺留分権利者が遺留分減殺請求権（旧民1031条)を行使することにより，目的財産の共有状態が生じるとされていたため，問題があった。

第8章 会社と法

第1節 会社の所有

会社は誰のためにあるの？

Case 8-1

　会社にはどのような種類の会社があり，最も利用されている会社の基本構造とはいかなるものであろうか。

　「会社は誰のためにあるの？」という問いかけは，コーポレート・ガバナンスをどのようにとらえるかという問題であるが，そもそも，「コーポレート・ガバナンス」は何であろうか。

I　会　　社

　生産や流通などの経済活動は企業を単位として行われており，企業が経済活動の主体となっている。政府が直接行う純粋の国営事業は非常に少なく，その多くは民間企業である。

　現代の経済社会において，最も重要な企業形態は会社，とりわけ，株式会社である。会社法にいう会社には，株式会社のほかに，合名会社・合資会社・合同会社がある。株式会社以外の3つをまとめて持分会社とよぶ。

　会社は複数の者が共同して出資し，事業を営むことを目的とする共同企業の典型である。なお，共同企業形態としては，会社のほかに，組合・匿名組合・信託などの利用が考えられる。

第 8 章 会 社 と 法

Ⅱ 会 社 の 種 類

　会社の設立・組織・運営・管理については，会社法が規定している（会社1条）。会社法には，会社とは「株式会社，合名会社，合資会社又は合同会社をいう」（会社2条1号）と定められている。このように会社法は4種類の会社について規定しており，企業形態として会社を利用する場合には，4種類の会社のなかから自由に選択できる。

　出資者のグループ（組織体）としての企業は自由に設立することが可能であるが，会社形態を採用する企業を設立するには4種類の会社のなかから選択するしかない。それゆえ，会社法が会社を4種類規定するのは，会社の種類を4つに限定するという趣旨であるともいえる。

1 株 式 会 社

　株式会社の社員である株主は，株式の引受価額を限度に有限責任を負うだけである（会社104条）。ここでいう有限責任とは，社員が会社債権者に対してなんら責任を負わず（すなわち，会社債権者に対して債務を弁済する責任を負わず），会社への出資が求められる責任である。出資の履行後は株主は会社に対してなんらの義務を負わないことになる。

　株主は（基本的には）業務執行に参加しないため，株主の個性は重視されておらず，持分の譲渡は原則として自由である（会社127条）。持分の大きさは，どれだけ出資したかによって決まる。株式会社の持分は株式とよばれている。

2 合 名 会 社

　合名会社は，4種類の会社のなかで最も原始的な企業形態であり，実質的には民法上の組合に類似している。

　合名会社の社員はその全員が無限責任社員であり，会社の債権者に対して無限の責任を負う。それゆえ，会社が倒産した（すなわち，債権額に対して会社の財産で支払いきれなくなった）場合には，足りない分につき，社員の個人的な私

213

有財産まで放出して責任を負わなければならない。組合の場合も合名会社の場合も無限の責任を同様に負うことになるが，いくつかの相違点もある。

たとえば，合名会社の社員は補充的な責任を負うにすぎないのであるが，組合員の責任は併存的な責任を負う。合名会社の社員は会社債権者から借金を払えと請求された場合に，「私から回収する前に会社の財産から回収してくれ」といえるが，組合員はいえないのである。

合名会社等の持分会社では労務出資や信用出資が可能であり，労務や信用の出資に対して一定の持分を認めることができる（会社576条1項6号）。

3　合　資　会　社

合資会社は，会社債権者に対して無限責任を負う社員（無限責任社員）と，有限責任しか負わない社員（有限責任社員）とからなる会社である。

有限責任社員は，その出資額を限度として会社の債務を弁済する責任を負う（会社580条2項）。たとえ会社が倒産した場合であっても，個人の財産によって責任を負わされることのない社員である。

合資会社が合名会社と異なるのは，一部の社員の責任が有限であることで，それを除けば合名会社と同じである。なお，合資会社の有限責任社員がいなくなった場合には，合名会社となる定款変更をしたものとみなされる（会社639条1項）。

4　合　同　会　社

合同会社は，アメリカのLLC（limited liability company：有限責任会社）をモデルに，2005（平成17）年の会社法によって新設された企業形態である。

合同会社は有限責任社員からのみ構成されており（会社576条4項），合名会社とも合資会社とも異なる。この点については，株式会社と類似するが，株式会社とは異なり，会社の内部自治が広く認められており，社員総会や取締役を置く必要すらない。合同会社の最大の特長は，全社員が有限責任の利益を享受しながら，会社内部のルールや機関設計に関しては，社員の合意にもとづき自由

に設定できることである。

　合同会社と類似した企業形態として，有限責任事業組合契約法による有限責任事業組合（LLP：limited liability partnership）がある。有限責任事業組合においても全組合員が有限責任とされ，組合の内部関係についても組合的規律の適用を受け，当事者自治が大きく認められる点で，合同会社と類似する。しかし，合同会社は法人格を有しているのに対し，有限責任事業組合は有していない。合同会社においては全社員が業務執行社員となる必要は必ずしもないが，有限責任事業組合では全組合員がなんらかの形で業務執行に携わる必要がある。合同会社は構成員が1人であっても存続可能であるが，有限責任事業組合は構成員が1人では存続できない等の相違点がある。

　2009（平成21）年9月，世界最大のスーパーである米国のウォルマート・ストアーズの完全子会社の西友は，取締役会や株主総会の開催を省略することで意思決定のスピードアップ，さらには，会社組織や店舗運営の効率化をはかる目的で，会社形態を株式会社から合同会社（日本版LLC）に変更している。なお，西友は現在も合同会社形態を維持しているが，ウォルマート・ストアーズの日本における持株会社であるウォルマート・ジャパン・ホールディングス（WJH）は2015（平成27）年11月に自社の会社形態をこれまでの合同会社から株式会社へ変更した。変更理由としては，ウォルマート・ストアーズによる西友の売却準備であった。2021（令和3）年，ウォルマート・ストアーズは西友の85％の持分を売却した。20％の持分は西友のネットスーパー事業の提携先である楽天が，65％の持分はアメリカの投資ファンドであるKKR（コールバーグ・クラビス・ロバーツ）がそれぞれ取得した。その後，2022（令和4）年に合同会社西友から株式会社西友に改組された。2023（令和5）年には楽天が20％の持ち株をKKRに売却している。これは，西友が楽天と共同で取り組んできたネット（通販型）スーパー事業の見直しをした結果ゆえの株式の譲渡である。なお，西友は2024（令和6）年4月に北海道と九州からの完全撤退を発表した。

Ⅲ　株式会社の基本構造

1　所有と経営の分離

　持分会社では各社員が原則として業務執行を行う機関であり，会社を代表する機関となる。それゆえ，会社の実質的な所有者が会社の経営を行う権限を有する。他方，株式会社では，会社の実質的な所有者である株主が株主総会を組織し，会社の基本的な事項あるいは非常に重要な事項につき，株主の意思を会社の意思として形成することになるが，会社の経営については取締役あるいは取締役会にゆだねている。すなわち，株式会社は所有と経営が制度的に分離されている企業形態なのである。

2　継　続　性

　株式会社では，資金を出した者は，出資金と引換えに株式を受け取り，株主となる。このように，社員である株主の地位が株式という細分化された単位によって表されるため，広く大衆に散らばっている資金を集めて大企業を形成することも可能となる。また，企業が個々の株主の地位から独立しているため，継続性をもって事業を展開することも可能となる。この点，社員の個性が重視される合名会社や個人企業などにおいては，特定の人の財産や信用が大きな関心の対象となっており，その人が亡くなってしまった場合には，その会社はもはや相手にされないといった状況にもなりうる。

3　株主有限責任

　会社のビジネスが成功するかどうかは誰も保証できない。出資されたお金が大きくなれば，その損失もまた大きくなる。とはいえ，株式会社がビジネスに失敗したからといって，その株式会社に出資した株主がみずからの出資額を超えて損失の補償を求められるとすると，株式会社に出資しようとする者はいなくなってしまいかねない。そこで，株式会社は，株主は株式の引受価額（払込価額）を限度とする出資義務のみを負う（会社104条），というシステムをとって

216

第8章　会社と法

いる。株主は，引受価額を払い込んで株主となれば，その後に追加の出資を求められることもなく，また，会社の債務について責任を負わされることはない。これは，会社の債務について無限の責任を負わされる合名会社や個人企業等と大きく異なる点である。

4　株式譲渡自由の原則

　株主が会社に出資したお金を回収しようとする場合に，株主が株式を会社に買い取ってもらい，出資額の払戻しを受けることができるとすれば，会社財産が取り崩され，株主が有限責任しか負わない株式会社においては，会社債権者が害されてしまう。それゆえ，株主は原則として持分の払戻しを受けることはできない。そこで，株主にとっては原則として他に譲渡することが投下資本を回収する唯一の手段である。株式会社では株式の自由譲渡性が原則として保障されている（会社127条）。

Ⅳ　会社は誰のためにあるの？

1　コーポレート・ガバナンス

　コーポレート・ガバナンスは「企業統治」と訳され，日本の企業経営における一般的な用語として用いられている。コーポレート・ガバナンスがさまざまな意味で用いられており，その定義については，「会社は誰のためにあるのか」とする見解もあるが，法的な観点からは，基本的には，「会社の運営が公正かつ効率的に行われるようなメカニズムになっているか」が，コーポレート・ガバナンスの意味内容である。それゆえ，コーポレート・ガバナンスにおいては，適法性の確保（すなわち，違法性の排除）と効率性の確保（すなわち，効率の向上）に関する問題がその具体的テーマであるともいいうる。

　大企業における違法行為・非効率は会社の関係者のみならず，社会全体にも被害が及びうるのであり，適切なコーポレート・ガバナンスを構築することの要請は（大企業以外の会社と比べ相対的に）大きなものとなる傾向があろう。

217

2　適法性と効率性

　株式会社は広くさまざまなところから資金を集め，それを効率的に運用することのできるメカニズムとして非常に優れたものである。ただ，株式会社の価値は，会社の経営が適法かつ効率的に行われているときにこそ，その効用が最大化され，そうでない場合には，株主・従業員・取引先等の会社と利害関係にある者の利益が損なうことにもなりかねない。

　コーポレート・ガバナンスについての議論は，「経営の適法性を確保しつつ」「会社の競争力をいかに高めるか」というテーマに集約できる。すなわち，適法性と効率性のバランスの問題である。このバランスについての議論は，コーポレート・ガバナンスを語るうえで欠かすことはできない。

3　会社は誰のためにあるの？

　この問いかけは，会社のあり方の根本に対する問いかけでもある。一般的には，会社は株主のものであり，株主の利益のために経営されている。それゆえ，会社は株主のためにある，ということになりそうである。ただ，会社は所有者である株主のためにあるものとはされてはいるものの，実際には，従業員のため，顧客のため，あるいは経営者自身のためにも経営がなされている。

　会社の制度それ自体は法律がつくるものであり，その法律が会社は株主のためにあると定めていれば，それが答えになろう。この点，会社の制度を生み出している法律である会社法には，直接的に，かつ，明瞭な形で，それが示されている規定は見あたらない。しかし，会社法上，会社の経営者である取締役に対して，株主の利益を大切にしなければいけない，といった趣旨の条文が少なからず明文化されており，取締役が会社経営を行ううえで，株主の利益はきわめて重要視されていることは明らかである。それゆえ，少なくとも，会社法の観点からは，「会社は株主のためにある」といった見解は妥当であるといえるが，この見解を発展させ，「会社は株主のためだけにある」といった見解に妥当性をもたせるには，さらなる根拠を示す必要があろう。

第 8 章　会 社 と 法

第 2 節　取締役の義務

取締役はどんな義務を負っているの？

Case 8-2

　株式会社Aの取締役は，自らの業務を執行する上でいかなる義務を負うのか。取締役の義務は過酷な義務と考え，取締役は，常に，大きな責任を負わねばならないのであろうか。

I　取締役の義務

　取締役は，株主総会で選任され，会社から経営の専門家として会社における業務執行につき委任を受ける地位にある。そのため，取締役は会社と委任関係にあり，受任者（委任を受ける者）として一般的な注意義務（善管注意義務）を負う。くわえて，取締役は法令および定款ならびに株主総会の決議を遵守し，会社のために忠実に職務を遂行する義務（忠実義務）も負っている。

　会社法においては，会社と取締役が委任関係にあると規定し，善管注意義務・忠実義務を負うことが規定されているほか，取締役は他の取締役の業務執行が適正になされているかを監視する義務（監視義務）や大会社の取締役には会社の業務が適正になされていることを確保するための体制づくりをする義務，すなわち，内部統制システムを構築する義務等も規定されている。

II　善管注意義務と忠実義務

　会社と取締役との関係は，委任に関する規定が適用される（会社330条）。取締役は委任契約にもとづく受任者として，委任の本旨にしたがい，善良なる管理者の注意をもって委任事務を遂行する義務（善管注意義務）を負う（民644条）。これとは別に，取締役は，取締役の職務遂行の一般的義務として，法令・定款の定めおよび株主総会の決議を遵守して，会社のために忠実にその職務を遂行する義務（忠実義務）を負う（会社355条）。

219

取締役の善管注意義務と忠実義務の関係につき，多数説・判例は，忠実義務は善管注意義務を敷衍し，かついっそう明確にしたものにとどまり，通常の委任関係にともなう善管注意義務とは別個の高度な義務を規定したものではないとする（最大判昭45・6・24民集24・6・625）。

　しかしながら，忠実義務とは，取締役が会社の業務執行にあたり，会社のために最も有利であるように誠実にその権限を行使し，会社の利益と自己の利益とが相反する場合には，取締役はつねに会社の利益を優先させるべきであり，その優越的な地位を利用して，会社の利益を犠牲に自己の利益を追求してはいけない義務と解されている。

　それゆえ，取締役が職務を遂行するうえで払うべき注意の程度を定めた善管注意義務と，取締役がその地位を利用して会社の利益を犠牲にして自己または第三者の利益をはかってはならないとする忠実義務とでは，その性質および機能は異なると解する説も有力である。

Ⅲ　経営判断の原則

　近時，経営判断の原則（business judgement rule）という，経営判断には事後的には介入しないとするルールは日本において認められつつある。取締役として会社の利益のために最善を尽くして業務執行にあたったが，結果として取締役の業務執行により会社に損害が生じた場合に，取締役が誠実に行動し合理的な根拠にもとづき経営判断を行ったのであれば，取締役の責任は生じないとするものである。

Ⅳ　監　視　義　務

　会社の規模がある程度以上の場合には，健全な会社経営のため，事業の規模や特性等に応じたリスク管理システム（内部統制システム）を整備・運用する必要が生じる。このようなリスク管理システムは取締役会で決定される（会社362条4項6号）。それゆえ，取締役は，取締役会の構成員として，また，代表取締役または業務担当取締役として，リスク管理システムを構築すべき義務を負い，

さらに，代表取締役および業務担当取締役がリスク管理システムを構築すべき義務を履行しているか否かを監視する義務を負う（大阪地判平12・9・20判時1721・3）。

この点につき，東京地判平成16年12月16日（判タ1174・150）は，いわゆる証券市場において上場する公開会社等ある程度の規模の会社においては，会社の事業活動が広範囲にわたり，取締役の担当業務も専門化されている場合には，取締役が，自己の担当以外の分野において，代表取締役や当該担当取締役の個別具体的な職務執行の状況について監視を及ぼすことは事実上不可能であり，違法な職務執行が行われていたことのみをもって，各取締役に監視義務違反があったとすることは，いわば結果責任を強いるものであり，本来の委任契約の債務の内容にも反すると解している。

そこで，このような取締役の監視義務の履行を実効あらしめ，かつ，その範囲を適正化する観点から，個々の取締役の職務執行を監督すべき取締役会が，個々の取締役の違法な職務執行をチェックしこれを是正する基本的な体制を構築すべき職責を有しており，これを前提に，会社の業務執行に関する全般的な監督権限を有する代表取締役と当該業務執行を担当する取締役が，その職務として，具体的なリスク管理システムを構築し，かつ，そのようなリスク管理システムにもとづき，個々の取締役の違法な職務執行を監督監視すべき職責を担っていると解される。

第3節　敵対的買収

会社を買収するとは？

Case 8-3

株式会社Bの取締役会は株式会社Cの買収を検討している。買収の具体的方法としては，いかなるプランが考えられるであろうか。

Ⅰ　M ＆ A

M&A とは合併（merger）と買収（acquisition）の略称である。

1　合　　併

合併とは，複数の会社が契約により１つの会社にまとまることをいう。合併の種類としては，「新設合併」と「吸収合併」の２つがある。新設合併とは，合併しようとする２つ以上の会社がすべて解散され，１つの新たに設立された会社（新設会社）がその権利義務の一切を引き継ぐ形の合併である。

他方，吸収合併とは，合併しようとする会社のうち１社が合併後の存続会社となり，それ以外の会社のすべての権利義務を包括承継することで，それ以外の会社は消滅する，といった形の合併である。新設合併は手続が煩雑であるため，件数的には，吸収合併の場合がほとんどである。

2　買　　収

買収とは，会社に影響力を及ぼしうる程度の数の株式を取得する行為のことである。株式を取得することで，買収される会社（被買収会社）の株式を買収する側の会社（買収会社）が譲り受ける方法であるが，買収の方法は以下の３種類である。

（1）　相対取引　　被買収会社の１人あるいは複数の株主から，直接株式を譲り受ける方法である。

（2）　市場取引　　被買収会社が上場企業の場合，証券会社などを通じて，株式市場で流通しているその会社の株式を買い集める方法である。この方法によれば，被買収会社の株主の合意が不要であることから，会社を乗っ取るといった敵対的買収を行うといった場合にも利用されることもある。

（3）　公開買付（TOB：takeover bit）　　買収する側が被買収会社の株主を対象に株式を売ってくれるよう勧誘し，市場外で，それらの株式を買いつける方法である。TOB には被買収会社の経営陣の承認を得て行われる友好的 TOB と，

そうした承認を得ることなく行われる敵対的（同意なき）TOB がある。

　海外では，友好的 TOB・敵対的 TOB のいずれもめずらしくはないが，日本においては，友好的 TOB が多く，かつては，敵対的 TOB は非常にめずらしかったが，近時，一般的になりつつある。日本における敵対的 TOB の第 1 号は，2000（平成 12）年に行われれた村上ファンドによる昭栄に対する事例である。その後，いくつかの事例が続き，ゴルフ場運営で国内 2 位の PGM ホールディングスによる業界最大手のアコーディア・ゴルフに対する事例（2013［平成 25］年）や米投資会社のサーベラスによる西武ホールディングスに対する事例（2013［平成 25］年）等があるが，いずれも不成立となっている。他方で，伊藤忠商事によるスポーツウェアの大手メーカーであるデサントに対する事例（2019［令和元］年 3 月）・前田建設工業による前田道路に対する事例（2020［令和 2］年 1 月）・外食大手のコロワイドによる大戸屋に対する事例（2020［令和 2］年 9 月）・電子部品大手のニデック（旧日本電産）による工作機械メーカーの TAKISAWA（旧滝澤鉄工所）に対する事例（2023［令和 5］年）においては，敵対的 TOB として続々成立している。

　なお，日本の会社が海外の会社を買収しようとして敵対的 TOB を行った事例もある。たとえば，アステラス製薬がアメリカの製薬会社である OSI ファーマシューティカルズに対する事例（2010［平成 22］年）であり，当初は敵対的 TOB であったが，最終的に，相手企業の取締役会と TOB につき合意に至り，TOB は成立した。アステラス製薬は，前年の 2009（平成 21）年にアメリカの製薬ベンチャーの CV セラピューティクスに対して敵対的 TOB を行ったが，失敗に終わっていた。

II　敵対的買収と友好的買収

　敵対的買収（同意なき買収）とは，被買収会社の経営陣の承認なく（あるいは，経営陣の意に反して）会社の経営権を奪うことをいう。会社の経営権は取締役会と代表取締役が有することから，買収者が取締役会の多数派となり，かつ，代表取締役を選出することで会社の経営支配権を手に入れる。

他方，友好的買収とは，被買収会社の経営者の同意にもとづき，その意思の
もとで行われる買収である。敵対的買収か友好的買収かの区別は，ターゲット
となった会社の経営者の意思に反するか否かによるものである。

Ⅲ　敵対的買収の効能

単純に「敵対的買収が『×』であり，友好的買収が『○』である」と考える
べきではない。というのも，会社の価値を高める敵対的買収が存在する一方で，
経営者の意思に沿った友好的買収であっても，それが必ずしも会社の価値を高
めるものであるとは限らないからである。

敵対的買収であっても，経営者を交代させることで会社の経営の効率化がは
かられ，会社の価値を高めることは十分にありうる。会社の支配権が変動する
ことで，会社の経営資源の再構築あるいは再配置により会社のパフォーマンス
が向上することは，海外のみならず，日本においても垣間みられている。

敵対的買収を完全に肯定するわけではないが，会社経営に適度の刺激（規
律・緊張感）を与え，経営の活性化につながる場合もありうるのだから，敵対
的買収というだけで，即，「×」と決めつけるのは妥当ではない。

Ⅳ　買 収 防 衛 策

会社を買収するとは，会社の支配権を獲得することである。会社の支配権は，
株式会社においては株式の持株比率（シェア）という形で表される。つまり，
資本多数決の原則を採用している株式会社にあっては，より多くの資金を投入
し，より多くの会社資本を制した者が，その会社の支配権を獲得することにな
る。

したがって，買収から会社を防衛するということは，株式のシェアの増加に
ともなう支配権の変動を抑える，すなわち，多数の株式を取得させない，とい
うことである。そのための手段としては，買収者が保有している株式のシェア
による支配権である議決権割合を薄める方法（第三者割当増資，ポイズンピル）
と買収者が保有している議決権を無力化する方法（黄金株）などがある。

224

第8章 会社と法

1 第三者割当増資

買収者が登場してきたときに，買収者の持株比率を低下させ，買収先に対する発言力を低下させる方法として，従来から用いられてきた伝統的な手法は，友好的な第三者に新株を発行する第三者割当増資という手法である。新株が発行されれば，会社が発行している株式の総数である発行済株式総数が増加する。それゆえ，新株を友好的な第三者に割り当てることで，発行済株式総数に占める買収者の持株比率が低下する。

第三者割当増資は，通常の場合（新株を時価で第三者に割り当てる場合），取締役会の決議のみで実施可能であるため，実際に買収者が登場してきてから導入される，いわゆる，有事導入型の防衛策として，従来から伝統的に用いられてきた方法である。

この点，買収のターゲットとされた会社が，買収者の持株比率を第三者割当増資によって低下させようとすると，買収者はそれに対抗して法的手段を講じようとする場合がある。株式の発行が著しく不公正な方法で行われる場合，それにより不利益を受ける株主は，差止めの請求をすることができる（会社210条）。買収者は，みずからの持株比率が低下する第三者割当増資が著しく不公正な方法による新株発行にあたることを理由として，裁判所に，新株発行（第三者割当増資）の差止めを求めうる。

なお，著しく不公正な方法による新株発行とは，法令または定款の具体的な規定には違反が認められないが，その発行が著しく公正さを欠く場合で，たとえば，取締役またはその一族の者の利益をはかるため，あるいは，現在の取締役の支配的地位を強化するために，それらの者に不当に多数の新株を割り当てる場合である。

このほか，いかなる場合が新株の不公正な発行とされるかについては，クリアカットに示すことは困難であるが，新株発行の主目的が会社の支配権の維持・獲得にある場合には，そうした新株発行は不公正発行に該当する。逆に，会社に現実に資金調達の必要性があって新株発行が行われている場合には，（取締役が自派の者にのみ利益をはかって新株の割当てを行っていない限り）結果と

225

して，取締役の反対派の持株比率を低下させ，会社の支配関係に変動が生じたとしても不公正発行には該当しないと考えられている（主要目的ルール）。ただ，近時は，ライブドア事件抗告審決定（東京高決平17・3・23判タ1173・125）においては，「企業価値の維持（向上）」といった新たな基準が注目されつつある。

2　ポイズンピル

ポイズンピル（毒薬）とは，新株予約権を利用した（基本的には）平時に導入する防衛策である。ポイズンピルには買収を断念させる効果があることから，新株予約権を利用した防衛策は毒薬といわれる。買収者が登場する前の平時において，将来買収者が出現したときに買収者の持株比率が低下し，買収者にダメージ（毒）を与える仕組みを事前に導入しておく方法である。

新株予約権とは，これを持っている者（新株予約権者）が会社に対して行使することで株式の交付を受けることができる権利である（会社2条21号）。それゆえ，株式そのものではないが，将来，株式を取得できる権利ということもできる。

新株予約権を利用した防衛策にはさまざまなバージョンがあるが，基本型は，買収者の持株比率が20％以上となった段階で，買収者以外の者がその行使により1株を取得できる新株予約権1個を事前に株主に割り当てておくスタイルである。この基本型の場合，買収者以外の株主が新株予約権を行使すると，会社の発行済株式総数が増加する一方で，買収者の持ち株数は変わらない。それゆえ，買収者の持株比率は低下することとなる。

3　黄　金　株

買収者が過半数の株式を取得し，株主総会で決議を通すことができるようになっても，それを拒否できるきわめてパワフルな力をもつことができれば，会社を防衛することができる。こうした絶大なパワーをもつものが，拒否権付種類株式（会社108条1項8号），いわゆる，黄金株である。

黄金株とは，会社における重要な事項，たとえば，取締役の選任・合併・事

業譲渡などの株主総会の決議事項につき，種類株主総会の決議が必要であるとして，拒否権をもつ種類株式を会社に友好的な者に発行されるものである。種類株主総会での不承認という形で，買収者が意図する重要な決議事項につき拒否権が行使されることになる。こうした黄金株の存在により，買収者が普通株式の過半数を取得した場合であっても，黄金株の株主の意向を無視はできないため，会社を支配する，あるいは，会社を乗っ取るうえでは大きなハードルとなる。たった１株であっても，重要な事項につき，普通株主の決議をひっくり返す形で拒否権を行使することが可能である点に黄金株の最大の特徴がある。日本では，原油・天然ガス開発の会社である国際石油開発帝石株式会社の黄金株を経済産業大臣が保有しているが，これは政策的な理由によるものである。

　なお，黄金株は１株１円の出資であっても会社全体の動きを止めることが可能であり，株式会社における本来的な意思決定のメカニズムからはきわめて異質な制度である。というのも，株式を公開し，株式譲渡の自由が保障されている株式会社にあっては，資本の論理（多数決の論理）により議決権のある株式の多数を保有する者が会社の支配権を取得する。そして，支配権を取得した株主が経営者を選任するのが株式会社の本来的要請である。それゆえ，そうした本来的要請を大幅に修正する拒否権付種類株式は，黄金株ではなく，「ウィルス株」であるとする見解もある。

4　最近の動向

　2005（平成 17）年から現在までに買収防衛策を導入した企業は，のべ 600 社以上であるが，このうち，経営破綻や親会社による完全子会社化などの理由を含め，100 社以上が買収防衛策を廃止している。買収防衛策は，導入後，２～３年で今後の継続の可否が検討されることが多い。2024（令和６）年までに，買収防衛策を廃止した企業は，たとえば，ファミリーマート・モスフードサービス・テレビ東京・ロート製薬・東京ドーム・ゼンリン・日本郵船・横河電機・旭化成・シマノ・東芝・日本テレビ・京成電鉄・三菱地所・三菱マテリアル・クレハ・レンゴー・ミズノ・TOTO・キューピー・サッポロホールディ

ングス・コスモエネルギーホールディングスなどである。

● 第4節　株主代表訴訟

株主が取締役を訴えるとは？

Case 8-4

　株式会社Dの取締役が会社から1億円を横領した。この場合，株主代表訴訟を利用できるのであろうか，利用できる場合，会社の損害を回復させるにはいかなる手続を踏めばよいのであろうか。

I　株主代表訴訟とは

　取締役等の会社に対する責任は，本来，会社が追及すべきものであるが，現実に会社を代表して責任追及するのはこれまた取締役等である。そのため，取締役や執行役間の仲間意識などから責任追及に手心が加えられる可能性がある。そこで，会社法は，個々の株主自身が会社のために，会社に代わって，会社の権利を行使し，責任追及等の訴えを提起することを認めている（会社847条）。これを「株主代表訴訟」という。

　株主代表訴訟の具体的な代表例として，大和銀行ニューヨーク支店の巨額損失事件をめぐる株主代表訴訟につき，2000（平成12）年9月20日に大阪地方裁判所が示した判決がある。この判決では，事件当時の取締役等に対して総額800億円を超える損害賠償を命じている。なお，2022（令和4）年に東京地裁は，東京電力福島第1原子力発電所事故を巡り，事故当時の取締役4人に（国内における裁判で過去最高とされる）13兆円超の巨額な損害賠償を命じたが，現在，東京高裁で控訴審が係属中である。

II　株主代表訴訟の対象

　株主代表訴訟の対象となる取締役等の責任は，法令または定款違反の取締役等の地位にもとづく責任だけに限定され，債務不履行の責任は含まれないとも

第8章 会社と法

解しうるが，こうした区別は明確ではなく，また，株主代表訴訟を認めた趣旨
からも限定をするべきでないであろう。

なお，取締役等の地位にある間に生じた責任であるため，取締役等の退任後
であっても，株主代表訴訟の対象となる。

Ⅲ 株主代表訴訟の手続

1 原告適格

6ヵ月前から株式をもっている株主が代表訴訟を提起できる。6ヵ月の要件
は定款で短縮できる（会社847条1項）。株式を1株以上保有していれば，提訴権
が認められる。

会社の利益，さらには，株主全体の利益を保護するための制度であること，
会社荒らし目的の訴訟を防ぐ必要があることから，原則として，訴訟係属中は
株主であることが必要である。

2 原告適格の制限

株主による責任追及等の訴えが，株主もしくは第三者の不正な利益をはかり
または会社に損害を加えることを目的とする場合には，訴えの提起を請求する
ことはできない（会社847条1項ただし書）。代表訴訟提起権は単独株主権であり，
また，訴訟費用も低額のため，不当な代表訴訟が提起される場合がある。これ
までは，代表訴訟の提起を制限する特別な規定がなかったため，訴権の濫用等
の一般条項によるものであった。しかしながら，一般条項はその適用の基準が
明確でなく，法的安定性を害しうる。そこで，会社法はこれまでに訴権の濫用
とされた類型を基礎にして明文の規定を設けた。

3 提訴の手続

株主がまず会社に対して書面で，会社が取締役等に責任追及等の訴えを提起
するように請求する（会社847条1項）。会社法349条によれば，会社を代表して
請求を受けるのは代表取締役であるが，監査役設置会社であれば監査役（会社

229

386条2項1号），指名委員会等設置会社であれば監査委員（会社408条5項1号），監査等委員会設置会社であれば監査等委員（会社399条の7第5項1号）である。

会社が取締役の責任追及等の訴えを提起する場合に，原告として会社を代表するのは，原則として，取締役あるいは代表取締役であるが，なれ合い訴訟を避ける目的で，株主総会は普通決議により訴えに関して会社を代表する者を定めることができる（会社353条）。

会社が株主による請求を受けてから60日以内に訴えを提起しない場合，株主はみずから取締役等に対し，訴えを提起することができる（会社847条3項）。会社に回復できない損害が生じるおそれがある場合には，ただちに訴えを提起することができる（会社847条5項）。

60日以内に会社が責任追及の訴えを提起しない場合には，請求をした株主，あるいは，責任追及の相手方とされた取締役等から請求があれば，その者に対して遅滞なく，訴えを提起しない理由を書面等の方法により通知しなければならない（会社847条4項）。

訴額は，実際の請求額ではなく，財産上の請求ではない請求とみなされ，手数料は請求額にかかわらず一律である（会社847条の4，民訴費4条2項）。現在の手数料は13,000円である（もっとも，訴訟手数料が請求額と比例していないことが代表訴訟件数の近年の増加の一因となっている）。

株主は，責任追及等の訴えを提起した場合，遅滞なく会社に対して訴訟告知をしなければならない（会社849条4項）。会社が責任追及等の訴えを提起した場合には，遅滞なく訴えを提起した旨を公告し，または，株主に通知しなければならない（会社849条5項）。

4　判決の効果

判決の効果は勝訴・敗訴を問わず，会社に及ぶ（民訴115条1項2号）。原告株主が被告と共謀して会社の権利を害する目的により判決を得たときは，会社または他の株主は，再審の訴えを提起することができる（会社853条1項）。

株主側勝訴の場合，株主は会社に対して訴訟費用以外の必要費用および弁護

士報酬の範囲内において相当額の支払いを請求できる（会社852条1項）。

　株主側敗訴の場合であっても，株主に悪意がない限り，会社に対して損害賠償責任を負担しない（会社852条2項）。訴訟に参加した株主も同様である（会社852条3項）。

5　訴訟上の和解

　スピーディーな紛争解決の観点から，訴訟上の和解をすることが認められる（会社850条1項）。この場合，取締役等の責任免除につき，総株主の同意を必要とするという規定は適用されない（会社850条4項）。会社が和解の当事者でないときには，裁判所は会社に対して和解内容を通知し，異議あれば2週間以内に述べるべき旨の催告を行う。会社がこの期間内に異議を述べなかったときは，通知内容をもって株主が和解をすることを承認したものとみなされる（会社850条2項・3項）。

Ⅳ　担　保　提　供

　株主が代表訴訟を提起したとき，被告がその訴えの提起が原告株主の悪意によるものであることを疎明した場合には，裁判所は，相当の担保の提供を命ずることができる（会社847条の4第2項・第3項）。これは会社荒らしから会社を守るための制度である。

　原告株主の悪意の意味内容についてはさまざまな見解があるが，近時は，被告取締役の責任に，事実的根拠や法律的根拠がないことを知りながら，または，不法不当な目的であえて訴えを提起する場合ととらえ，悪意の意味内容を厳格に解する傾向がある。

Ⅴ　有名な株主代表訴訟等

（1）　八幡製鉄政治献金事件（最大判昭45・6・24民集24・6・625）　　旧八幡製鉄（現在の新日鉄住金）の代表取締役が自民党に350万円の政治資金を寄付した（政治献金した）責任を追及するため，株主代表訴訟が提起された。第1審で請

求は認容（原告株主勝訴）されたが，控訴審・上告審では，いずれも原告株主が敗訴した。

(2) 三井鉱山自己株式取得事件（最判平5・9・9民集47・7・4939）　完全子会社による親会社株式の取得を行った親会社取締役の責任を追及するため，株主代表訴訟が提起された。株主代表訴訟によって取締役の責任が認められた最初の最高裁判所判決である。

(3) 大和銀行巨額損失事件（大阪地判平12・9・20判時1721・3）　大和銀行ニューヨーク支店の巨額損失事件をめぐる株主代表訴訟で，総額7億7,500万ドル（約975億円）の損害賠償が命じられたが，控訴審で和解（被告取締役等49名が合計約2億5,000万円を会社へ支払う）が成立した。

(4) ダスキン肉まん事件（大阪高判平18・6・9判時1979・115）　無認可添加物が入った肉まんを販売したダスキンをめぐる株主代表訴訟で，被告取締役等11名に総額約5億5,000万円の賠償が命じられた。この判決では，企業には不祥事をみずから公表する義務があることを明言した。

(5) 蛇の目ミシン事件（東京高判平20・4・23金判292・14）　仕手集団からの暴力的な脅迫行為などに屈して蛇の目ミシンに巨額損失を与えたとして，旧経営陣に対して610億円の賠償を求めた株主代表訴訟で，元社長ら5人に580億円の賠償を命じた。

(6) ヤクルト巨額損失事件（最決平22・12・3資料版商事法務323・11）　ヤクルト本社の資金運用の一環としてデリバティブ取引が行われて533億円の損失が発生したとして，取締役・監査役に対して損害賠償を求めて提起された株主代表訴訟で，当該取引の担当取締役については67億円の賠償が命じられた。他方で，当該取締役以外の取締役・監査役については責任が否定された。

(7) オリンパスの粉飾決算事件（東京高判令1・5・16金判1585・12）　巨額の金融資産の損失の計上を避けるために，ファンド等に金融資産を買い取らせるなどして，損失を分離した上で，それを解消するために企業を買収するなどした結果，オリンパスに巨額の損害を発生させた事例で，オリンパスと株主が当時の経営陣に損害賠償を求めた。控訴審で当時の社長・副社長・監査役ら3

第 8 章　会 社 と 法

人に総額約 600 億円の賠償が命じられ，その後，2020（令和 2）年に上告は退けられ，控訴審判決が確定した。

Ⅵ　多重代表訴訟

　多重代表訴訟（会社 847 条の 3）とは，親会社の株主が子会社の取締役等の経営陣の責任を追及できる制度であり，2014（平成 26）年会社法改正により新たに盛り込まれた。

　新設された多重代表訴訟は，「提訴資格を有する株主は親会社の総株主の議決権の 1 ％以上を保有している株主に限定」「親会社の持つ子会社株式の帳簿価額が親会社の総資産額の 20％を超える子会社に限定」等の一定のハードルが設けられている。それゆえ，（容易に提訴可能な株主代表訴訟に比べ）多重代表訴訟は提訴しにくい制度設計となっている。

第 5 節　社外取締役

会社法改正のポイント

Case 8-5

　株式会社 E には，かつては，社外取締役は存在しなかった。その存在意義を見いだすことができなかったことがその主たる理由であったが，近時，突如，社外取締役が選任され，その動きは，上場会社，とりわけ，東証一部上場会社では，100％近い導入率である。なぜだろう。

Ⅰ　平成 26・令和元年会社法改正

　会社法は，2005（平成 17）年に成立したが，近時，社外取締役の活用や取締役に対する監督のあり方を中心に，コーポレート・ガバナンスの強化をはかるべきであるとの指摘がされるようになった。そこで，社外取締役の独立性を高めその任用を促進することとを目的に，社外取締役等の社外性の要件を強化する一方で，2019（令和元）年会社法改正において，上場会社等に社外取締役を

233

置くことを義務づけることにした（会社327条の2）。

Ⅱ　社外性の要件

2014（平成26）年会社法改正において，社外要件の厳格化と一部緩和が行われた。

1　厳格化

社外取締役の独立性を確保するため，以下の議決権・血縁関係を背景とする支配・従属関係を有する一定の者の社外性が新たに否定された。

① 親会社（または会社の経営を支配している者）の取締役・執行役・支配人その他の使用人（会社2条15号ハ）

② 兄弟会社の業務執行取締役（会社2条15号ニ）

③ 自社の取締役・執行役・支配人・重要な使用人の近親者（配偶者または2親等以内の親族），親会社の取締役・執行役・支配人その他の使用人の近親者（会社2条15号ホ）

2　一部緩和

人材確保の要請から，社外性の要件が緩和された点は，自社または子会社における過去要件の部分である。改正前は，過去に一度でも自社または子会社の業務執行取締役等（業務執行取締役，自社の業務を執行したその他の取締役・執行役・支配人その他の使用人）であったことがあれば社外性が否定されていたのに対し，改正後は，社外取締役の就任前10年間のいずれかの時において自社または子会社の業務執行取締役等であったことがないのであれば，社外性が認められる（会社2条15号イ）。

なお，社外取締役の就任前10年内のいずれかの時において自社または子会社の取締役・会計参与・監査役であったことがある者（業務執行取締役等であったことがある者を除く）は，自社または子会社の業務執行取締役等には該当しないとされる（会社2条15号ロ）。

第 8 章 会 社 と 法

Ⅲ 選 任

社外取締役の選任は，指名委員会等設置会社，監査等委員会設置会社に義務づけられている。指名委員会等設置会社では，各委員会の委員の過半数は社外取締役でなければならない（会社 400 条 3 項）。監査等委員会設置会社では，監査等委員である取締役は，3 人以上で，その過半数は社外取締役でなければならない（会社 331 条 6 項）。

Ⅳ 監査等委員会設置会社

指名委員会等設置会社（会社 2 条 12 号）は，2014（平成 26）年会社法改正前の委員会設置会社のことであるが，監査等委員会設置会社（会社 2 条 11 号の 2・326 条）は，監査役・指名委員会・報酬委員会を置かず，社外取締役が過半数を占める監査等委員会が監査等を担う制度であり，2014（平成 26）年会社法改正により創設された。監査等委員会設置会社の制度は，社外取締役をより活用しやすくするための方策として考えられた機関形態であり，指名委員会等設置会社と監査役会設置会社とのいわば中間に位置する存在として設計された。

指名委員会等設置会社の側からみると，3 つの委員会（指名委員会，監査委員会，報酬委員会）をセットで置くことを要求せず，監査委員会に相当する監査等委員会だけで足りることを意味する。監査役設置会社の側からみると，従来の監査役に取締役会での議決権を与えることにして，その者を監査等委員とよぶとした姿に近い。

なお，監査「等」とされたのは，監査「等」委員会が意見陳述権を通じて取締役の人事と報酬に関与し，「監査」を超える役割を果たすためである。

Ⅴ コーポレートガバナンス・コード

会社法改正によるコーポレート・ガバナンス改革の動きは，金融庁における日本版スチュワードシップ・コードの策定や金融庁・東京証券取引所におけるコーポレートガバナンス・コード策定への動きとも連動して，日本企業のコー

235

ポレート・ガバナンスをより株主利益を重視する傾向は強まっている。

日本版スチュワードシップ・コードとは，モデルとなった英国のスチュワードシップ・コードを参考に，金融庁が 2014（平成 26）年 2 月に公表し，2017（平成 29）年 5 月に改訂，2020（令和 2）年 3 月に再改訂された。日本版スチュワードシップ・コードは，企業との対話を通じて中長期的な成長を促すために機関投資家に求められる行動原則であり，投資先企業の状況を的確に把握することを求めるなどの 7 項目からなる原則を中心に構成されている。なお，金融庁では，日本版スチュワードシップ・コードの「受入れ表明」をした機関投資家のリストの公表・更新を 3 ヵ月毎に行っており，2024（令和 6）年 3 月現在，国内外で総計 334 社・団体である。

2014（平成 26）年に公表された日本版スチュワードシップ・コードは機関投資家を対象にした行動規範であるのに対し，コーポレートガバナンス・コードは上場企業向けのコーポレート・ガバナンスの基本原則であり，東京証券取引所が 2014（平成 26）年 12 月に原案を公表し，2015（平成 27）年 3 月に策定され，2018（平成 30）年に改訂された。コーポレートガバナンス・コードは 5 つの【基本原則】をベースに，31 の【原則】，42 の【補充原則】があり，全 78 項目の原則から構成されている。上場会社は，コーポレートガバナンス・コードの趣旨・精神を尊重してコーポレートガバナンス・コードの充実に努めなければならない。他方で，各原則の中に，それぞれの会社の個別事情に照らし，実施することが適切でないと考える原則があれば，それを「実施しない理由」を十分に説明することで，一部の原則を実施しないことも想定されている（コンプライ・オア・エクスプレイン（comply or explain））。

2021（令和 3）年にコーポレートガバナンス・コードは再改訂された。再改訂版では 2022（令和 4）年 4 月から東証において移行される新市場区分の最上位市場である（東証 1 部を中心に再編し，それを引き継ぐ）「プライム市場」の上場企業に対し，独立した社外取締役を全体の 3 分の 1 以上にすることが求められた。なお，東証は，新市場区分において，現在の 1 部，2 部，マザーズ，ジャスダックの 4 市場を「プライム」「スタンダード」「グロース」の 3 市場に再編された。

第 9 章 犯罪と刑罰

第 1 節　刑法は正義の味方？
不作為犯から刑法の役割を考える

Case 9-1

　Aは大学への通学途中，血を流して歩道に倒れている老人を見つけた。そのまま放置しておいたら死ぬかもしれないと思いつつも，その日は卒業単位がかかった定期試験日で，119番し救急車を呼ぶなどしていたら試験に間に合わなくなってしまうし，また面倒なことに巻き込まれたら嫌だと思い，そのまま立ち去った。結局この老人は，その2時間後に死亡した。

I　刑法の役割

　刑法とは通常，犯罪と刑罰に関する法と定義される。少し嚙み砕いた言い方をすれば，「やったらダメなこと（犯罪）」と「その解決方法（刑罰）」が書かれている「ルール（法）」ということになる。では，このようなルールは社会でなぜ必要とされているのであろうか。泥棒を例に考えてみよう。

　刑法235条では「他人の財物を窃取した者は，窃盗の罪とし10年以下の懲役または50万円以下の罰金に処する」と規定する。端的に言えば，他人の物を勝手に取るのはダメということである。では，もしこのルールがなかったとしたらどうなるのか。たとえば，大学の学食で席を確保するためにテーブルの上に財布をおいておいたら，誰かにその財布を盗られたとしよう。この財布を盗んだ人が泥棒であることは間違いないが，泥棒はダメというルールが存在しない以上，刑法によって問題を解決する方法は使えない。その結果，このよう

な社会ではおそらく泥棒が横行することになろう。もちろん，このような泥棒がまかり通る世の中が，皆さんにとって良い社会であるかと問えば，違うと答えるはずである。急に雨が降ってきたからと言って，自分がさしている傘を他人に奪われたとしても文句が言えない世の中はおかしいであろう。

　そこで，泥棒が社会で横行しないようにするためのルールが必要となる。したがって，刑法は社会の秩序を維持するため，悪い人を懲らしめる正義の法であるということになりそうであるが，これは半分正解で，半分不正解である。というのも，社会秩序を維持するためというのであれば，刑法でなくともその役割を演じることができるからである。たとえば，正義の味方であるアンパンマンだけが，みんなの敵であるばいきんまんを倒すのかと言えば，そうではない。カレーパンマンやしょくぱんまんも，ばいきんまんを倒すことがあるように，お互いが持ちつ持たれつの関係になっている。これは法の世界でも同じである。不倫をすることは社会では悪いことかもしれないが，それを正すのは刑法ではなく，民法の役目である。

　では，刑法はなぜ存在しているのか。答えは，悪い人を懲らしめるためだけではなく，大切なもの（利益）を守るためである。そもそも，なぜ泥棒が悪いかといえば，ルールを守らない迷惑な人だからだけでなく，その前提として，被害者の財産という大切な利益に害を生じさせるからこそ，悪いのである。このように世の中には，法で特別に守る必要があるくらい，個人や社会あるいは国家とって重要な利益がある。これを法益とよび，刑法はこの法益を守るために存在しているのである。したがって，犯罪とは形式的には刑法（ルール）に反する行為と言えるが，その実質は法益を侵害する（あるいは脅かす）行為ということになるのである。

II　助けないことは犯罪か？

　このように，刑法が法益を守るために存在しているとしたら，Case 9-1においてAが老人を「助けなかったこと」は，犯罪になりそうである。生命は法で保護する価値がある重要な利益であることは明らかであり，その証拠に，刑

法199条では「人を殺した者は，死刑又は無期若しくは5年以上の懲役に処する」として，殺人罪を規定している。そうだとすると，Aが老人の命が危ないと分かっていながらも，そのまま見捨て「助けなかったこと」は，老人の命を侵害したとも言えるだろう。では，老人を助けなかったAは，殺人罪となるのであろうか。

ところで，通常，殺人とは，ナイフで刺し殺すとか拳銃で撃ち殺すなどと言ったように，何らかの動作が人の死に作用することを前提としている。これを刑法では，作為犯と呼んでいる。その一方で，Aは「助けない」，つまり「しなかった」ことで老人の生命を侵害した。このように「しないこと」で法益の侵害を実現する形態を，刑法では不作為犯と呼んでいる。つまり，不作為犯とは「何もしないこと」が犯罪となるのである。そうであるとすれば，こんな疑問が生じよう。何もしなかったら，何か生じることはありえないのに，なぜ何もしないことが死に作用するといえるのか。

たしかに，窓のそばでじっとしているだけでは窓ガラスは割れないが，「何もしないこと」が社会にとって良くない結果を生み出す場合がある。たとえば，児童虐待とりわけネグレクトにより，親が子供に「食事を与えない」あるいは「病院に連れていかない」ことで，子供の生命や身体を害することになることは想像しがたいことではない。したがって，親が食事を与えなかったために，その子供が衰弱死した場合，「食事を与えない」ことも刑法199条の人を殺すこと（殺害行為）に含まれているとしても問題はないであろう。それゆえに，「助けないこと」も殺害行為となりうるのである。

しかしながら，不作為を処罰するということは，「しないこと」はダメだ，逆に言えば，それを「しなければ」ならないということを意味する。つまりAは，留年してでも老人を「助けなければ」処罰されるということになるのである。これはAやこれを読んでいる皆さんからしてみたら，おそらくたまったものではないであろう。

この耐え難さはどこにあるのかと言えば，行動の自由が奪われたことにあると言えよう。作為犯のように「それをするな」と言われたら，それ以外の選択

肢を選べば問題ない（普通は，別の選択肢を選ぶことにそれほどストレスは感じない）一方で，不作為犯が問題となる場面では，処罰をされないようそれを「するしかない」ために，行動の自由が大幅に制限されるのである（ストレスが多い）。

　以上のことから，不作為犯を全く処罰しないことには問題があるが，だからと言ってそのままだと行動の自由を制限することになるため，不作為犯は，なるべくなら処罰しない方が望ましいということになる。刑法にとって法益を守るとの役目ももちろん大切であるが，それを強調しすぎると，本来自由であるべき人の行動がかなり制限されることになるため，その調和を図ることが求められるのである（不作為犯が処罰される犯罪は［刑法に不作為犯として書かれている犯罪＝真正不作為犯たる保護責任者不保護罪，不退去罪や，刑法で作為犯として書かれた犯罪を不作為で実現＝不真正不作為犯たる殺人罪，放火罪，詐欺罪などの］ごく限られたものだけである）。

Ⅲ　社会で期待される役割

　そこで，刑法では例外的に不作為犯を成立させるために，作為犯にはない独自の要件を付け加える。では，不作為犯として相応しい，行動の自由を制限されても良い人とはどんな人であろうか。それは，そのままだと法益が侵害される危険があり，それを阻止あるいは回避するために，何かを「すること」が社会で期待されている人である。たとえば，赤ちゃんがお腹をすかせて泣いている場合，その赤ちゃんにミルクを「与えること」を社会で期待されているのは，たまたまその家の前を通り過ぎた人や，その家の隣人，あるいはその赤ちゃんと同居している祖父母でもない。社会でその役割を果たすべきは，まさにその赤ちゃんの両親である。つまり，赤ちゃんの生命にとって危険な状態を回避あるいは阻止できる（ミルクを与えることができる）人全員ではなく，その中でも，ミルクを「与えなさい」と行動が制限される人は，社会において子を監護する義務が課せられている両親だけなのである（民820条）。

　したがって，不作為とは単に「何かをしない」ことではなく，「社会で期待さ

第9章　犯罪と刑罰

れた行為（作為）をしないこと」ということになり，社会においてこのような期待された役割を与えられている人のことを，刑法では保障人と呼んでいる。つまり，刑法では保障人の不作為だけが問題となるのである。

　では，Aは，老人を助けるとの役割を社会から割り振られた保障人と言えるのであろうか。刑法では，保障人であるか否かにつき，①法律に規定されているか（例：両親や交通事故の加害者など），②契約で決められているか（例：保育園の保育士など），③自分で法益侵害が生じる危険を作り出し，かつ，それを排除することを全面的に委ねられているか（例：交通事故で重傷を負わせた被害者を一旦自車に乗せて走行した場合など），との基準を用いて，いずれかに当てはまれば，保障人として社会から与えられた役割を演じる必要（作為義務）が（刑）法的にあるとされる（最決平17・7・4刑集59・6・403）。これは，自由が制限される人を，倫理的な考慮を排除し，あくまでも法的に割り当てるものである。

　もちろん，倫理的には，Case 9-1のAは老人を助けたほうが良いだろう。しかし，法的に，Aには老人を助けるとの選択肢しかなかったわけではない。たまたま通りかかった人の行動が制限される謂れはないのである。一見すると，他人に優しくない冷たい社会に見えるが，ルール違反をすれば刑罰が科される（刑）法的な義務と（このような強制力のある義務とまでは言えない）倫理的な義務とは，やはり区別されるべきものなのである（法と道徳との峻別）。

Topic

作為の可能性と容易性

　保障人だからといって必ず不作為犯が成立するわけではない。つまり，できないことを義務付けても，できないものはできないのである。たとえば，泳ぐことがまったくできない人に親だからといって川で溺れている子供を助けに行かせることは不可能であるし，また泳げたとしても，濁流の川に飛び込んで助けに行かせることは容易にできないであろう。つまり，保障人が簡単［容易］に作為することができた［可能］にもかかわらず，それをしなかった場合に，はじめて不作為犯が成立するのである。

　なお，こども家庭庁が「こども虐待による死亡事例等の検証結果等について（第19次報告）」で示した児童相談所の児童虐待相談対応件数の推移をみると，

241

ネグレクトは平成 23 年度が 18,847 件（全相談対応件数：59,919 件）だったのに対し，令和 4 年度は 35,556 件（219,170 件）にまで増加した。この相談件数増加は，児童虐待発生予防・早期発見に向けた各関係機関（児童相談所，市区町村，学校，警察）の相談体制・連携強化による全相談対応件数の増加に関連する努力の賜物であろう。もっともその割合からすればネグレクトの相談件数は平成 23 年に比べ全体の 15％に半減した（心理的虐待が倍増し全体の 60％を占める）一方で，死亡件数は約 15 人前後で推移してきている（19 次報告より保護者が見ていない時の窓等からの転落死をネグレクトに分類集計）点も見逃してはならない。

第 2 節　悪い行為はいつからはじまるの？
未遂犯から考える

> **Case 9–2**
>
> 　Aは，Bを殺害しようとして，B宅に毒入りワインを郵送し，Bはこれを受領した。Bは，早速ワインをグラスにそそぎ飲もうとしたが，異臭に気づき，飲むのを止めた。殺人の実行の着手はどの時点に認められるのか。

I　刑法の発動

　ところで，刑法が発動するのは，法益侵害が発生した場合だけではない。皆さんも一度は，殺人未遂という言葉をニュースなどで聞いたことがあるだろう。未遂とは，簡単に言えば，失敗のことである。したがって，殺人未遂とは殺すのに失敗した（殺しそこねた）ということになる。つまり，刑法は，成功した（結果が発生した）場合だけでなく，失敗した場合にも発動するのである。

　では，そもそも成功した場合だけでなく，失敗した場合にも犯罪となるのはなぜなのであろうか。殺人未遂を例に考えてみよう。たとえば，Pが殺意をもってVに向けて拳銃を発砲し，Vが瀕死の重傷を負ったとする。もっとも，その犯行現場が新宿であったために，通行人がすぐに救急車を呼び，病院に緊急搬送されたおかげでVが一命をとりとめたとしたら，たしかに殺害に失敗した

以上，Pは殺人未遂となる。その一方で，その犯行現場が鳥取砂丘であったとしたらどうであろうか。新宿に比べると，通行人はほとんどいないであろうし，いたとしても（新宿と同じように）病院にすぐに搬送することは難しいだろうから，同じ状況であれば，おそらく手遅れとなったであろう。そうだとすると，Pは同じことをしたのに，Pの望みどおりVが死ぬかどうかは状況によって変わる，つまり「運まかせ」となるため，もし仮に殺人未遂が処罰されないとしたら，Pが処罰されるかどうかも，運まかせということになる。

それゆえに，成功した場合だけでなく，危うく成功しかけた（法益侵害の危険性があった）場合には，たとえ失敗した（未完成であった）としても処罰したほうが，社会にとっては良い（客観的未遂論）ということになるのである（また，そうしないと成功するまで何度もチャレンジできることになり，狙われる方からしてみたら，たまったものではない）。

Ⅱ　犯罪実行の着手

そこで，刑法43条本文では「犯罪の実行に着手してこれを遂げなかった者は，その刑を減軽することができる」（通常の未遂は，刑を減軽することが「できる」としており，必ず刑を軽くするわけではないことに注意）と規定し，失敗したとしてもこれを罰すると定めた個別の規定がある場合に限り，未完成犯罪として処罰されることになる（刑44条）。したがって，ある犯罪の未遂が成立するためには，少なくとも（犯罪の）「実行の着手」が必要となってくる。

この「実行の着手」とは，文字通り読めば，「犯罪行為に取りかかる（開始する）」ということである。したがって，たとえば帰宅しようと思ったところ急に雨が降ってきたので，コンビニの傘立てからビニール傘を1本取ろうとした場合，まさに取ろうとしたその「ビニール傘に手をかけたとき」が「窃盗行為の開始」ということになる（形式的客観説）。もっとも，これだと未遂犯が成立する余地がほとんどない。というのも，傘に手をかけたのであれば，あとは傘立てからそれを抜き取るだけで成功（窃盗が成立）となるからである。あるいは殺人未遂の例で言えば，銃口を相手に向け，拳銃の引き金に指をかけるまで，

殺人行為の開始にはならないとするのは，条文の文言には忠実であるが，その判断としてはあまりにも硬直的すぎよう。法益侵害の危険を作り出したことが未遂を処罰する理由であるならば，傘に手をかけたときや，引き金に指をかけたときでは遅すぎる。

　そこで，時間的にさかのぼり，実質（現実）的にみて法益侵害の危険性が発生したときに実行の着手があったとするのが一般的である（実質的客観説）。つまり，傘に手をかけたときや拳銃の引き金に指をかけたときではなく，時間的にさかのぼり，どの傘を取ろうか物色しているときや拳銃を取り出そうとして（拳銃に）手をかけたときが，実質的にみて財産や生命という法益が脅かされたとして，実行の着手があったとするのである。このことは，たとえばサークルのメンバーに集合場所をLINEで連絡する際に，そのLINEでの連絡にいつから取りかかったかと言えば，実際にLINEのアプリを起動して，文字を入力したときではなく，普通は，スマートフォンを（スリープ状態から）起動させたときから（あるいは，遅くともLINEのアプリを起動したときから）と言うのと同じである。したがって，実行の着手は，現実の犯罪実行よりも時間的にさかのぼった時点に認められうるということになる。

　では，どこまでさかのぼることができるのであろうか。Case 9-2を使いながら考えてみよう。ところで，このCase 9-2は，Aの計画通りであれば，Aの郵送行為とBの死亡結果との間に，時間的のみならず場所的にも離れている。これは，刑法で離隔犯とよばれている。この離隔犯が厄介なのは，犯人による行為（Aの郵送行為）が終わったずっと後に，結果発生の現実的な危険（毒入りワインによるBの死亡の危険性）が生じることである。

　この厄介さを回避するものとして，Aの郵送行為それ自体を実行の着手としてしまう方法が考えられる。この考え方によれば，現在の日本の郵便事情からすると，Aが郵便局に毒入りワインを預けてしまえば，まさにベルトコンベアーに載せるがごとく，後は自動的にB宅までほぼ確実に配達されることになり，それゆえに，Aが毒入りワインの郵送を郵便局に委託する行為（郵送行為＝はじめにベルトコンベアーに載せる行為）に，B死亡という結果発生の現実的な危

244

険があるとして，この郵送行為を殺人行為の実行の着手とすることになる（発送時説）。

　もっとも，たしかに郵送行為に結果発生の自動性や確実性はあるかもしれないが，たとえば，Aにより配達を委託された郵便局内でその毒入りワインがなくなってしまったとしても，Aに殺人未遂罪が成立することになるのは変である。また，たとえ，配達されることが確実であったとしても，それがずっと先のことであるとすれば，それは被害者にとってさほど危険ではないはずである（たとえば，3秒後に効果がでる即効性のある毒を飲まされるのと，10年後に効果がでる遅効性のある毒を飲まされるのとでは，被害者からみた死ぬ危険性の「切迫さ」が違うことは明らかである）。

　そこで，先述したように，未遂はあくまでも被害者への結果発生の現実的な危険性を作り出したことで処罰されるのであるから，離隔犯においても，あくまでも被害者に対する結果発生の現実的な危険を作り出したかどうかで，実行の着手は判断されるべきとの考え方が生まれることになる。これによれば，Bが毒入りワインを飲んで死亡する現実的な危険性が発生するのは，Aが郵送した時点ではなく，Bがいつでも毒入りワインを手に取り飲むことが可能となった時点，すなわちB宅に毒入りワインが配達された時点からということになる（到達時説：大判大7・11・16刑録24・1352）。

　したがって，実行の着手は，Bが毒入りワインを飲もうとした時点から毒入りワインがB宅に配達された時点までさかのぼることができ，そこでは，被害者に結果発生の危険性に「切迫さ」が認められるかどうかが，さかのぼる目安となるのである。

Ⅲ　ご褒美としての刑罰の減免

　ところで，この未遂犯を定めた刑法43条には，「自己の意思により犯罪を中止したときは，その刑を減軽し，又は免除する」との但書がついている。つまり，同じ失敗でも，犯人自身の自らの意思と努力によって失敗する方向に舵を切り，みごと失敗した場合には，これを中止未遂（中止犯）とよび（通常の未遂

245

は，障害未遂とよばれている），その努力のご褒美として刑を「必ず」免除あるいは軽くすることを約束して，通常の未遂に比べ寛大に扱うのである。

したがって，たとえば（殺意をもって拳銃を発砲したが）急所を外れ致命傷を負わなかったものの，大量に出血していた被害者を見つけた通行人が救急車を呼んで一命をとりとめた場合は，単に殺人未遂となるが，大量に出血した被害者を見て我に返った犯人自身が大変なことをしてしまったと思い，自ら救急車を呼び，病院まで付き添ったような場合は，同じ未遂でも，中止未遂となるのである。

では，同じように失敗したにもかかわらず，中止未遂だけなぜ寛大に扱われるのであろうか。いろいろな考え方はあるが，1つの考え方として，一旦犯罪に取り掛かってしまった（未遂となった）以上，前に鞭（刑罰）をぶら下げて，これ以上前に進ませないようにするよりも，後ろに飴ちゃん（刑の減免）をぶら下げて来た道をUターンさせるほうが効果的だ，とするものがある。これは，後ろ側に飴ちゃんをぶら下げておけば，前（既遂方向）に進むのをやめて，後ろ（既遂とは逆方向）に戻ることで，これ以上悪い方向に進むことはない，つまり現実化した危険を取り除くことで，その法益を守ることにつながると考えるのである（刑事政策説：これは「後戻りのための黄金の橋」と表現される）。

ところで，これを読んでいるみなさんは，そもそも中止犯なんて刑法を勉強しない限り知らないから，知らないところに飴ちゃんをぶら下げておいても意味はないのではと思うかもしれないが，だからこそ法学部生以外でも，教養として法学を勉強する必要があるのである。重要なのは，知ろうとすることである。

Topic

不 能 犯

たとえば，砂糖で人を殺せると信じていたPが，Vを殺そうとして，砂糖が入ったコーヒーをVに飲ませた場合，このようにPがコーヒーを飲ませる行為（実行行為）を行ったとしても，その行為にVが死亡する現実的な危険性はまったくないことから，殺人未遂は成立しないということになる。これは刑法で「不能犯」とよばれている。ただし，

第 9 章　犯罪と刑罰

不能「犯」となっているが，未遂犯にもならない以上，不能犯はそもそも犯罪ではない。より言えば，実行行為を行ったとしても，そもそも結果発生の現実的な危険性をともなわない行為は，犯罪行為としてふさわしくないのである（砂糖を飲ませる行為は，殺人の実行行為としてふさわしくない）。その意味で，不能犯は未遂犯の裏返しの議論ということになるのである。

第 3 節　責任をとるとは？
わざととうっかりの違いを考える

Case 9-3

　Aは，Bの心臓部分に銃口を直接あて，引き金を引いたが，死んでもいいとは思っていなかった。

Case 9-4

　Aは，かなり離れたところにいるBに向けて拳銃を発砲するので命中する確率はほとんどないと思いながら，Bを殺したい一心で拳銃の引き金を引いた。

I　責任をとらせる

　悪いこと（ルール違反）をしたらそれで終わりかと言えば，そうではなく，その問題解決の方法として刑罰が待っている。もっとも，刑罰による問題解決と言っても，現実には解決することはない。たとえば殺人罪において，他殺を禁止したルール（刑 199 条）に違反した犯人に刑罰（死刑又は無期若しくは 5 年以上の懲役）を科したとしても，被害者が生き返ることはありえない以上，真の問題解決は図れないことは明らかである。では，問題解決を図れないのにもかかわらず，なぜ刑罰を科すのであろうか。

　わかりやすいのは，みんなで決めたルールを破ったのであるから，それに対するみんなからの（国家的な）非難として刑罰を科そうという説明である。つまり，人を殺したのだから，死刑になることは当たり前だと考えるのである。このように悪いことをしたらその報いを受けることは当然だとする考え方は，

247

応報刑論とよばれている。しかしながら，先述したように，これはあくまでも「過去」に起こった犯罪実行を前提とするものである以上，タイムマシンでもない限り，実際に問題解決をすることは不可能である。

そこで，刑罰は，やったことに対する非難ではなく，「将来」における犯罪の予防であるとする考え方が生まれる。これは犯罪予防論とよばれている。この犯罪予防論にはさらに2つのタイプのものがある。すなわち，一般の人々の犯罪を予防する（一般予防）と，犯人自身が再び犯罪を行うこと（再犯）を予防する（特別予防）である。たとえば，自分の彼氏が浮気をしたので1発グーパンチしたという場合，そのグーパンチは，特別予防からすれば，二度と浮気をしないように自分の彼氏を教育するためのものとなり，一般予防からすれば，グーパンチされたのを知ったほかの男の人が，自分はグーパンチをされたくないと考えて，たとえ自分の好みの女の子がいたとしても，浮気をするのをやめようという脅し（見せしめ）ということになる（なお，応報刑論からすれば，浮気の代償となる）。

もっとも，刑罰が犯罪予防の観点から必要だと言っても，何もしていないのに，この人は浮気をしそうだからという理由で彼女から1発グーパンチされたら，たまったものではない。そこで，「過去」の犯罪実行を理由とした非難としての刑罰（応報）を通じて，「将来」の犯罪予防に働きかけるとの相対的応報刑論（応報刑論を基礎とした予防論）という考え方が一般的となった。というのも，応報刑論を基礎とした非難に相応しい罰は，犯罪者以外の普通の人々もそれに納得し，かつ，そのような罰を受けないよう法を遵守する気持ちをもたせることになるため，予防論の立場からも効果があると言いうるからである。つまり，浮気をしたらグーパンチされるという応報的な働きは，同時に，グーパンチされることを正当化し，そして人は自分もグーパンチされるかもとのおそれから浮気をすることを控えようということになるのである。

したがって，責任をとること（刑罰）の中心には，非難があることになる。では，犯罪実行はなぜ非難されるのかということに関心が移るが，話はそれほど難しくない。つまり，人は自分のしたいことを自由に選んで行動できる存在

第9章 犯罪と刑罰

であることを前提とすれば，犯罪者となる人は，色々な選択肢があり，かつ，他の選択肢を選ぶことができたなかで，あらかじめ選ぶなと言われていた選択肢を「わざわざ（あえて）」選ぶのである。それゆえに，他の行動をすることができた（他行為可能性）にもかかわらず，ルール違反をする道をあえて選択したのであるから，あえて選んだ行動は非難の対象となるのである（責任主義）。

Ⅱ 「わざと」と「うっかり」の違い

そこで，刑法は38条1項で「罪を犯す意思（故意）がない行為は，罰しない」と規定し，犯罪実行（ルール違反）という否定的な評価があれば犯罪が成立するのではなく，行為者が「犯罪となる事実を認識している」ときにはじめて犯罪が成立するとしている（故意犯処罰の原則）。もっとも，普通の人であれば気づくことができたために回避するが，不注意で気がつかなかったために，うっかりルール違反をする道に入り込む場合もあろう。そこで，刑法では例外的にうっかり（過失）も処罰するとしている（刑38条1項但書）。つまり，みんなは気づくこと（それゆえに回避すること）ができたのに，その人だけがうっかり気づくことができなかったのであれば，そのうっかりにつき非難することができるとするのである。

もちろん，刑法では故意犯処罰が原則となるのであるから，故意犯と過失犯とでは刑の重さ（非難の程度）がまったく異なる。たとえば，同じ人を殺す場合でも，わざとの場合（殺人罪：刑199条）とはかなり違い，うっかりの場合（過失致死罪：刑210条）は罰金（50万円以下）を払いさえすればそれですむのである。そこで，故意と過失をどう見分けるのか，その区別基準が問題となる。より言えば，原則である故意（わざと）が認められるのはどこまでかという限界を決める必要があるのである。ではどこまで故意が認められるのか，実際にCase を使って考えてみよう。

まず Case 9-3 において，A は，少なくとも自分が B の心臓部に銃口を直接あて，引き金を引いていることを分かっている。このような認識があれば故意を認めるとする考え方（認識説）もあるが，これにしたがえば，たとえば，車

249

の運転手が「人をひき殺すかもしれない」と一瞬でも頭をよぎれば，殺人罪の故意が認められることになってしまい，妥当とは言えない。

　そこで，通常は，このような認識に意的要素（悪い心情）を加えて，故意が認められるのかどうかを判断する（認容説）。したがって，Case 9-4のAは，Case 9-3とは逆に，Bに命中する確率がほとんどないことを分かっていたけれども，Bを殺したい一心でBに向けて引き金を引いた（意的要素はあった），つまりBの死という悪い結果が起こることを内心で肯定した（「そうなってもかわない」「仕方がない」）ことから，Bに対する殺人罪の故意は認められるということになるのである。

　もっとも，このように行為者の意的要素を強調してしまうと，Case 9-3のAのように，十分に危ないことをしている（Bの心臓部に銃口を突きつける）と分かっていたとしても，本人が「本当はそうなってほしくなかった」と悪い結果が実現することを否定する内心を吐露すれば，故意責任を免れることができてしまう。しかし，普通，危ないことをしていると分かっていながら，それが「わざと」ではないとすることには抵抗があろう（たとえば，人であふれかえっている商店街を時速150キロで車を運転し，通行人をはねて死亡させたとしても，その運転手が「自分の運転技術なら150キロで車を運転しても人をはねて死なせることはない」と思っていたと言うだけで，「わざと」ではなくなるのは，変である。このような状況で，運転手は少なくとも，通行人の死を消極的には受け入れているはずである）。

　では，どうすれば良いのであろうか。未遂の話を思い出してほしい。未遂とは結果発生の具体的な危険を発生させたことを根拠に処罰されるとした。したがって，犯罪実行者となるためには少なくとも，結果発生の具体的な危険性，すなわち結果発生の確率の高い危険な行為を行っていると分かって犯罪実行をしなければならない。そうであるとすれば，悪い結果が起こることを単純に分かっていただけでは不十分で，実現する可能性が「かなりある」ことを分かっているとの知的要素（悪さの程度の認識）があることが，故意を認めるための最低限の要素となるはずである（蓋然性説）。

第9章　犯罪と刑罰

　それゆえに，たとえば，砂糖で人を殺そうとするいわゆる不能犯事例（第2節のTopicを参照）において，たまたまその狙った人が重度の糖尿病患者であり，犯人が大量の砂糖を入れたコーヒーを飲んだために死亡したとしても，それは偶然にすぎず，そもそも結果発生の危険性のない事実を認識していたということは，実際には失敗に至る事実認識しかなかったということである。そして故意があるというためには，失敗ではなく，成功をめざすものでなければならない以上，このような失敗に至る事実認識しかなかった者は，たとえうまいこといったとしても，「わざと」ではなく，「うっかり」に分類されるほうが相応しいであろう。実現する可能性がないのにそれを受け入れた場合において，悪い心情は認められるとしても，そもそも犯罪とはならないない行為（不能犯）をあえて選択したことを「わざと」だとすることは，妙である。

　つまり，刑法が故意犯を重く処罰するのは，結果実現の蓋然性があることを理解した上でそれを受け入れる（広島高判平17・3・17判タ1200・297），すなわち，行為者の悪い心情を反映した危険な行為であるとして故意犯が評価されるからであって，そもそも結果実現の蓋然性の認識のないものは，たとえ悪い心情があったとしても，その行為者の悪い心情が反映した重い刑罰が妥当する危険な行為であるとは評価しえないのである（過失犯がせいぜいであろう）。

　したがって，このような考え方によれば，Case 9-3のAには，たしかに意的要素がなかったかもしれないが，結果実現の蓋然性の認識がある以上，消極的には結果実現を肯定していると言えるので，Bに対する殺人の故意が認められるが，Case 9-4においては，そもそも結果実現の可能性がほとんどないことをAが分かっていた（結果実現の蓋然性の認識がない）ため，たとえBの殺害に成功したとしても，Bに対する殺人の故意は認められないことになる（ちなみに，刑法においては，故意と過失との境界線を挟んで，うっかりにちかい「わざと」は「未必の故意」，わざとにちかい「うっかり」は「認識ある過失」と，それぞれよばれている）。

251

第4節　被害者が殺されてもいいと言ったら？

自己決定の尊重

Case 9-5

　Aは，交際していた女子大生Bに別れを切り出したところ，Bはこれに応じず心中を申し出た。後日，Aは，Bと別れるために，本当は追死する意思がないのにあるかのごとく装い，これをBに信じさせ，あらかじめ持ってきた毒（青酸カリ）をBに渡して飲ませたため，Bが即死した。

I　生命の放棄は認められるか？

　先述したように，刑法は法益を保護するために存在をしている。したがって，被害者本人が，刑法が保護の対象としている法益を自ら放棄したとしたら，侵害する法益がそもそも存在しない以上，違法となることはないとも言えよう。たとえば，着なくなった自分の服を自分で破って捨てたとしても，当然，器物損壊罪（刑261条）が成立することにはならない。つまり，自分の物を壊す（使えなくする）ことが悪いことになるわけがないということである（もったいないから破ったらダメ，というのは単なるお節介である）。これは，まさに個人の自己決定権の現れである。

　では，この自己決定権は無制限に認められるのであろうか。たとえば，隣の席の子がおやつに持ってきたチョコレートを勝手に食べたら泥棒（窃盗罪）となるが，「食べてもいいよ」と言われたので食べたのであれば，それが窃盗罪となるわけがない（単なる贈与である）し，また，年末カウントダウンのためにディズニーランドに行くことを楽しみにしていた人を，無理やりひっぱって，健康ランドに連れて行くことは強要罪（刑223条：義務のないことを行わせること）となるが，憧れていたバイト先の先輩に健康ランドに行こうと誘われたので，ディズニーランドに行くのをやめたのであれば，それが強要罪となるわけがないのである。このように，個人の財産や自由についての処分（自己決定権）は無

252

制限に認められていると言えよう。

　では，法益において最も価値の高い生命についてはどうであろうか。自殺を例に考えてみよう。厚生労働省による「令和5年度中における自殺の状況」によれば，わが国の年間自殺者数は平成10年に32,863人となった後，3万人台で推移していたが，平成22年以降減少傾向となり，令和元年には最少の20,169人となった。しかし令和2年に反転増加し，令和5年の自殺者数も21,837人で，依然として2万人台（比較：令和5年の交通事故死者数は2,678人）で推移している。この増加に転じた要因の一つとして，コロナ禍による女性や若年層の自殺者数の増加も指摘されており（とりわけ，女性の自殺率はG7の中で突出して高い『令和5年版自殺対策白書』），社会問題として自殺に取り組む必要があろう。

　このような状況において，自ら生命を放棄する自殺は，どのような法的評価を受けることになるのであろうか。まず，自殺は犯罪（違法）であるとしてみよう。そうだとすると，自殺は自分を殺すことであるから，自殺も殺人罪（刑199条）の適用を受けるということになりそうである（実際，イギリスでは，自殺は神や国王に対する大罪であるとされ，謀殺［殺人］の一種としていた）が，殺人はあくまでも自分以外の他人を殺害することであるから（そうでなければ，自殺に失敗した人が殺人未遂で処罰されることになってしまう），この考え方は採ることはできない。逆に，自殺は完全に適法であるとしてみたところで，たとえば，飛び降り自殺をしようとしている人を後ろから羽交い締めにして，自殺を止めた場合，自殺という適法な行為を止めることは，義務のないことを無理強いすることであるために，自殺を制止した人に強要罪（刑223条）が成立することになってしまい，これも妥当ではない。ではどう考えるべきなのか。

　たしかに，自殺は社会において好ましくないものである一方で，個人の意思決定に高い価値を認めているわが国の法体系において，個人の自己決定権は最大限尊重されるべきであるから，生命の自己決定権も保証する必要がある。結局，この生命の保護と，その生命の主体の自己決定権のバランスをどう取るのかに問題は行き着くことになるが，その調整のカギは，同意殺人罪（刑202条後段：6月以上7年以下の懲役又は禁錮）にあると考えられる。同意殺人罪とは，被害

者が死ぬことに同意している場合の殺人である（普通殺人［刑199条］は，死ぬことに同意していない場合である）。したがって，普通殺人とは別に同意殺人が刑法に存在し，かつ，同意殺人が普通殺人と比べて刑が軽いということは，その本人に生命の処分権（自己決定権）を認める一方，処罰の対象とすることで，たとえ本人が生命を放棄したとしても，刑法はその人の生命の保護を諦めてはいないということも同時に明らかにしているのである。それゆえに，自殺者の生命もその意思に反してでも保護される（したがって，自殺は違法となる），すなわち，生命の自己決定権は「制限」されることになるのである。

以上から，生命の自己決定権が認められる以上，自殺が違法だとしても刑法で罰するほどの悪さ（可罰的違法性）をもったものではないために，自殺そのものは犯罪とはならないが，自殺者の生命は自殺者の意思に反してでも保護されるべきであることからすれば，他人が自殺にかかわることは，まさに自殺者の生命を否定することにつながるために犯罪であるとしたのである（自殺関与罪［刑202条前段］）。逆に言えば，死ぬ気なら，他人の手を借りることなく，孤独に（1人で）死ななければならないのである。

II 安楽死と尊厳死

とは言え，たとえ1人で死にたくても，他人の手を借りないと死ねない人も世の中にはいる。いわゆる安楽死の問題である。安楽死とは，死期が切迫し激しい苦痛にあえいでいる患者を殺害して，苦痛から解放する場合をいう。もっとも，安楽死は多義的であり，通常3つの類型に区別される。まず(1)不治で瀕死の患者の苦痛を長引かせないように積極的な延命処置を行わない消極的安楽死，次に(2)苦痛除去の行為が副作用として死期を早める間接的安楽死，そして(3)死なせることによって被害者を楽にする積極的安楽死である（なお，死期を早めることなく，死に至るまで苦痛を除去する純粋安楽死もあるが，死期を早めていない以上，これは単なる治療行為であるため通常は問題とはならない）。

この中で，安楽死の議論の中心になるのは他人の死に積極的に介入することになる(3)積極的安楽死である。この積極的安楽死につき，たとえば，脳溢血で

倒れ全身不随となった父親が，激痛を訴え「死にたい」などと言って苦しんでいる姿を見るに見かねた息子が，殺虫剤入りの牛乳を飲ませて殺害した事案において，裁判所は，①不治の病で死期が切迫していること，②苦痛が甚だしいこと，③苦痛の緩和目的であること，④患者本人の意思表示があること，⑤医師の手によること，⑥方法が倫理的に妥当なものであることとの6要件を示して，積極的安楽死が適法となる場合があることを明らかにした（名古屋高判昭37・12・22判時324・11：本件では，⑤および⑥の要件が満たされていないとして，その息子に同意殺人罪［刑202条］が適用された）。

このように積極的安楽死が適法であるとすれば，その根拠には，生命についての自己決定権があるといえよう。つまり，自殺とは異なり，耐え難い苦痛からの解放を求めて，残りわずかとなった命を放棄することを選ぶ場合には，刑法はこのような「究極の選択」を最大限に尊重するために，制限をかけられた生命に対する自己決定権のリミッターを外すこともやぶさかではないと考えるのである。

その一方で，安楽死と区別されるものとして尊厳死がある。尊厳死とは，治療不可能な病気にかかり意識を回復する見込みがなくなった患者の延命治療を中止することで「自然な死」を迎えさせることをいう。したがって，尊厳死は，延命治療のために機械につながれて不自然な形で生かされ続けることを拒否する患者の自己決定権の問題であるため，安楽死とは異なっているのである。

Ⅲ　本当のことを知っていたら？

では，この生命の処分に重大な瑕疵（きず）があった場合はどのように解決されるのであろうか。Case 9-5 を用いて考えてみよう。

たしかに，Bは，Aが追死をしないと分かっていたら，BはAより先に青酸カリを飲むことはなかったはずである。もっとも，そもそも心中しようと提案したのはB自身であるから，死ぬこと自体に同意はあったともいえる。つまり，Bには，Aが追死してくれるという点にのみ思い違い（錯誤）があり，生命の処分に関する思い違いはまったくなかったのであるとの考え方（法益関係的錯

誤説）によれば，死ぬと分かって青酸カリを自ら飲んだBには思い違いはない（自殺をしただけである）が，他人が自殺者の死にかかわることは，自殺者の生命を否定することにつながるため，Aには自殺関与罪（刑202条）が成立することになる。

　しかしながら，Bが生命を処分するとの自己決定したのは，Aが追死してくれると信じたからこそである。すなわち，Aが追死するふりをし，「だます」ことでBに誤解を生じさせ，その誤解がBの意思決定に大きく作用することで，その意思決定が結果的に，Bの真意に添わない不本意なものとなったのである。それゆえに，Aが作り出した誤解は，Bの自己決定権を害するものといえるから，Bの生命を処分するとの自己決定（同意）は，法的に有効とはならないことになる。したがって，Bの決意は「真意に添わない重大な瑕疵ある意思」（最判昭33・11・21刑集12・15・3519），つまり，大きな「きず」のある意思であるから，その承諾は無効となり，Aには殺人罪（刑199条）が成立することになる。

Topic

刑罰としての死刑

　前節で説明した相対的応報刑論によれば，たとえば殺人事件において，死刑は，応報的な側面（殺人の代償）と予防的な側面（殺人の防止）から，殺人の報いかつ予防のために社会から退場させるしか道がない場合にだけ用いられることになる。もちろん，死刑が執行されれば取り返しはできない以上，誤判は決してあってはならないが，被害者に関係するすべての（親族のみならず，被害者と顔見知り程度の）人々の気持ちを納得させるためには，死刑を用いることも必要であるかもしれない。とはいえ，間違いを犯さない人間はこの世に存在しない以上，誤判の可能性は常に付きまとうことになる（この負担を，素人である裁判員に背負わせるのは酷である）し，実際に死刑が執行されたからといって，その事件の関係者全員の関係性がもとに戻ることはありえない。また，2001年に発生した大阪教育大学附属池田小事件のように，死刑確定後，死刑囚本人が早期の死刑を要求し，結果的に早期の死刑執行となった場合，死刑囚の望み（生命の処分）を国が叶えたことになり，それが刑罰として意味があることなのか疑問が生じる。そして，そもそも死刑という刑罰があるにもかかわらず，殺人が世の中からなくなっていないことからすれば，死刑にともなう予防的な効果が機能していないということにもなろう。したがって，死刑が廃止されてもあまり問題はなさそうであるが，他方で，死刑が廃止されたとしたら，殺人犯が社会の一員として復帰する可能性もある。では，仮に，あなたが学生生活や仕事を通じて知り合い，生涯の親友となった人が，実は過去に大量殺人を犯した人で

第 9 章　犯罪と刑罰

あったとしたら，あなたはその親友にどう向き合うのか。死刑は，国が最高の価値がある生命を奪うもっとも峻厳な刑罰であると同時に，悩ましい問題を内包する刑罰でもあるのである。

第 5 節　だましたらぜんぶ詐欺？

財産犯を考える

Case 9-6

巨人ファンであるＡは，「阪神ファン限定生ビール１杯無料」と書かれている店に入り，阪神ファンのふりをして生ビールを１杯だけ注文しそれを飲んで店を出た。

Ⅰ　他人をだまして他人のものを自分のものにする

では，生命の次に大切な法益である財産（権）につき（憲 29 条），だまして処分させた場合，たとえば本当はかなり価値があるのに，価値がないフィギュアなので無料で引き取るとだまして，これを処分（引渡し）させ，まんまとそのフィギュアを手に入れたとしたら，刑法ではどのように考えるのであろうか。

実は，この解答はすでに刑法 246 条に用意されている。これは，詐欺罪とよばれている犯罪である。刑 246 条 1 項では「人を欺いて財物を交付させた者は，10 年以下の懲役に処する」と規定する（なお，同条 2 項では，だまして利益をえる 2 項詐欺罪を規定するが，ここでは，物を対象とする 1 項詐欺罪のみに焦点を当てる）。つまり，詐欺罪とは，①人をだます（欺く）行為をして②瑕疵のある意思（誤解）を生じさせ，その誤解に基づいて③財物を処分（交付）させる（出させる）ことで，物を手に入れることをいうのである。

したがって，たとえば，Ｐが「トイレに行きたい」と店員に言って，試着した服を着たままトイレに行くふりをして店を出て，自宅に帰った場合，たしかにＰはトイレに行くふりをして服をそのまま持ち帰ったことからすれば，欺く行為（トイレに行くふり）を手段として，服（物）を手に入れているので一見す

257

ると詐欺罪に当たるように見えるが，その店の店員はあくまでもＰが服を着た
ままトイレに行くことを許しただけであって，その服をＰに引き渡した（処分
した）つもりはまったくなかったのであるから，このような場合は，詐欺罪で
はなく，むしろだますという手段を用いて，店員の意思に反して服を「取った」，
すなわち，泥棒（窃盗罪）として評価されることになる。このように，詐欺罪
は，人の意思に反して物を奪う泥棒とは異なり，被害者自身の意思にもとづい
て財産を処分することに特徴がある犯罪である。

Ⅱ　瑕疵のある意思と財産的損害

　もちろん，被害者自身の意思にもとづく処分とはいえ，その意思はだまされ
たこと（誤解）により形成されたものである，つまり「本当のことを知ってい
れば，処分はしなかった」という瑕疵のある意思でなければならない。では，
このような瑕疵のある意思があった場合，そのすべてを詐欺罪で捕捉すること
になるのであろうか。Case 9-6 を用いて考えてみよう。

　たしかに，Ａは，巨人ファンであるにもかかわらず，阪神ファンであると店
主をだまして，生ビール１杯を出させた，つまり，店主はＡが巨人ファンでは
ないと分かったら生ビール１杯を出さなかったと言えるため，瑕疵のある意思
に基づいて生ビール１杯を提供（処分）している以上，店主には財産的な損害
があったとして詐欺罪の成立を認めることも考えうる（形式的個別財産説）。

　しかしながら，Ａが阪神ファンを装ったことは欺く（だます）行為かと問わ
れたら，何か引っかかりを感じる。そもそも，欺く行為とは，詐欺罪の出発点
となる実行行為である。したがって，その欺く行為は，結果発生の具体的な危
険性をともなう必要があることになる（第２節Ⅱ「犯罪実行の着手」を参照）。で
は，ここでいう結果発生の具体的な危険とは何かと言えば，詐欺罪は財産犯で
ある以上，個人の財産的損害が発生する危険ということになろう。より正確に
言えば，被害者に瑕疵のある意思を生じさせることで財物を出させ財産的損害
が発生する危険性のある行為でなければならないのである（そのような危険性
のない行為は，欺く行為とは言えない）。それゆえに，欺く行為かどうかを判断す

258

るためには，欺く行為それ自体に焦点を当てるだけでは不十分であり，その欺く行為から派生する財産的損害にも同時に目を向ける必要がある。

　では，詐欺罪における財産的損害とは，どのような損害を言うのであろうか。この点につき，先述した形式的個別財産説のように，誤解に基づく処分行為があり，財物の占有を失いさえすれば，それが損害になるとする考え方もある。たとえば，本当は 15 才であるのに 18 才であると偽って，定価 1,000 円の成人雑誌（エロ本）を，書店の店主に 1,000 円支払って手に入れた場合，この考え方によれば，本当の年令を知ったならば，その書店の店主はその本を販売しなかったと言えるので，その本の占有が現実に移転している以上，このような場合にも詐欺罪が成立することになるとする。もっとも，この場合，偽ったのは年令だけであり，実際にその本の代金である 1,000 円を支払っている以上，経済的に見れば何らの財産的損害は生じてはいない（偽った内容が経済的に評価できるものではない）のであるから，このような場合にまで詐欺罪を成立するさせることには問題があろう。詐欺罪は，だますことそれ自体を犯罪としているわけでないのである。それゆえに，詐欺罪の基礎となる財産的損害は，経済的に評価して損害が発生したかを実質的に判断する必要があることになる（実質的個別財産説）。

　そこで，あらためて Case 9-6 の A の欺く行為について考えてみると，たしかに A は阪神ファンであると偽っているが，ここでの店主の目的は，通常，阪神ファンに生ビール 1 杯をふるまうことではなく，生ビール 1 杯無料をえさに客を自分の店におびき寄せることにあるはずである。このように，店主の目的が集客にあるとすれば，生ビール 1 杯無料との宣伝文句に惹かれて，実際に A が自分の店に来店したのであるから，その目的は達成されたことになり，したがってこの取引自体にかかわる誤解はない，つまり，店主による生ビール 1 杯無料という処分行為は，実質的な損害とは言えないのである。より言えば，このような集客目的をもった店主にとって，阪神ファン以外の人も自分の店に来店することは，折り込み済み（たとえば，阪神百貨店で阪神優勝セールを行った場合，巨人ファンが来店しセール品を購入することは，そのセールを催した百貨店側の

想定の範囲内）であるから，Ａが阪神ファンであると偽ること自体，財産と実質的に関係のないものであり，したがって財産的損害を生じさせる危険性のある欺く行為とは言えない以上，Ａには詐欺罪は成立しないことになる（もっとも，この店主が熱狂的な阪神ファンで，阪神ファンに「だけ」ビールを無料で提供したいと思っていたため，無料提供する際，ファンクラブの会員証や六甲おろしを歌えるかを確認していたとしたら，阪神ファンであることがビールの無料提供をする「重要な判断事項」となるため，事情は異なる）。

Ⅲ　偽ることが犯罪に

　ところが，最近は，偽ることそれ自体を詐欺罪で処罰する傾向にある。たとえば，不法入国をする者に譲渡する目的を隠して，航空機の搭乗券を手に入れた事案（最決平22・7・29刑集64・5・829）や，暴力団関係者であることを申告せずにゴルフ場の施設を利用した事案（最決平26・3・28刑集68・3・646），あるいは第三者へのチケットの転売目的を秘してコンサートチケットを購入した事案（神戸地判平29・9・22 LEX/DB25547424）において，裁判所はいずれも詐欺罪が成立するとした。そこでは，航空機テロの危険性や不法入国の防止の目的，暴力団（反社会的勢力）の排除，そして転売目的での購入が横行することよる一般客のコンサート参加機会の喪失といった社会的な目的を１つの根拠として，詐欺罪の成立を肯定したのである。

　しかしながら，財産的損害をともなわない欺く行為だけを，財産犯である詐欺罪で捕捉して処罰する必要性はあるとは思えないし，またそれゆえに，社会的な目的という財産的損害とは別の観点からその成立を根拠付けることには違和感を覚える。詐欺罪は，社会の抜け道をふさぐためのルールではないのである（なお，チケットの転売につき，2019年6月より「特定興行入場券の不正転売の禁止等による興行入場券の適正な流通の確保に関する法律」（略称：チケット不正転売禁止法）が施行された）。

労働・社会保障と法

第1節 「働く」ということ

働くときの基本ルール ①

Case 10-1

　大学に入学したばかりのA子さんは，何かアルバイトがしたいと思い，情報誌で時給1,200円の飲食店のアルバイトを見つけ，応募した。その後すぐに面接が行われたが，その場において，担当者は「実際の時給は1,150円」と言った。A子さんは，情報誌と担当者の説明に食い違いがあることに戸惑っている。

I　労働契約と労働法

　学校を卒業した後，人は，社会の一員として自己実現を目指すことになる。中には自ら経営者となって事業を営む者もあるだろうが，多くの人は企業などに就職して労働者となり，労働力を提供して賃金を得る，という手段を用いて生活を営むことになる。

　通常，企業は学校やハローワーク，あるいは求人情報誌やインターネットなどを通じて労働者を募集する。それに対して学生をはじめとする求職者が応募し，企業は試験や面接などで応募者を選考して，採用するかしないかを決定し，応募者に採用内定を通知する。採用内定の通知を得た応募者は，入社の意思を企業に伝え，晴れて採用となる。このようなプロセスを経て，労働者と使用者との間には「労働契約」が締結される。労働契約が締結されると，労働者は，使用者の指揮命令に従って働く義務が発生し，また使用者は，労働者に対して，労働の対価として賃金を支払う義務が発生する。

もちろん労働契約も契約の一種である以上，「契約自由の原則」が適用されることになる。しかし，労働者と使用者との関係において，契約自由の原則を貫徹すると，労働者が圧倒的に不利な立場に置かれてしまうことになる。たとえば，賃金の額などの労働条件について，労働者と使用者との間で合意できない場合，使用者にとっては，当該労働者と契約を締結せず，使用者の提示する条件で働いてくれる別の労働者を探せばよいが，労働力以外に財産を持たず，賃金のみを唯一の糧として生活している労働者にとっては，契約を締結しないと賃金を得られなくなってしまい，生活することができなくなってしまう。そのため，やむなく労働者は自ら望まない条件でも使用者と契約することを事実上強いられることとなる。加えて，このような力関係の下では，契約自由の原則は事実上使用者による採用・解雇の自由と化し，労働者は使用者の恣意や経済状態のおもむくままに失業してしまうこととなる。19世紀から20世紀にかけての工業化の過程においては，低賃金・長時間労働などの劣悪な労働条件が契約自由の名の下に放置され，労働者の健康の破壊や労働者に対する非人間的な取扱いが社会問題となっていった。

　「労働法」は，このような問題を解決するために生成・発達したものである。まず，危険・過酷な労働や生活の不安定さから労働者を保護すること目的として，労働条件の最低基準を定め，この最低基準に違反する契約は違法無効とするほか，その遵守を罰則や行政監督によって強制するという方法で，契約自由の原則に制約を課す，という立法がなされた。失業問題については，国が求職者に対して職業紹介や職業訓練のサービスを提供して求職活動を支援する制度や失業者に対する所得保障制度などの生活保障制度のほか，使用者の解雇権を制限する立法がなされた。加えて，労働者が団結して使用者と団体交渉し，その際にストライキなどの団体行動をとることを認める立法もなされた。これは，実際上契約自由の原則が奪われていた労働者に対して，集団として自由を行使することを認め，労使間の力関係を是正しようとするものであった。

II　雇用形態（正社員・非正規労働者）

　労働契約法において，労働者は，「使用者に使用されて労働し，賃金を支払われる者」と定義されている（労契2条1項）。前述の通り，労働者と使用者との間には労働契約が締結されるが，その際，使用者は，労働者に対して賃金，労働時間その他一定の労働条件を明示しなければならない（労基15条1項）。

　労働者のうち，期間の定めのない労働契約を使用者と締結し，労働に従事する者は，一般に「正社員」と呼ばれる。通常正社員は，企業内で職業能力とキャリアを発展させ，処遇もそれに応じて向上し，当該労働者の重大な非行や経営危機がない限り解雇されることはない。

　他方，企業内には正社員と異なる契約形態や契約内容で就労する者も少なくない。このような者は，正社員と異なる意味で「非正規労働者」と総称される。非正規労働者には，数ヵ月や1年といった契約期間の定めのある契約社員，正社員に比べて労働時間が短いパートタイマー・アルバイトに加えて，企業は労働者を直接雇用せず，他の会社（人材派遣会社）に雇用されている労働者を派遣してもらい，派遣された労働者は派遣先企業の指揮命令に従って働く派遣労働者がある。

　これら非正規労働者は，もともとは企業においては臨時的，補助的な需要に対応するために活用され，他方家庭においては，とりわけ主婦が家事・育児との両立を図るためにパートを選択することにみられるように，家計補助的な労働としての側面が強かった。しかし，昨今の産業構造の変化，企業の労働コスト削減などを背景として，非正規労働者が増加しており，中には正社員と同様の権限や責任を担う非正規労働者も見られる。

　しかしながら，非正規で働く労働者の賃金は，正社員のそれと比べて低いのが現状であり，厚生労働省の「毎月勤労統計調査」（2023［令和5］年確報）によれば，一般労働者約43万7,000円，パートタイム労働者約10万5,000円と，4倍以上の格差がある。このような問題を改善するため，有期契約の労働者の労働条件が，無期契約労働者の労働条件と異なる場合は，職務の内容や配置の

変更の範囲等を考慮して，不合理と認められるものであってはならないとされ（労契20条），パートタイマーについても，職務内容が同一で，雇用の全期間において職務の内容と配置の変更の範囲が通常の労働者と同一と見込まれる場合の差別的取扱いが禁止されている（短時労9条）。

Ⅲ 均 等 待 遇

現在，わが国の女性労働者数は2,802万人（令和5年度，総務省「労働力調査」）であり，全労働者（6,089万人）の約46％を占めている。しかし，女性労働者は男性労働者と比べて一般に，勤務年数が短い，主たる生計維持者ではないなどのステレオタイプに基づき，不合理な待遇を受ける立場になりやすい。

労働基準法3条は，「労働者の国籍，信条又は社会的身分を理由として，賃金，労働時間その他の労働条件について，差別的取扱をしてはならない」と規定する。これを平等原則について規定する憲法14条と比べると「性別」が除外されているが，これは労基法の制定当時，女性の労働条件について特別な保護規定をもうけていたことによる。また，賃金については，労働者が女性であることを理由として，賃金について男性と差別的取扱いをしてはならない（労基4条）。しかし，賃金以外の労働条件については，労基法には男女差別を直接禁止する定めがなかったため，さまざまな差別的雇用慣行が横行していた。このうちのいくつかについては，民法90条の公序良俗に反し無効であるとの判断がなされている（結婚退職制について，住友セメント事件・東京地判昭41・12・20労民集17・6・1407，男女別定年制について，日産自動車事件・最判昭56・3・2民集35・2・300）。

その後，1979（昭和54）年に国連で採択された「女子に対するあらゆる形態の差別の撤廃に関する条約」と1980年の世界婦人会議での同条約の調印を機に，条約批准のための国内法整備の必要性から，1985（昭和60）年に，勤労婦人福祉法の改正法として「雇用機会均等法」が制定された。制定当初は，女性労働者の保護という側面が強く，また雇用における男女差別の規制は，使用者の努力義務とされていたが，1997（平成9）年の法改正で，努力義務規定を禁止規

第 10 章　労働・社会保障と法

定に改め，男女差別の規制が強化された。さらに，2006（平成 18）年には，女性に対する差別禁止から「性別にかかわりない」差別を禁止することで，男性・女性双方を保護の対象とする法律となり，また，禁止される差別の対象の拡大，間接差別の禁止の導入，セクシュアル・ハラスメント対策義務の強化などの法改正が，2016（平成 28）年には，いわゆるマタニティ・ハラスメント対策義務の強化に関する法改正がそれぞれ行われた。

　事業主は，労働者の募集・採用について，「性別にかかわりなく」均等な機会を与えられなければならない（雇均 5 条）。たとえば，募集・採用で男性のみ・女性のみを対象とすることや，男女で異なる募集・採用条件を定めることは原則として許されない。また，採用後の労働条件についても，労働者の配置・昇進・降格・教育訓練，福利厚生，職種・雇用形態の変更，定年・退職・解雇・労働契約の更新について，性別を理由とする差別的取扱いは禁止されている（雇均 6 条）。なお，女性労働者については，婚姻，妊娠，出産等を理由とする解雇その他の不利益取扱いについても，禁止されている（雇均 9 条）。

　また，一見，基準が性別に中立的になっていても，実際にそれを適用した結果，一方の性が不利に作用するときは，業務上の必要性などの合理的理由がなければ差別とみなす，いわゆる「間接差別」についても，2007（平成 19）年 4 月より，これに該当する措置を講じてはならないとされている（雇均 7 条）。現在，間接差別に該当するとされているものは，①募集・採用に当たって，労働者の身長，体重または体力を要件とすること，②総合職の募集・採用に当たって，転居を伴う転勤に応じることができることを要件とすること，③昇進に当たり，転勤の経験があることを要件とすること，である。

Topic

ブラック企業

　近年，労働者に対して，時間外労働の割増賃金を支払わない，過酷なノルマや長時間労働を課す，パワーハラスメントなどの暴力的な手段を用いる，労働者からの労働契約解除を拒否する，などが横行している企業の存在が社会問題化している。最近では，このような労働法に抵触し，またはその可能性のあるグレーゾーンでの労働を意図的・恣

意的に課している企業や，パワーハラスメントなどの暴力的強制を常套手段として従業員に強いる体質を持つ企業のことを「ブラック企業」と呼ぶことが多い。「ブラック企業」はとりわけ若年労働者を大量に採用し，違法労働によって使いつぶして離職に追い込む，という手法を用いることが多い。しかし，「ブラック企業」によって使いつぶされた労働者はうつ病などの精神疾患を発症することも多く，若年労働者の将来が奪われることで世代を超えた技能育成が困難になり，ひいては少子化の進展にもつながりかねない事態をひきおこしてしまいかねない。

このような問題に対処するためには，労働基準監督署の監督権限の強化や労働組合の支援体制の強化も必要であるが，労働者の側も，労働法に関する知識を持つことも有効である。連合の「学校教育における『労働教育』に関する調査」(2014 年) によれば，「働く上での権利・義務を，学校教育でもっと学びたかった」との回答が 68.7％にのぼっていることから，社会に出る前の学校教育（とりわけ社会科）における，労働教育の充実が望まれる。

第 2 節　労 働 条 件

働くときの基本ルール ②

Case 10-2

　Ｂさんの勤めている会社は，月 20 時間までは残業代としてあらかじめ給料に含まれている，いわゆる「固定残業代」制を導入している。しかし，Ｂさんの残業時間は月 20 時間を超えることもしばしばで，時には月 100 時間近くに及ぶこともある。Ｂさんは 20 時間を超える分の残業代を求めているが，会社は「残業時間が 20 時間を超えるのは，仕事を進める効率が悪いからだ」と，取り合ってくれない。

I　賃　　　金

　「賃金」とは，「名称の如何を問わず，労働の対償として使用者が労働者に支払うすべてのもの」である（労基 11 条）。労働者はまさにこの賃金を得て生活していくのであり，その意味で，労働契約の中で最も重要な部分を占めている。

　一般に，賃金は毎月決まって支払われる賃金（基本給とさまざまな手当）とそ

第10章　労働・社会保障と法

れ以外の特別な賃金（賞与・退職金など）に分けられる。このうち，基本給は1ヵ月・1日・1時間あたりの定額給のほか，売上げや生産個数などに応じた出来高給もある。従来は勤続年数を重ねるごとに定期昇給がなされる，いわゆる「年功序列」賃金が一般的であったが，近年では，成果主義の導入に伴い，労働者の仕事の目標達成度に応じて1年単位で賃金を決定する「年俸制」や，企業内の職務を職務価値に応じて等級に分類し，その等級内における仕事の目標達成度に応じて，等級ごとに定める賃金の上限・標準・下限の範囲内で賃金額を決定する「職務等級制」を導入しているところも少なくない。労働者の賃金請求権は，現実に就労した時ではなく，労働者が債務の本旨に従った履行の提供をしたときに発生する。

II　賃金支払いの原則

　賃金の支払い方法について，労基法24条は，使用者に賃金を確実に支払わせ，労働者の経済生活の安定を図るため，以下の4つの原則を定めている。

　賃金は通貨により支払わなければならない（通貨払いの原則，労基24条1項）。これは，労働者にとって最も安全で便利な手段で受領させることを保障する趣旨である。それゆえ，現物や小切手による賃金支払いは，この原則に反することになる。例外として，賃金の口座振込みについては，労働者の同意を得ることを条件として，指定された銀行口座等の振込みが認められている。

　使用者は，賃金を労働者に直接支払わなければならない（直接払いの原則，労基24条1項）。これは，第三者による中間搾取（ピンハネ）を予防するため，確実に労働者本人の手に支払うことを命じるものである。したがって，労働者から委任を受けた代理人や親権者などの法定代理人であっても，支払いは禁止される。

　使用者は，賃金の全額を支払わなければならない（全額払いの原則，労基24条1項）。これは，賃金を確実に受領させることにより，労働者の経済生活の安定を確保することにある。ただ，遅刻・欠勤の期間の賃金の不払いは，賃金請求権そのものが発生しないため，この原則に反しない。また，この原則は，相殺

267

禁止の趣旨も含んでおり，使用者が労働者に対して有する債権をもって，賃金債権を相殺することは，この原則に反する（日本勧業経済会事件・最大判昭36・5・31民集15・5・1482）。

賃金は，毎月1回以上，特定した日に支払われなければならない（毎月1回以上・定期払いの原則，労基24条2項）。この原則は，賃金決定の方法いかんにかかわらず適用され，時間給や日給はもちろん，年俸制の場合にも当てはまる。ただ，賞与や臨時に支払われる賃金については，それ以外の期間で支払うことができる。

Ⅲ　最　低　賃　金

賃金の額は，本来は労使間で自主的に決定するものであるが，労使間の交渉力の格差や社会情勢などにより，労働者が生活できないほどの低賃金が定められかねないので，国が賃金額の最低限度を定めて使用者にそれを遵守させる最低賃金制度が導入されている。最低賃金の決定方式については，都道府県ごとに最低賃金審議会の審議と意見を尊重して地域別・産業別の最低賃金が定められることになっている。地域別最低賃金の全国平均は1,004円（2023［令和5］年）であるが，この額は主要国の中でも最低水準であることや，かつて地域によっては生活保護基準を下回るところもあったことから，2007（平成19）年に，生活保護施策との整合性に配慮することなどを内容とする最低賃金法改正法が成立した。

Ⅳ　労働時間・休憩・休日

労働時間も，賃金と並ぶ重要な労働条件である。労働時間の規制は，家庭生活と雇用生活との調和（ワーク・ライフ・バランス）の観点からもきわめて重要である。

労基法上，規制の対象となる労働時間とは，使用者が実際に労働者を「労働させ」ている時間（実労働時間）であり，労働者が労働義務から完全に解放されている休憩時間は除外される（労基32条1項2項）。具体的な作業を行っていな

第 10 章 労働・社会保障と法

くても，業務が発生した時に直ちに作業が行えるよう待機している時間（手待時間，例えば小売店の店員が顧客を待っている時間）は労働時間である。また，本来の業務の準備行為（作業服や安全用具等の着脱時間）については，事業所内でそれを行うことが義務付けられている場合は，労働時間にあたる（三菱重工長崎造船所事件・最判平 12・3・9 民集 54・3・801）。

使用者は，労働者に休憩時間を除いて 1 週 40 時間，1 日 8 時間を超えて労働させてはならない（労基 32 条 1 項 2 項）。また，使用者は，労働時間は 6 時間を超え 8 時間以内の場合には少なくとも 45 分，8 時間を超える場合は少なくとも 1 時間の休憩を，労働時間の途中に与えなければならず（労基 34 条 1 項），使用者は，労働者に毎週少なくとも 1 回の休日を与えなければならない（労基 35 条 1 項）。

V　時間外・休日労働

使用者は，法定の労働時間を超えて労働者を労働させる場合，また労働者を休日に労働させる場合は，非常事由に基づく場合のほか（労基 33 条），労働者の過半数代表との事業場協定（いわゆる「三六協定」）を締結し，労働基準監督署長に届け出る必要がある（労基 36 条）。

時間外労働時間の上限について，かつては法律上の定めはなかったが，2018（平成 30）年に成立した，いわゆる「働き方改革関連法」に基づき，原則として月 45 時間，年 360 時間の上限が定められた（労基 36 条 4 項）。なお，臨時的な特別の事情があり，労使が合意する場合はこの上限を超えて時間外労働をさせることができるが，それでも年 720 時間以内，休日労働と併せて月 100 時間未満・2〜6 か月の平均で 80 時間以内となる。また，月 45 時間を超えるのは年間 6 か月以内に限られる（労基 36 条 5 項 6 項）。

使用者は，時間外労働・休日労働をさせた場合は，労働者に所定の割増賃金を支払わなければならない（労基 37 条 1 項）。割増率は，時間外労働で 125％（1 か月の時間外労働の合計が 60 時間を超えた場合，その超過分については 150％），休日労働で 135％である。また，午後 10 時から午前 5 時までの時間帯に労働（深夜労働）をさせた場合は，125％の割増率となる。なお，時間外労働と深夜労働

269

が重複した場合，休日労働と深夜労働が重複した場合には，割増率は合算され，それぞれ150％（1ヵ月の時間外労働の合計が60時間を超えた場合，その超過分については175％），160％となる。

しかし，これら割増賃金は，実際には支払われていないことも多く，いわゆる「サービス残業」が横行している現状がある。さらに1990年代以降のリストラに伴い，1人の労働者に業務が集中し，これがさらに時間外労働を増やしており，これらがいわゆる「過労死」や「過労自殺」を労働者に引き起こす原因となり，社会問題化している。このため，2014（平成26）年に，過労死等の防止対策の推進や，仕事と生活とを調和させ，健康で充実して働き続けることのできる社会の実現に寄与することを目的とした，過労死防止対策推進法が公布・施行された。

VI　年次有給休暇

労基法は，労働者の心身のリフレッシュを図り，また，自己啓発の機会を持つことを可能とする趣旨で，労働者が賃金を受けながら休暇をとることができる年次有給休暇制度を定めている。

使用者は，雇入れの日から起算して6ヵ月以上継続勤務し，全労働日の8割以上出勤した労働者に対して，継続または分割した10労働日以上の有給休暇を与えなければならない（労基39条1項）。年休日数は，勤続年数を増すにしたがって，20労働日まで加算される。また，週の所定労働時間が30時間未満で，所定労働日数が4日以下の者については，通常の労働者の週労働日を5.2日として，所定労働日数の割合に応じた日数の年休権が与えられる（労基39条3項）。

労働者は，その有する年休権を，時季を指定して請求することによって行使する（時季指定権，労基39条5項）。これに対して，請求された時季に年休を与えることが事業の正常な運営を妨げる場合には，使用者は他の時季にこれを与えることができる（時季変更権，労基39条5項ただし書）。

労働者は，取得した年休を自由に利用することができる（白石営林所事件・最

判昭 48・3・2民集 27・2・191）。また，使用者は，年休を取得した労働者に対して賃金減額などの不利益な取扱いをしないようにしなければならない（労基附則 136 条）。

Topic

高度プロフェッショナル制度

　もともと労基法は，工場労働者を念頭に，労働者が所定労働時間に従って労働する労働形態を前提として法定労働時間を定めていた。しかし，ホワイトカラーや知的労働が一般化するにつれ，労働者が主体的に始業・終業時刻を決定する柔軟な労働が増加するにつれ，このような労働形態に対応する労働時間制度として，一定の期間を単位として，法定労働時間の範囲内で労働時間を弾力的に配分する変形労働時間制（労基 32 条の 4・32 条の 5）や，労働者が一定の時間数労働することを条件に，労働者が確実の労働時間を決定するフレックスタイム制（労基 32 条の 3），さらには，一部の専門業務や企業の企画立案などに携わるホワイトカラー労働者を対象に，実際の労働時間に関わらず一定の時間働いたとみなす裁量労働制（労基 38 条の 3）がある。しかし，これらは実労働時間が法定労働時間を超えた場合，割増賃金を支払わなければならず，その点で，労働時間の規制がなくなっているわけではない。

　そこで，経営者団体を中心に，一定程度の年収のある労働者を対象に，労働時間の規制の適用除外を認める，いわゆる「高度プロフェッショナル制度」を導入すべきであるとの主張がなされ，2018（平成 30）年の通常国会で，いわゆる「働き方改革関連法」が可決・成立した。これについては，労働者が自律的で効率的な働き方を目指すことで生産性が向上したり，残業が減少することによってワーク・ライフ・バランスも図れるとの主張もある一方で，労働者が自律的に働くことができない現状のままでは，結局は長時間労働や過労死のさらなる増加を引き起こすおそれもあること，「高度プロフェッショナル」を標榜しているにもかかわらず，対象となる労働者の職務の範囲や年収については，厚生労働省令に委ねられていることから，国会の議決なく対象範囲が無制限に拡大するおそれがある，との批判も多い。

　このほか，「働き方改革関連法」においては，①時間外労働を原則として月 45 時間・年 360 時間以内（臨時的な特別な事情があり，労使で合意する場合は年 720 時間以内）に制限する，②使用者は年休が 10 日以上付与される労働者について年 5 日以上年休を取得させる，③正社員と非正規労働者との不合理な待遇差を禁止するなど，さまざまな改革が行われ，2019（平成 31）年 4 月より順次導入される。

第3節　子育て支援

仕事と子育てとの両立のために

Case 10-3

夫と共働きのC子さんは，現在妊娠しており，近く出産予定である。C子さんは産休・育休後に職場に復帰したいと思っているが，産まれてくる子どもを保育所に預けられるかどうか，不安が募っている。

Ⅰ　産前・産後休業

女性の労働者は，出産予定日前の6週間（多胎妊娠の場合は14週間），出産後の8週間について，産前産後休業を取得することができる（労基65条）。産前産後休業期間中は，健康保険から賃金の3分の2相当額の出産手当金が支給される（健保102条）。

Ⅱ　育　児　休　業

労働者は，1歳（父母がともに育児休業を取得する場合は1歳2ヵ月，保育所に入れないなど，休業することが雇用の継続のためにとくに必要と認められる場合は最長で2歳）に満たない子を養育するために育児休業を請求することができる（育児介護5条）。育児休業期間中は，雇用保険から育児休業給付金が支払われる（雇保61条の5）。支給額は最初の6ヵ月は休業前の賃金の67％，以降は50％である。

これとは別に，父親の育児休業取得を促進するため，2022（令和4）年10月より，子を養育する労働者（主に父親）は，子の出生後8週間以内に4週間までの出生時育児休業の取得が可能となった（育児介護9条の2〜9条の5）。

これに加えて，事業主は，3歳未満の子を養育する労働者で，育児休業を取得していない者に対して，短時間勤務制度を設けなければならない（育児介護23条1項）。また，事業主は，1歳未満の子を養育する労働者で，育児休業を取

272

得していない者に対して，始業時刻変更等の措置，1歳以上3歳未満の子を養育する労働者に対して，始業時刻変更等の措置または育児休業に準じる措置，3歳以上就学前の子を養育する労働者に対して，短時間勤務制度，所定時間外労働の免除，始業時刻変更等の措置，育児休業に準じる措置を講じるよう努めなければならない（育児介護24条1項）。

Ⅲ　介　護　休　業

　要介護状態の家族を持つ労働者は，対象家族1人について要介護状態ごとに3回，通算93日の範囲内で介護休業を取得することができる（育児介護11条）。介護休業期間中は，雇用保険から介護休業給付金が支給される（雇保61条の6）。支給額は，休業前の賃金の67％である。

Ⅳ　保育サービス

　就学前の児童の保育・教育について，「子ども・子育て支援法」に基づき，2015（平成27）年10月以降は，保護者からの申請に基づいて市町村が「保育を必要とする」かどうかを判断し，要件に該当すると認めるときは保育必要量の認定を含む支給決定を行い，保護者は保育所，幼稚園，認定こども園または家庭的保育事業の施設・事業者との間で契約を締結して保育を受け，その費用に関して（自己負担分を除いて）給付を受ける，という方式が導入されている（子育て支援20条）。しかし，私立の保育所については，保育を必要とする子どもの保護者が，希望する保育所を選択して申し込み，市町村が承諾する，という，従来の形式も残っている。

第4節 労働契約の終了

労働者と使用者との「別れ方」

Case 10-4

Ｄさんは，Ｖカフェのスタッフとして採用され，契約期間１年の労働契約を締結した。Ｄさんは勤務成績も優秀で，契約も４回更新された。しかし，５年目の勤務期間が満了する１ヵ月前，Ｖカフェのオーナーは「定期的に従業員が入れ替わって若返った方が良い。あなたとの契約の更新はもうありません」と告げた。Ｄさんは，Ｖカフェオーナーのこのような態度に強い不満を抱いている。

Ⅰ 解 雇

　労働者と使用者との労働契約関係は，辞職・定年退職・合意解約などにより終了するが，中でも使用者による労働契約の解約である「解雇」は，そもそも使用者と対等の立場にない労働者の生活に重大な打撃をもたらすことが多いため，法はさまざまな形で解雇に制限を加えている。たとえば，国籍・信条・社会的身分による解雇（労基３条）や，労働組合加入（労組７条１号），育児・介護休業の取得（育児介護10条・16条），女性労働者の婚姻・妊娠・出産等（雇均９条２項・３項）などを理由とする解雇は法律上禁止されている。それ以外の解雇については，「客観的に合理的な理由を欠き，社会通念上相当であると認められない場合は，その権利を濫用したものとして，無効とする」（労契16条）とされている。これは判例上確立された（日本食塩製造事件・最判昭50・４・25民集29・４・456）解雇権濫用法理を労基法の条文内に取り入れたものである。

　それでは，どのような解雇理由が合理的であるとされるかが問題となるが，大別すると①労働者の傷病・障害や適格性の欠如などにより，労務提供が適切になされない場合，②労働者に業務命令違反，不正行為，非行などがあった場合，③経営不振による人員削減など，経営上の必要性がある場合，となる。解雇理由は就業規則の絶対的必要記載事項であるが（労基89条３号），裁判例にお

第 10 章　労働・社会保障と法

いては，就業規則に記載される解雇理由を限定的に解釈するとともに，個々の事例に応じて解雇が正当であるかどうかの判断がなされている。さらに，労働者の規律違反などの行為に対する制裁として行われる「懲戒解雇」の理由と手続きについても，一般の解雇（普通解雇）とは別に就業規則に記載されていることが多いが，この正当性については普通解雇以上に厳格に審査される。

　また，上記③の経営上の必要性がある場合に行われる解雇は，上記①②の解雇と区別して「整理解雇」と呼ばれる。これは上記①②の解雇と異なり，労働者の責任でないにもかかわらず行われる解雇である。この整理解雇についても上記の解雇権濫用法理にもとづいてその合理性が審査されることになるが，過去の裁判例に基づいて次のような判断基準が形成されている。それは①人員整理の必要性が本当に存在すること，②人員整理の必要性が存在すること，言い換えれば，使用者が配転，出向，一時帰休，希望退職募集など，解雇を回避するための努力を尽くしたこと，③解雇する労働者の選定が，客観的で合理的な基準によりなされたこと，④人員整理を行うについて，労働組合または労働者に対して事前に説明し，十分に納得を得るよう誠実に協議を行ったこと，の 4 つである。

　使用者は労働者を解雇しようとする場合においては，少なくとも 30 日前にその予告をしなければならず，30 日前に予告をしない場合，使用者は 30 日分以上の平均賃金を支払わなければならない（労基 20 条 1 項本文，なお，同条 2 項により，解雇予告の日数は平均賃金を支払った日数分だけ短縮される）。ただし，天災事変その他やむを得ない事由のために事業の継続が不可能となった場合や，労働者の責に帰すべき事由に基づいて解雇する場合は，予告なしの解雇が可能である（労基 20 条 1 項ただし書）。

　もし，解雇に合理的理由がない場合，上記のとおり，解雇は無効となり，労働者は労働契約上の権利を有する地位にあることになる。その場合，解雇から無効とされるまでの期間，労働契約は継続していたことになるので，その期間の賃金をどうするかが問題となる。これについては，民法 536 条 2 項を適用して，労働者の就労不能は，使用者の「責に帰すべき事由」によるものとして，解雇期間中の労働者の賃金請求権を認める例が多い。また，地位確認や賃金支

275

払いを求める訴訟とは別に，判決が出るまでの間，労働契約上の権利を有する地位を仮に定め，判決確定に至るまでの賃金相当額を仮に支払うよう，使用者に命じる，仮処分手続が利用されることも多い。しかし，実際のところは，不当に解雇した使用者に対する不信感や，同僚の付き合い方の変化（距離を置かれる，気を遣われる）などを理由に，解雇が無効になっても，結局もとの職場に戻ることなく，退職する労働者も多い。

Ⅱ 雇 止 め

期間の定めのある労働契約について，期間が満了すれば当然に契約は終了するが，期間満了後も労働者が就労を続け，使用者がこれに異議を述べなかった場合には，黙示の更新があったものとされ，契約が同一の条件で更新されたと推定される（民 629 条 1 項）。

他方，使用者が期間の満了に際して，満了後は契約を更新しない旨を通知した場合は，労働契約は終了する。これを「雇止め」という。しかし，これでは使用者のイニシアティブに基づく契約形式をとることによって，労働者の法的地位が不安定になるおそれがあることから，労働者の実質的な保護を図る判例法理が構築された（東芝柳町工場事件・最判昭 49・7・22 民集 28・5・927，日立メディコ事件・最判昭 61・12・4 労判 486・6）。この法理は 2012（平成 24）年の労働契約法改正により，法律上明文化された。その内容は①有期労働契約が過去に反復して更新されたことがあるものであって，その契約期間の満了時に当該有期労働契約を更新しないことにより当該有期労働契約を終了させることが，期間の定めのない労働契約を締結している労働者に解雇の意思表示をすることにより当該期間の定めのない労働契約を終了させることと社会通念上同視できると認められるとき（労契 19 条 1 号），②労働者において当該有期労働契約の契約期間の満了時に当該有期労働契約が更新されるものと期待することについて合理的な理由があるものであると認められるとき（労契 19 条 2 号），雇止めに客観的合理性・社会的相当性が認められなければ，労働者の更新の申込みに対し使用者は従前の有期労働契約と同一の労働条件で承諾をしたものとみなす，とい

第 10 章　労働・社会保障と法

うものである。

　さらに，2012（平成 24）年の労働契約法改正により，同一の使用者の下で有期労働契約が更新されて，通算契約期間が 5 年を超える場合，労働者が無期労働契約への転換の申込みをすれば，使用者がその申込みを承諾したものとみなされ，期間の定めのない労働契約が成立する規定が加えられた（労契 18 条 1 項）。この規定は 2013（平成 25）年 4 月 1 日以降新たに締結または更新された契約から適用され，2018（平成 30）年 4 月 1 日から無期労働契約への転換が始まることとなった。

第 5 節　社 会 保 障

働けないときの生活保障

Case 10-5

　E さんは，長年勤めていた会社をこの春に定年で退職した。E さんは，年金を受けながらしばらく悠々自適に過ごそうと思っているが，2 年前の健康診断で高血圧と診断され，将来にかかる医療費や介護費用が年金や貯金でまかなえるのか，少し不安を抱えている。

I　社会保障とは

　個人がどのような生活を営むかはその個人の自由であり，同時に，個人の生活に生ずる危険に対しては，まずその個人または家族の力で対処し解決しなければならない。

　しかし，人間のライフサイクルの中では，疾病，障害，主たる稼得者の死亡，出産・多子，労働災害・職業病，失業，老齢に伴う所得喪失など，生活が困難な状態に陥る危険が発生する可能性があり，これら危険の中には，個人の力ではどうしようもない原因で発生するものや，個人や家族の力では対処しきれないものも多い。このような危険の発生に伴う生活困難を回避するため，あるいは生活困難を軽減するために，国が中心となって，生活保障を必要とする人に

対して，一定の所得・サービスを公的に提供する制度を社会保障といい，これら社会保障に関する法の体系を「社会保障法」という。

わが国においては，第二次世界大戦後に公布・施行された日本国憲法の25条で，すべての国民に対する生存権の保障（1項）と国の社会福祉・社会保障・公衆衛生の向上増進の努力義務（2項）が定められた。その後，この生存権保障を具体化するものとして，1950年の社会保障制度審議会「社会保障制度に関する勧告」に基づき，社会保険と生活保護を中心に社会保障制度が整備され，さらに社会・経済の発展に応じて社会手当や社会福祉サービスの内容の充実が図られた。

しかしながら，少子高齢社会の到来や膨大な財政赤字，さらには雇用環境の変化などの社会情勢の変化に対応するために，20世紀末以降，さまざまな社会保障制度改革が行われてきた。これら社会保障改革をめぐる政策論議の中では，財政面における「持続可能性」が問題とされてきた。ただ財政面においては，たとえ将来負担が増えるとしても，負担の増加・分担についての社会的合意が得られれば，社会保障の持続可能性は維持される。そのためには，社会保障の給付と負担の在り方は，絶えず見直していかなければならないが，新たな負担を課した結果，格差の拡大や，特定の階層が社会的に不利になるような事態が発生してはならない。

加えて，近年の社会保障制度改革においては，「自立支援」を重視する方向性でも進められている。しかし，ここでいう自立が，経済面における自立に偏重すると，「自立＝自己責任＝社会保障に依存しない」という図式が肯定され，結果として，社会保障の縮小や格差の拡大を引き起こすおそれがある。今後は，経済的に自立した生活のみならず，社会保障に依存しつつも人格的・社会的にも自立した生活の実現を図る，という視点で社会保障の制度全体を再構築していくことも重要である。

Ⅱ　医　療　保　険

医療保険とは，病気やけがの発生という社会的事故に基づいて個人に生じる

第 10 章　労働・社会保障と法

所得の減少ないし喪失，および医療サービスを受けることによってその個人に生じる特別の出費（医療費）という危険に対処するために，社会保険の手法を用いて，その危険を社会全体でカバーする制度である。わが国では，原則として国民すべてが何らかの医療保険に加入する，いわゆる「国民皆保険」体制が確立されている。つまり，生活保護の対象となっている場合などの一部の例外を除いて，わが国のすべての者が保険証を持っている，ということになる。どの医療保険に加入するかは，どのような形態で働いているかによって自動的に決定される。わが国の医療保険制度は，民間の被用者とその家族を主な対象とする健康保険，公務員とその家族を対象とする共済組合，および被用者・公務員以外の地域住民を対象とする国民健康保険が中心である。また，75 歳以上の高齢者および 65 歳以上 75 歳未満の高齢者で政令に定める程度の障害状態にある者については，上記各医療保険を離れて，後期高齢者医療制度の対象となる。

　医療保険の給付の中心は，療養の給付（健保 63 条，国保 36 条）であり，病院や診療所などでの診察や処置・手術その他の治療のほか，薬剤または治療材料の支給，居宅における療養上の管理およびその療養に伴う世話その他の看護，病院・診療所への入院およびその療養に伴う世話その他の看護が含まれる。患者が療養の給付を受けたときは，費用の一定割合を一部負担金として負担しなければならない。負担割合は原則として 3 割であるが，小学校就学前の児童は 2 割，70 歳以上 75 歳未満の者は所得に応じて 2 割または 3 割（健保 74 条 1 項，国保 42 条 1 項），後期高齢者医療制度の対象者は所得に応じて 1 割，2 割または 3 割となる（高齢医療 67 条 1 項）。なお，一部負担金以外の医療費については，保険者から医療機関に支払われる。これを診療報酬という。

　このほかの主な給付として，保険給付の対象となる医療と保険給付の対象とならない医療（高度の医療技術を用いた療養の一部や，被保険者の選定にかかる特別の病室［個室］の提供など）とを併せて受ける際に支給される保険外併用療養費（健保 86 条 1 項，国保 53 条），被保険者が療養の給付を受ける際の一部負担金が著しく高額になった際に支給される高額療養費（健保 115 条 2 項，国保 57 条の 2），労働者が疾病，負傷のために労務の提供ができず，賃金が支払われない時に支

給される傷病手当金（健保99条），出産に関する給付として出産育児一時金（健保101条，国保58条1項）・出産手当金（健保102条），死亡に関する給付として埋葬料（健保100条1項・113条［家族埋葬料］，国保58条1項［葬祭費］）などがある。

Ⅲ　年　　金

　年金保険制度は，老齢・障害・主たる生計維持者の死亡を原因とする長期的な所得の減退・喪失という事故が発生した者に対して，金銭を給付することによってその者の生活を保障する制度である。社会保険方式を採用しているわが国の公的年金制度は，日本国内に住所を有する20歳以上60歳未満の者すべてに加入義務のある国民年金（基礎年金）と，その上に積み上げられている民間企業の被用者や公務員を対象とする厚生年金保険を中心に構成されている。

　年金給付の内容は老齢給付，障害給付，遺族給付に大別される。老齢給付は，国民年金に10年間（2015［平成27］年10月より，以前は25年間）加入していた者が65歳に達したときに支給される老齢基礎年金（国年26条以下），および厚生年金保険に1ヵ月以上加入していれば，その加入期間に応じて，老齢基礎年金と併せて支給される老齢厚生年金（厚年42条以下）からなる。障害給付は，国民年金の被保険者等が，傷病等によりはじめて医師の診察を受けた日（初診日）から1年6ヵ月経過した日または症状が固定した日に政令で定める障害状態にある者に対して支給される障害基礎年金（国年30条以下），および厚生年金保険の被保険者が傷病等により初診日から1年6ヵ月経過した日または症状が固定した日に政令で定める障害状態にある者に対して支給される障害厚生年金（厚年47条以下）からなる。遺族給付は，国民年金の被保険者等が死亡したとき，その者によって生計を維持されていた子のある配偶者または子に対して支給される遺族基礎年金（国年37条以下），および厚生年金保険の被保険者等が死亡したとき，その者によって生計を維持されていた一定範囲の遺族に対して支給される遺族厚生年金（厚年58条以下）からなる。

第10章　労働・社会保障と法

Ⅳ　介 護 保 険

　介護保険は，加齢に伴って生ずる疾病等により要介護状態となった者に対して，保健医療サービスおよび福祉サービスにかかる給付を提供することで，その者の能力に応じた自立生活を営むことを保障する制度である。

　介護保険の被保険者は，65歳以上の者からなる第1号被保険者と40歳以上65歳未満の医療保険加入者からなる第2号被保険者に大別される（介保9条）。介護保険の保険給付を受けるためには，あらかじめ保険者である市町村に申請した上で，市町村より要介護・要支援であることの認定を受けなければならない（介保27条）。認定は，申請者の心身の状況や環境などについて，調査員の面接による調査を下に，各市町村に置かれる介護認定審査会が判定し，これに基づいて市町村が行う。認定結果は自立，要支援1・2，要介護1～5の8段階であり，この結果に基づいて保険給付の上限が定められることになる。なお，第2号被保険者については，脳血管疾患や初老期の認知症など，加齢に伴って起きる特定の16の疾病が原因の場合に限って，介護保険から給付が受けられる。

　介護保険の給付は，要介護者に対する介護給付（介保40条），要支援者に対する予防給付（介保52条），および市町村が独自に行う市町村特別給付（介保62条）に分けられる。提供されるサービスは，訪問介護（ホームヘルプサービス），通所介護（デイサービス），短期入所（ショートステイ）などの居宅サービスと介護老人福祉施設（特別養護老人ホーム），介護老人保健施設などの施設サービスが中心である。なお，要支援者には施設サービスは提供されない。これに加えて，2015（平成27）年4月以降，介護老人福祉施設に入所する要介護者は，原則として要介護3以上に限定されている。要介護者等が介護給付等を受けた時は，サービスの利用にかかる費用の1割（一定所得以上の者は2割または3割）を負担しなければならない。加えて，施設サービスについては施設にかかる食費・居住費（ホテルコスト）も原則として利用者が負担しなければならない。

281

Ⅴ 生 活 保 護

　生活保護は，最低限度の生活を維持できない生活困窮者に対して，国がその責任において直接給付することによって最低限度の生活を保障する制度である。その意味で，憲法25条1項に規定されている生存権保障理念を具体化する制度であるといえる。

　生活保護は，生活保護法で規定する最低限度の生活水準に達していない者であれば，無差別平等に保護を受けることができる（無差別平等の原理，生保2条）。すなわち，生活困窮者は，人種，性別，社会的身分，門地などによって差別的取扱いを受けないことはもちろん，生活困窮に至った原因のいかんを問わず，また労働能力の有無に関係なく保護が行われる。

　生活保護は，すべての国民に最低限度の生活を保障する制度であるが，その前提条件として，国民が資産，能力その他あらゆるものを活用・利用してもなお最低限度の生活が維持できない場合に，その足りない部分について補足的に行われる（補足性の原理，生保4条）。それゆえ，生活保護を申請する者に対しては，生活保護を行う必要があるか否かを判断するために，資力調査（ミーンズテスト）が行われる。

　生活保護法に基づく保護は，生活扶助，教育扶助，住宅扶助，医療扶助，介護扶助，出産扶助，生業扶助，葬祭扶助の8種類である（生保11条1項）。このうち，医療扶助と介護扶助は原則として医療・介護サービスの形で現物給付され，他の扶助は金銭で給付される。

　生活保護の被保護者に対しては，一定の義務が課されている。被保護者は，常に能力に応じて勤労に励み，自ら，健康の保持および増進に努め，収入，支出その他生計の状況を適切に把握するとともに，支出の節約をはかり，自己の生活の維持向上に努めなければならない（生活上の義務，生保60条）。また，被保護者は，収入，支出等の生計状況や居住地・世帯の構成に変動が生じたときには保護の実施機関または福祉事務所に届け出なければならない（届出義務，生保61条）。さらに，実施機関が，被保護者の生活の維持向上のために指導・指

第 10 章　労働・社会保障と法

示をしたときは，被保護者はその決定や指示に従わなければならない（生保27条・62条）。この指導・指示に従わない場合，保護の変更，停止または廃止などの不利益変更が行われる場合がある。

Topic

水 際 作 戦

　生活保護は原則として要保護者等の申請に基づいて開始される（生保7条）。しかし，行政の現場では，担当者が要保護者等に対して「子供に養ってもらいなさい」，「仕事を探して，なかったらまた来てください」，「申請させるかは市が決める」などと言い，申請書すら渡さずに申請を諦めさせるという対応が多く見られる。これは，「水際作戦」と呼ばれており，保護申請の意思を単なる「相談」として扱うことで，要保護者等は窓口で何度も指導を受け，結果として申請意思を萎縮させてしまう効果があるほか，保護の手続に入っていないため，不服申立ても困難となる。実際に，2006（平成18）年と2009（平成21）年に，福岡県北九州市において，上記の理由により，生活保護の申請を拒絶された要保護者が餓死した事件が相次いで発生した。確かに，保護の実施機関である福祉事務所は，要保護者から求めがあったときは，要保護者の自立を助長するために，要保護者からの相談に応じ，必要な助言をすることができる（生保27条の2）との規定があるが，これが申請を不当に抑圧する根拠として使われてはならない。

　生活保護の申請については，申請書の様式が法律上定められていないことから，従来は書面によらない申請も有効とされていた。しかし，2012（平成24）年に，ある芸能人の母親が生活保護の被保護者となっていたことをきっかけに，生活保護の見直しを求める世論が喚起され，それを受けて2013（平成25）年に生活保護法が改正された。その際，保護の申請者に対して，厚生労働省令で定める申請書に加えて，申請者本人とその扶養義務者の資産，収入状況に関する書類の提出が義務付けられた（生保24条1項・2項）。これについては，書類がそろっていないと，保護申請は受け付けられないことになり，「水際作戦」を正当化することにつながる，要保護者が家族関係の悪化を恐れて，申請を諦めさせることで，生活保護が事実上利用できなくなる，との批判が相次いだ。これを受けて，生活保護法施行規則においては申請書等の様式は定められなかったことから，従来どおり，書面によらない申請の意思表示も認められることとなった。

　なお，生活保護については，2013年5月に国連の社会権規約委員会から，日本に対して「申請手続を簡素化し，かつ申請者が尊厳をもって扱われることを確保するための措置をとるよう」，「スティグマを解消する目的で，締約国が住民の教育を行なうよう」勧告が出されている。しかし，上記改正は，この勧告に逆行する内容が含まれている。さらに，上記の生活保護見直しを求める世論も，生活保護に対する誤解を根拠としている。2020年からの新型コロナウイルス感染症の流行に伴う生活困窮者の増加をきっかけとして，厚生労働省は「生活保護の申請は国民の権利です」とホームページに明記するようになったが，国は，このことを国民に伝えるためのさらなる努力が求められよう。

参 考 文 献

第1章　法ってなんだろう？
大隅健一郎編『法学——現代生活と法律』有信堂高文社，1964年
伊藤正己編『法学［第2版］』有信堂高文社，1982年
三ケ月章『法学入門』弘文堂，1982年
林良平編『法学——法のしくみと機能』有信堂高文社，1983年
平場安治編『新版法学入門』青林書院，1988年

第2章　人間らしく生きる権利の保障
孝忠延夫・大久保卓治編『憲法実感！ゼミナール』法律文化社，2014年
初宿正典ほか『いちばんやさしい憲法入門［第6版］』有斐閣，2020年
赤坂正浩ほか『基本的人権の事件簿［第7版］』有斐閣，2024年

第3章　現代行政における国民の地位
今村成和（畠山武道補訂）『行政法入門［第9版］』有斐閣，2012年
畑雅弘『公務員のための行政法入門』嵯峨野書院，2013年
藤田宙靖『行政法入門［第7版］』有斐閣，2016年
大橋真由美・北島周作・野口貴公美『行政法判例50！』有斐閣，2017年

第4章　すべては契約から
鎌野邦樹『マンション法案内［第2版］』勁草書房，2017年
内田勝一『借地借家法案内』勁草書房，2017年
柳勝司・采女博文編『債権法総論（スタンダール民法シリーズⅢ）［第3版］』嵯峨野書院，
　　2019年
池田真朗『新標準講義民法債権各論［第2版］』慶應義塾大学出版会，2019年
堀田泰司・柳勝司・森田悦史編『債権法各論［第2版］（スタンダール民法シリーズⅣ）』
　　嵯峨野書院，2020年

第5章　いろいろな決済方法
山木戸克己『破産法［現代法律学全集24］』青林書院，1974年
森島昭夫・伊藤進編『消費者取引判例百選（別冊ジュリスト135）』有斐閣，1995年
若原紀代子『民法と消費者法の交錯』成文堂，1999年
國友順市・西尾幸夫・武久征治編著『商法Ⅰ——商法入門』嵯峨野書院，1999年
水辺芳郎『債権総論［第3版］』法律文化社，2006年

第6章　日常生活のアクシデント
松倉耕作・甲斐好文編『ビジュアルに学ぶ財産法Ⅱ』嵯峨野書院，2006年
稲垣喬『医事訴訟入門［第2版］』有斐閣，2006年
中川淳編『新やさしく学ぶ法学』法律文化社，2012年
中川淳編『市民生活と法［第4版］』法律文化社，2014年
安達敏男・吉川樹士・安重洋介・古川康代『消費者法実務ハンドブック［第2版］』日本
　　加除出版，2021年

第 7 章　家 族 と 法

我妻榮『親族法』有斐閣，1961 年

内田貴『民法 IV 親族・相続 [補訂版]』東京大学出版会，2004 年

大村敦志『家族法 [第 3 版]』有斐閣，2010 年

窪田充見『家族法 [第 4 版]』有斐閣，2019 年

第 8 章　会 社 と 法

森本滋『会社法・商行為法手形法講義 [第 4 版]』成文堂，2014 年

鳥養雅夫ほか編『コーポレート・ガバナンスからみる会社法 [第 2 版]』商事法務，2015 年

川村正幸ほか『詳説 会社法』中央経済社，2016 年

黒沼悦郎『会社法 [第 2 版]』商事法務，2020 年

近藤光男『最新 株式会社法 [第 9 版]』中央経済社，2020 年

田中亘『会社法 [第 4 版]』東京大学出版会，2023 年

神田秀樹『会社法 [第 26 版]』弘文堂，2024 年

第 9 章　犯 罪 と 刑 罰

小林憲太郎『ライブ講義刑法入門』新世社，2016 年

井田良『基礎から学ぶ刑事法 [第 6 版補訂版] (有斐閣アルマ)』有斐閣，2022 年

井田良『入門刑法学・総論／各論 [第 3 版]』有斐閣，2023 年

第 10 章　労働・社会保障と法

西村健一郎『社会保障法』有斐閣，2003 年

大曽根寛『社会福祉と権利擁護』放送大学教育振興会，2012 年

西村健一郎『社会保障法入門 [第 3 版]』有斐閣，2017 年

中窪裕也・野田進『労働法の世界 [第 13 版]』有斐閣，2019 年

菊池馨実『社会保障法 [第 3 版]』有斐閣，2022 年

加藤智章・菊池馨実・倉田聡・前田雅子『社会保障法 [第 8 版]』有斐閣，2023 年

菅野和夫『労働法 [第 13 版]』弘文堂，2024 年

水町勇一郎『労働法 [第 9 版]』有斐閣，2024 年

椋野美智子・田中耕太郎『はじめての社会保障 [第 21 版]』有斐閣，2024 年

厚生労働省ホームページ（http://www.mhlw.go.jp/）

国立社会保障・人口問題研究所ホームページ（http://www.ipss.go.jp/）

ブラック企業対策プロジェクトホームページ（http://bktp.org/）

索　引

あ　行

相対取引　222
朝日訴訟　52
欺く　257
後戻りのための黄金の橋　246
安楽死　34, 254

家永教科書検定訴訟　46
育児休業　272
遺産共有　207
遺産分割　208
意思主義　99
遺贈　210
1条責任　81
一部保証　126
一般不法行為責任　148
一般法　17
医的侵襲　155
医的侵襲行為　159
意的要素　250
違法性　145
違法性阻却事由　159
遺留分　210
医療契約　155
医療保険　278
インターネットバンキング　122
インフォームド・コンセント　163

受け手の自由　42
訴えの利益　75
運行　149
運行供用者責任　145
運行支配　151
運行利益　151
運転者の三重責任　144

エホバの証人輸血拒否事件　35
M&A　222
LLC　214
LLP　215

黄金株　226
応報刑論　248
オウム・サリン事件　49
公の営造物　82
送り手の自由　42
親子関係　193

か　行

解雇　274
介護休業　273
介護保険　281
会社法　212
買主をして注意せしめよ（caveat emptor）　170
開発危険の抗弁　168
確認行為　63
加工　165
瑕疵　255
貸金業法　136
過失　249
過失責任主義　145
過失相殺　92
割賦販売　134
合併　222
可罰的違法性　254
株式　213
株式会社　213
株式譲渡自由の原則　217
株主代表訴訟　228
株主有限責任　216
下命　63
仮の義務付け　78
過料　68
簡易代執行　67
監視義務　219, 220
患者の自己決定　157
慣習法　13
間接強制　89
間接差別　265
間接的安楽死　254

機会の平等　37
企業統治　217
規制行政　62
偽造カード等及び盗難カード等を用いて行われ
　る不正な機械式預貯金払戻し等からの預貯金
　者の保護等に関する法律　115
羈束処分　64
義務付けの訴え　78
規約　107
規約共用部分　105
キャッシュカード　114
求償権　129
給付行政　62
協議離婚　185
行政救済法　60
行政刑罰　67

索　引

行政作用法　60
行政事件訴訟　72
行政指導　71
行政上の強制執行　66
行政処分　63, 147
行政責任　147
行政組織法　60
強制徴収　67
業務提供誘引販売取引　171
共用部分　105
許可　63

クーリング・オフの制度　173
区分所有者の共同の利益に反する行為　110
区分所有建物　104
クレジットカード　116

経営判断の原則　220
形式的個別財産説　258
刑事責任　146
結果債務　158
結果の平等　37
結社　44
検閲　46
検索の抗弁権　127
原始取得　99
限定承認　207
憲法　10
憲法訴訟　30

故意　249
故意犯処罰の原則　249
公安条例　44
好意同乗者　150
公開買付　222
効果裁量　64
公権力の行使　61
広告規制　175
合資会社　214
公示の原則　100
公証行為　63
公信の原則　101
公聴会　70
交通事故　144
公的言論　45
合同会社　214
交付　257
公法　16
合名会社　213
合理的医師基準説　161
合理的患者基準説　161
合理的区別　38
コーポレート・ガバナンス　217, 233
　　——・コード　235
個人企業　217

戸籍　192
誇大広告の禁止　176
国家賠償　80
国家無答責の原則　80
雇用機会均等法　264
婚姻　181
婚姻意思　182
婚姻費用　184
婚約　187

さ　行

催告の抗弁権　127
財産（権）　257
財産管理権　201
財産的刑罰　146
財産的損害　145
財産分与　187
最低賃金　268
裁判離婚　186
債務不履行　145
裁量処分　64
作為義務　241
作為犯　239
錯誤　255
差止めの訴え　78
札幌税関訴訟　46
差別禁止事由　40
猿払事件　43

資金決済に関する法律　118
自己決定権　162, 252
事実
　　——の擬制　21
　　——の推定　20
　　——の認定　18
事実行為説　156
市場取引　222
自然法則　3
実行の着手　243
執行罰　67
執行不停止の原則　76
実質的個別財産説　259
実体法　16
指定商品　173
指定役務　173
自動車損害賠償保障法　148
自筆証書遺言　209
私法　16
事務管理　158
社会規範　2
社会法　16
社会保障　278
借地権　94
借家権　94

287

集会　44, 107
主たる債務者　124
手段債務　158
出資の受入れ，預り金及び金利等の取締りに関する法律　137
出訴期間　76
受理行為　63
準委任契約説　156
純粋安楽死　254
準正　197
障害未遂　246
消極的安楽死　254
消極的損害　145
承継取得　99
条件の平等　38
承諾　86
消費者期待基準　166
情報公開制度　48
情報へのアクセス権　48
消滅時効　169
消滅に関する付従性　124
条理　15
職務行為基準説　82
除斥期間　169
職権取消　65
処分基準　70
処分性　73
書面交付義務　173
所有と経営の分離　216
知る権利　47
親権　199
審査基準　69
審査請求　72
審査請求前置主義　76
身上監護権　200
人身事故　146
真正不作為犯　240
申請満足型義務付け訴訟　78
人的刑罰　146
人的信頼関係　156
信用購入あっせん　135
信用出資　214

随伴性　124

生活扶助義務　203
生活保護　282
生活保持義務　203
政教分離　50
制裁　147
正社員　263
生殖補助医療　197
精神的損害　145
製造　165
製造物責任法　165

製造物の『欠陥』　165
生存権　51
生体認証　122
成文法　9
整理解雇　275
成立に関する付従性　124
責任主義　249
積極的安楽死　254
積極的助言義務　159
積極的損害　145
絶対的平等　38
善管注意義務　219
線香護摩加持祈祷傷害致死事件　50
専有部分　104

相続人　204
相続放棄　207
相対的応報刑論　248
相対的平等　38
即時強制　67
損益相殺　91
尊厳死　34, 255

た　　　行

第三者割当増資　225
代執行　66
代襲相続　205
代替執行　89
他行為可能性　249
他人性の問題　149

秩序罰　68
知的要素　250
嫡出子　193
嫡出否認の訴え　194
チャタレー夫人の恋人事件　45
注意義務　159, 219
中間責任主義　145
忠実義務　219
中止未遂　245
調達行政　62
聴聞　70
直接強制　67, 89
賃金　266

通信の秘密　47
通信販売　171
通知行為　63
津地鎮祭訴訟　51

TOB　222
定期借地権　98
定期借家権　98
貞操義務　182

索　　引

敵対的買収　223
撤回　65
手続法　16
デビットカード　119
典型契約　86
電子マネー　121
点数制　148
店舗販売　170
顛末報告義務　163
電話勧誘販売　171

登記義務者　101
登記権利者　101
同居協力扶助義務　182
当事者訴訟　79
同時処分　139
道徳の内面性　7
道路交通規則　155
道路交通法施行規則　155
特定継承的役務提供　171
特定商取引法　171
特別不法行為　148
特別法　17
特許　63

な　行

内部統制システム　219, 220
内容
　　——に関する付従性　124
　　——の同一性　124
成田新法訴訟　44
なれ合い訴訟　230

二重基準説　161
二重基準の理論　43
２条責任　81
日本版スチュワードシップ・コード　235
認可　63
認識ある過失　251
認知　196

年金　280
年次有給休暇　270

は　行

パーマ禁止校則事件　36
買収　222
買収防衛策　224, 227
背信的悪意者　103
売買は賃貸借を破る　93
破壊活動防止法　45
博多駅テレビフィルム提出命令事件　47
破産原因　139

パターナリズム　34
パブリック・フォーラム論　44
犯罪予防論　248
判例法　14

非申請型義務付け訴訟　78
非正規労働者　263
非嫡出子（嫡出でない子）　195
非嫡出子相続分違憲訴訟　42
非典型契約　86
非難　248
標準逸脱基準　166
標準処理期間　69

夫婦間の契約取消権　182
夫婦財産制　184
夫婦同氏　189
不完全履行　90
附合契約　85
不作為違法確認の訴え　77
不作為犯　239
付従性　124
不真正不作為犯　240
付随処分　139
復権　140, 141
物権変動　99
物権法定主義　99
物損事故　146
不能犯　246
部品製造業者の抗弁　168
不文法　13
扶養　203
プライム市場　236
プリペイドカード　118

別個債務性　124
弁明の機会の付与　70

ポイズンピル　226
法
　　——と国家　5
　　——と社会　4
　　——と道徳　6
　　——と道徳との峻別　241
　　——における強制　7
　　——の解釈　21
　　——の外面性　7
　　——の定義　1
　　——の適用とは　18
　　——の下の平等　39
法益　238
法源　9
法定共用部分　105
法定相続分　205
法定代理人　158

289

法適用平等説　39
法内容平等説　39
訪問販売　171
法律　10
法律による行政の原理　60
補充性　124
保証人　124
保障人　241
北方ジャーナル社事件　47

ま　行

前払式特定販売　135
マルチ商法　179

未決勾留者の新聞閲読制限訴訟　43
未遂　242
三菱樹脂事件　41
未必の故意　251
民事責任　144

無過失責任主義　145
無限責任社員　213, 214
無効等確認の訴え　77
無店舗販売　170
無名契約説　156

メイプルソープ写真集事件　45
命名権　191
命令　11
免除　63
免責　140

申込み　86
モータリゼーション　143
モバイル決済　122
モラリズム　34

や　行

役務提供契約　172
雇止め　276

夕刊和歌山時事事件　45
有限責任社員　214
友好的買収　223
有責配偶者からの離婚請求　186

要件裁量　64
養子縁組　193

ら　行

利益相反行為　201
離隔犯　244
履行遅滞　90
履行不能　90
リスク管理システム　220
利息制限法　138
立証　19
立証責任の転換　150
立法者拘束説　40
理由附記　69

累積制　148

連鎖販売取引　171, 179

労働契約　261
労働時間　268
労働法　262
労務出資　214
ローン提携販売　134

法学概論──身近な暮らしと法　　　　　　　　　　　　　　　〈検印省略〉

2019年11月10日	第1版第1刷発行
2021年3月31日	第1版第2刷発行
2024年8月26日	第1版第3刷発行

編著者　　國　友　順　市
　　　　　畑　　　雅　弘

発行者　　前　田　　　茂

発行所　　嵯峨野書院

〒615-8045　京都市西京区牛ヶ瀬南ノ口町39　電話(075)391-7686　振替01020-8-40694

ⒸJunichi Kunitomo, Masahiro Hata, 2019　　　　　　創栄図書印刷・吉田三誠堂製本所

ISBN978-4-7823-0591-1

JCOPY〈出版者著作権管理機構 委託出版物〉
本書の無断複製は著作権法上での例外を除き禁じられています。複製される場合は、そのつど事前に、出版者著作権管理機構（電話03-5244-5088，FAX 03-5244-5089，e-mail: info@jcopy.or.jp）の許諾を得てください。

◎本書のコピー，スキャン，デジタル化等の無断複製は著作権法上での例外を除き禁じられています。本書を代行業者等の第三者に依頼してスキャンやデジタル化することは，たとえ個人や家庭内の利用でも著作権法違反です。

新 商法入門
―企業取引と法―

國友順市・西尾幸夫・
田中裕明 編著

商法を初めて学ぶ人のための教科書
として分かりやすく作成。企業の現
実の動きを念頭におきながら，通説
をベースとして簡潔に解説する。

A5・並製・218頁・定価（本体2350円＋税）

通奏 会社法

吉行幾真 編著

会社法には，効率性と公正性の確保
が求められており，両者を達成する
法体系でなければならない。公正性
の確保は会社法を低音で支える「通
奏」低音である。
本書は令和元年の改正をふまえ，効
率性と公正性の「協奏：Konzert」
に応える法ルールである会社法の基
本的な理解に役立つ概説書。

A5・並製・306頁・定価（本体2850円＋税）

ワンステップ憲法

森口佳樹・畑　雅弘・
大西　斎・生駒俊英・
今井良幸 共著

身近な憲法は一見とっつきやすいが，
学び始めると，とてもむずかしい奥
の深い法である。そのような憲法の
学習・理解にまず一歩（one step）踏
み入れる，あるいはもう一歩（one
step）踏み込む際の初学者向けの案
内書。公務員試験にも最適。

A5・並製・274頁・定価（本体2400円＋税）

公務員のための
行政法入門

畑　雅弘 著

少子高齢化・環境・財政など様々な
課題を抱える地方自治体において，
職員の力量はますます高いものが求
められている。長年公務員研修に携
わってきた筆者が，行政法の基礎か
ら具体的な行政問題の解決方法まで
をわかりやすく解説する。

A5・並製・235頁・定価（本体2200円＋税）

―――――――――嵯峨野書院―――――――――